Collezione di testi e di studi

Filosofia

Dolf Sternberger

Immagini enigmatiche dell'uomo

Saggi di filosofia e politica

Società editrice il Mulino

ISBN 88-15-02955-9

Edizione originale: *Schriften*, vol. I, 1977, pp. 47-67; vol. III, 1980, pp. 11-27 e 113-34; vol. IV, 1980, pp. 93-143 e 153-74; vol. VI, 1981, pp. 37-66 e 227-45, Frankfurt am Main, Insel Verlag. Copyright © 1977, 1980, 1981 by Insel Verlag, Frankfurt am Main. Copyright © 1991 by Società editrice il Mulino, Bologna.

È vietata la riproduzione, anche parziale, con qualsiasi mezzo effettuata, compresa la fotocopia, anche ad uso interno o didattico, non autorizzata.

Indice

Introduzione, *di Harald Weinrich*   p.   9

PARTE PRIMA

1. Sulla legittimità di Gesù. Una considerazione politica   23
2. Scienza escatologica ed escatologismo scientifico   31
3. La morte di Montaigne   47
4. La morte di Pascal   53

PARTE SECONDA

5. Immagini enigmatiche dell'uomo   63
6. Alto mare e naufragio   83
7. Aspetti del carattere borghese   97
8. Il diritto dell'uomo ad aspirare alla felicità   113

PARTE TERZA

9. Autorità, libertà e potere di comando   129
10. Il vocabolo politica e il concetto del politico   149
11. L'antica controversia sull'origine del dominio   161
12. Dominio e accordo. Una lezione sulla legittimità civile   173
13. Machiavelli, machiavellismo e politica   187

Introduzione

Introduzione

Durante una visita a Breslavia, ebbi una volta occasione di trovarmi di fronte ad un vero e proprio dipinto panoramico. Si trattava del panorama della battaglia di Raclawice, risalente alla fine del XIX secolo, che era stato trasportato da Leopoli a Breslavia e appeso in una rotonda costruita di recente proprio per questo. Ora, in questa visita non avevo certo particolare interesse a scene monumentali di battaglie e alle gesta di Kosciuszko, eroe della lotta per l'indipendenza, tuttavia fui profondamente impressionato dall'efficacia della rappresentazione quando nella rotonda mi ritrovai in mezzo a questa mischia che mi circondava tutt'intorno, terribile e splendida, vicina al punto da poterla toccare. Inizialmente feci alcuni sforzi per mettere a fuoco con esattezza, per quanto possibile, i confini su cui il terreno sul quale mi trovavo, tra i cespugli e gli arredi abilmente distribuiti, si trasformava nel tondo continuo dipinto, ingannevole all'occhio, ma tralasciai presto questo tentativo per abbandonarmi con piacere all'illusione ottica che mi imprigionava.

In questa visione panoramica offerta con opulenza, mantenni comunque un distacco estetico sufficiente a far sì che ammirassi la felice distribuzione dei singoli elementi figurativi, la ricchezza della visione sensibile e la grande profusione di dettagli dal contorno netto, come pure, da ultimo, la potenza luminosa del cielo, dipinto con tonalità molto chiare, che irraggiava e dominava l'intero panorama. Riflettendo ulteriormente sull'arte del panorama, ho compreso meglio perché Dolf Sternberger avesse intitolato *Panorama del XIX secolo*[1] il suo importante studio sulla vita intellettuale, sociale ed economica del XIX

---

[1] *Panorama oder Ansichten von 19. Jahrhundert*, Hamburg, H. Goverts Verlag, 1938; trad. it. *Panorama del XIX secolo*, introduzione di Ezio Raimondi, Bologna, Il Mulino, 1985.

secolo, così tumultuoso, e perché questo libro abbia affascinato tanti lettori, come un dipinto di grande effetto e luminosità, che dal terreno dei nostri fatti impercettibilmente si trasformava in storia di una grande epoca, considerata nel 1938, quando il libro apparve, con generale disprezzo. Accompagnato dall'autore, in questo libro l'occhio del lettore spazia attraverso il paesaggio splendido e terribile del XIX secolo, con i suoi slanci ed i suoi tormenti, restando impressionato da molti particolari esposti con vivacità: l'invenzione recente della macchina a vapore, l'accelerazione che essa imprime alle ferrovie, la giraffa di Darwin con il problema della selezione della specie per via del suo lungo collo, la commovente capanna dello zio Tom, la Venere di Milo misteriosamente mutilata e molte altre vedute di questo secolo contraddittorio. In seguito, dopo questo volume, che vale davvero la pena di leggere — per me il più caro tra i suoi molti libri —, Dolf Sternberger è ritornato ancora spesso a questo paesaggio storico così variegato e, prendendo le mosse da uno schema cronologico delle fasi di oppressione e di liberazione, ha chiesto giustizia per questo secolo, contribuendo con la propaganda discreta dei suoi scritti in misura sostanziale a far sì che la fisionomia di questo secolo ci divenisse non soltanto nota ma anche simpatica[2].

Come poi nella noia e nel tedio della *fin de siècle* questo secolo abbia iniziato a dubitare di se stesso, finchè, insieme con i festeggiamenti per l'inizio del nuovo secolo XX, un nuovo sentimento della vita colse la vecchia Europa, Dolf Sternberger lo ha descritto ancora una volta con il suo sguardo da fisionomista come il «chiaro, sorridente inizio di un secolo», sul quale presto dovevano addensarsi nubi oscure e minacciose. Ma prima che ciò accadesse, lo *Jugendstil* con la fioritura della sua produzione artistica offrì ancora una volta un'immagine luminosa, che, con nostalgico sguardo retrospettivo, l'autore ha saputo descrivere come la gaia storia corporale e sensibile dell'uomo *Jugendstil*. Che poi egli stesso un tempo abbia vissuto in una città improntata dallo *Jugendstil*, nella «cara, luminosa e lucida città», come egli stesso ha definito Darmstadt, bene si concilia con questa

---

[2] Si veda in particolare *Gerechtigkeit für das XIX Jahrundert*, Frankfurt am Main, Suhrkamp, 1975.

comprensione figurativo-luminosa — in senso letterale — dell'arte e della letteratura del giovane Dolf Sternberger[3].

Ma si adatta a questa immagine anche il saggio, scritto molto tempo dopo, sulla storia della letteratura e delle idee del XIX secolo, la sua monografia su Heinrich Heine e l'abolizione del peccato[4]. In questo volume, il cui merito principale sta nel metodo di una «lettura attenta e puntuale» che lo ha fatto divenire un classico dello studio di Heine, l'autore si muove sulle tracce delle affinità di fede che nel suo periodo parigino unirono Heine ai sansimoniani ed in particolare a colui che nell'epoca ne era la guida, Prosper Enfantin. Per un certo periodo, infatti, ben lontano dalla religiosità della passione propria del Cristianesimo, con i suoi amici sansimoniani Heine professò una religione della gioia, utopica e terrena, che in ore felici permetteva al poeta di credersi «senza peccato» e di attendersi già dalla vita terrena una condizione escatologica di più serena libertà. Ma questa abbagliante visione di Heine non regge alle esperienze di una realtà più oscura, a testimonianza dell'irritante chiaroscuro del XIX secolo.

Ma mi sono spinto molto avanti nel corso di una vita che ha avuto inizio a Wiesbaden il 28 luglio 1907. Dato che Dolf Sternberger non ha mai scritto le sue memorie, non ho nulla da riferire della sua infanzia e della prima giovinezza, ma vorrei pregare il lettore di seguire con me il giovane studente ad Heidelberg. In un discorso tenuto in occasione delle celebrazioni per l'anniversario dell'Università di Heidelberg, Dolf Sternberger ha parlato degli anni Venti in questa università come di «una grande epoca». Soprattutto però quegli anni rappresentarono un'epoca decisiva nella storia della vita del nostro studente, che nel suo ricordo suona così: «Fino ad allora avevo studiato le materie più disparate, in particolare la lingua tedesca e la letteratura, apprendendo con curiosità ed anche con piacere, ma ora, ad Heidelberg, si abbattè un fulmine, lo spirito s'incendiò. E questo accadde con la lezione filosofica di Karl Jaspers — la lezione intitolata "Concezione filosofica del mondo", capitolo sulla "Chiarificazione dell'esistenza". Notiamo qui di nuovo il

---

[3] A questo movimento artistico Sternberger ha dedicato numerosi scritti, raccolti nel volume *Über Jugendstil*, Frankfurt am Main, Insel Verlag, 1977 (di prossima pubblicazione in edizione italiana al Mulino).

[4] *Heinrich Heine und die Abschaffung der Sünde*, Düsseldorf-Hamburg, Claassen Verlag, 1972, riedito nel 1976, Frankfurt am Main, Suhrkamp.

lessico di luce e luminosità che caratterizza questi primi ricordi. Gli anni di studio a Heidelberg, dunque, hanno conservato per Dolf Sternberger il valore del ricordo di uno «squarcio di paesaggio di chiara luminosità». Ma al tempo stesso erano gli «aurei anni Venti», e ci si sedeva non solo nelle aule universitarie, ma anche al caffè, dove si poteva discutere così vivacemente e scrivere con grande concentrazione, e spesso anche al cinema, dove a quel tempo il «clown dell'innocenza» Charlie Chaplin richiamava l'attenzione su di sè e sul cinema, la nuova forma d'arte. Dalla filosofia dell'esistenza delle aule universitarie e dalla comicità profonda di Charlie Chaplin, mediata attraverso Cervantes e Dostoevskij, nacque la prima pubblicazione di Dolf Sternberger, un saggio dal titolo *Charlie Chaplin, L'Idiota, Don Chisciotte. Saggio su un'esistenza comica*[5].

La tesi di laurea, scritta nello stesso periodo, ha per tema un argomento che sembra una sfida per un giovane uomo d'animo sereno: *La morte compresa. Un'indagine sull'ontologia esistenziale di Martin Heidegger*. Con questa dissertazione, Dolf Sternberger conseguì la laurea con Paul Tillich alla facoltà di Filosofia dell'Università di Francoforte. Era il 1932; nel 1934 la tesi venne pubblicata[6].

Tra queste due date Hitler assunse il potere. L'esistenza era minacciata; la faccenda divenne seria. E così, come sotto la tirannia di Hitler il suo maestro Jaspers[7] divenne filosofo politico, anche il suo allievo, il giovane dottore in filosofia Dolf Sternberger, divenne il pensatore politico che per il suo chiaro ricordo della libertà di pensiero e di azione sapeva ciò che andava preservato e difeso. Nei dodici anni della dittatura e fino ai suoi ultimi giorni, Dolf Sternberger è rimasto un pensatore politico

---

[5] *Der Idiot, Don Quijote. Versuch über die komische Existenz*: pubblicato nel 1929 sulla rivista «Die Kreatur» è ora incluso in una delle sezioni, dedicata a Charlie Chaplin, del volume VIII: *Gang zwischen Meistern*, delle *Schriften*, Frankfurt am Main, Insel Verlag, 1987, pp. 35-73. Questo scritto uscirà in edizione italiana in una raccolta di saggi (dedicati oltre che a Chaplin, a Gründgens e Marlene Dietrich) di prossima pubblicazione al Mulino.

[6] *Der verstandene Tod. Eine Untersuchung zu Martin Heideggers Existenzial-Ontologie*, Leipzig, S. Hirzel. Il testo è ora incluso nelle *Schriften*, vol. I: *Über den Tod*, cit., 1977, pp. 69-264.

[7] Di Jaspers come «maestro», Sternberger ha parlato in *Gang zwischen Meistern*, cit. (pp. 111-150), dove rievoca i propri incontri personali e intellettuali con alcune figure illustri della cultura del '900: oltre a Jaspers, Heidegger, Bloch, Benjamin, Jünger, H. Arendt, T. Mann. Un'ampia sezione di questo volume verrà proposto in italiano dal Mulino col titolo *Maestri*.

e un difensore inflessibile della libertà, senza stancarsi mai di ribadire le ragioni per cui una vita in libertà, garantita da una buona costituzione dello stato, è un bene tanto auspicabile, da proteggere ad ogni costo.

Finché durò la dittatura, tale monito potè esprimersi solo per allusioni. Ma il già citato *Panorama* del proscritto XIX secolo, che il giovane giornalista pubblicò sotto la dittatura, era leggibile come ricordo pubblico delle grandi e piccole libertà perdute, che dovevano essere conservate almeno nella memoria, perché fosse possibile un nuovo inizio. Fu possibile, e Dolf Sternberger fu tra i primi nel dopoguerra ad indicare la strada su cui la nazione tedesca, lungi dal ricadere vittima di una nuova dittatura, poteva trovare un nuovo ordinamento statale nella libertà.

Insieme con Karl Jaspers, Alfred Weber, Werner Krauss e più tardi Marie-Luise Kaschnitz, a partire dal 1945 egli pubblicò la rivista «Die Wandlung», poi dal 1950 insieme con altri scrittori «Die Gegenwart». Le due riviste hanno contribuito in modo essenziale a dare nuovamente una forma morale alla vita politica e culturale degli anni del dopoguerra.

Nella rivista «Die Wandlung», e già a partire dal 1945, apparvero anche i primi contributi di critica linguistica, scritti in collaborazione con Gerhard Stolz e W.E. Süskind, pubblicati più tardi col titolo *Vocabolario dell'inumano*[8].

Intento dichiarato di questo saggio era ritrovare la dittatura dell'inumano anche nel linguaggio; gli autori infatti erano persuasi che «la corruzione del linguaggio è anche corruzione degli uomini». Lo scopo di mettere in quarantena quel lessico in verità non è stato raggiunto per ogni singola parola incriminata. Alcune di esse sono riapparse. In complesso, Dolf Sternberger e i suoi compagni sono riusciti indubbiamente a «rendere estraneo il linguaggio dell'inumano» e a sensibilizzare la pubblica coscienza linguistica nei confronti delle seduzioni del pensiero che con sufficiente fedeltà — anche se purtroppo non con fedeltà totale — vengono segnalate da un uso stravolto del linguaggio. Così, non si può che dar ragione a Dolf Sternberger quando scrive, e certo non da linguista ma da pensatore politico: «per

---

[8] Pubblicato nel 1957, *Aus dem Wörterbuch des Unmenschen* è stato riproposto di recente: Frankfurt am Main-Berlin, Ullstein, 1989. Sul rapporto tra linguaggio e politica si veda anche, nel presente volume, il saggio *Il vocabolo politica e il concetto del politico*, pp. 149-160.

questo nulla è indifferente nel linguaggio e nulla così essenziale come la *façon de parler*».

Ma la critica più o meno politica del linguaggio e la critica più o meno linguistica della politica per Dolf Sternberger non hanno soltanto questo aspetto censorio negativo, così come, più in generale, il ruolo di Catone il Censore non è quello prediletto di Dolf Sternberger. Piuttosto possiamo identificarlo nel ruolo di Scipione Emiliano, che, secondo le testimonianze concordi di Cicerone, seppe coniugare la politica romana e l'educazione greca nella più pura umanità. Anche il pensiero politico di Dolf Sternberger è derivato chiaramente dalla Grecia, e tra tutti i pensatori della tradizione intellettuale europea è Aristotele quello che gli è più vicino. È stato Aristotele a definire l'uomo contemporaneamente come essere politico-sociale e come essere dotato di linguaggio e ragione. Con Hannah Arendt, la compagna di studi dell'epoca di Heidelberg, che gli è spiritualmente affine, anche nel pensiero, Dolf Sternberger ama unificare queste due definizioni dell'uomo, inteso come cittadino democratico che nella controversia delle parole agisce politicamente con la forza persuasiva delle sue argomentazioni. Per Dolf Sternberger consiste in questo ciò che Aristotele ha definito «il fattore politico». *Mutatis mutandis* ciò vale anche per il moderno stato costituzionale, sebbene quanto al resto esso sia del tutto dissimile sotto molteplici aspetti dell'antica *polis*.

Per chiarire tali connessioni, in molti dei suoi scritti Dolf Sternberger ha mediato sui «termini radicali e primari del nostro linguaggio politico», in altre parole sul lessico dei nostri concetti democratici di costituzione, senza sottrarsi neppure agli sforzi delle filologia. Com'è successo, infatti, che ad esempio lo stesso termine «politico» — che in Aristotele e nei suoi seguaci valeva come *summa* del razionale senso civile — nell'epoca moderna ha potuto assumere i più incresciosi significati secondari, fino a poter dire che «la politica corrompe il carattere»? Dolf Sternberger si è occupato da vicino di tale questione, in particolare nel suo importante discorso tenuto all'Università di Heidelberg nel 1974 sul *Principe* di Machiavelli e il concetto del politico[9]. Sarebbe concepibile che lo stesso Machiavelli abbia

---

[9] *Machiavellis Principe und der Begriff des Politischen*. Il saggio è uscito nel 1974 negli atti della Wissenschaftlichen Gesellschaft dell'Università J.W. Goethe di Francoforte (Wiesbaden, F. Steiner); ora nelle *Schriften*, vol. III: *Herrschaft und Vereinbarung*, cit., 1980, pp. 29-111.

degradato questo alto concetto nelle bassezze della brutale aspirazione al dominio e della cinica conservazione del potere? Ma le risposte che ci si può attendere degli scritti di Dolf Sternberger sulle questioni più serie e complesse della storia intellettuale non sono così semplici. Qui infatti, nell'osservazione più precisa e filologicamente più accurata dei testi, l'autore richiama anzitutto l'attenzione sul fatto che Machiavelli, il cui vocabolario politico del resto corrisponde generalmente a quello aristotelico, nel suo *Principe* non impiega affatto il termine *politico*. In questo scritto, evidentemente, l'autore non descrive affatto l'uomo politico nel senso di Aristotele, bensì il despota, il cui paradigma era altrettanto noto alla filosofia aristotelica.

Solo nella polemica protrattasi a lungo intorno al *Principe*, dai primi oppositori controriformisti del Machiavelli fino a Federico il Grande, l'immagine della politica legittima viene identificata a torto con quella deformata di una politica di potenza senza scrupoli. A partire da quest'epoca, nella concettualizzazione politica non si distingue più nettamente tra costituzione e dominio, e d'ora in poi spetta alla critica politica del linguaggio il compito urgente di rendere di nuovo cosciente questa distinzione, su cui si separano le strade della democrazia e della tirannia.

Da queste riflessioni e dallo scontro con i sovvertitori del sistema nei tardi anni Sessanta e primi anni Settanta, è nata l'opera politica principale di Dolf Sternberger, apparsa nel 1978, *Tre radici della politica*[10]. In questo volume Dolf Sternberger riprende in primo luogo le riflessioni formulate in precedenza su Aristotele e Machiavelli, approfondendole in una tipologia comparativa del comportamento politico, con Aristotele come pensatore «politologico» e Machiavelli pensatore «demonologico»[11]. L'autore poi estende questo concetto bipartito in una tripartizione, aggiungendo come terzo tipo di comportamento politico l'irrequieta tensione verso il cambiamento politico e il vivere in attesa della salvezza finale. Quale precursore di questa forma di pensiero politico, da lui definita «escatologica», Dolf Sternberger tuttavia non riconosce Karl Marx, come si potrebbe

---

[10] *Drei Wurzeln der Politik*, tomi 1 e 2, vol. II delle *Schriften*, cit., 1978, a cui dà il titolo.
[11] Su questo tema si veda, nel presente volume, il saggio *Machiavelli, machiavellismo e politica*, pp. 187-203.

pensare forse ad un primo approccio, ma, risalendo assai più indietro nella storia, Agostino, l'autore di *De Civitate Dei*. A prescindere dai modelli sempre presenti di Platone e Aristotele, non è difficile riconoscere su quale grande prototipo della storia intellettuale europea si sia orientato Dolf Sternberger, soprattutto con il suo libro sulle tre radici del politico. È il libro di Montesquieu sull'*Esprit des lois*, in cui il pensatore francese compie il tentativo imponente di derivare da tre *ressorts* fondamentalmente diversi della natura umana tre costituzioni dello stato distinguibili tipologicamente, quella monarchica, quella dispotista e quella repubblicana.

Oltre a questo, ciò che collega Dolf Sternberger a Montesquieu è lo stile della sua scrittura: l'esposizione pacata e serena, che spiega con circospezione ed argomenta con la ricchezza dell'esperienza storica. Tra i francesi, divenuti in un primo tempo solo con una certa esitazione suoi lettori, perchè egli appariva loro non abbastanza tedesco, vale a dire non abbastannza irrazionale, Sternberger annovera ora un pubblico di lettori rapidamente crescente, che nei suoi scritti sa apprezzare uno stile di scrittura e di pensiero europeo quanto tedesco.

È di nuovo caratteristico di Dolf Sternberger che il suo trittico sulle radici della politica nel saggio omonimo sia inquadrato da un capitolo introduttivo e da uno finale che si intitolano rispettivamente «Il cammino delle parole» e «Guerra e pace dei concetti». Ora, tra i concetti che vengono seguiti qui nel loro cammino attraverso la storia ve n'è uno che per Dolf Sternberger è il più importante nel campo concettuale del politico: il concetto stesso di pace. Nel 1960, quando la facoltà di Filosofia dell'Università di Heidelberg nominò professore di Scienze Politiche Dolf Sternberger, fino ad allora attivo come giornalista e scrittore, proprio su questo concetto si focalizzò la prolusione accademica, che si concentra nel principio: «l'oggetto e il fine della politica è la pace»[12]. Su questo tratto fondamentale della sua meditazione politica Dolf Sternberger è ritornato in molte altre occasioni, come ad esempio in un volume tascabile, *La politica e la pace*[13], apparso all'inizio del 1986 e composto di diversi discorsi e saggi.

---

[12] *Der Friede ist der Grund, das Herkmal und die Norm des Politischen*: la prolusione è ora inclusa col titolo *Begriff des Politischen* nel volume *Die Politik und der Friede*, Frankfurt am Main, Suhrkamp, 1986, pp. 69-88.
[13] Cfr. nota precedente.

Il fatto che Dolf Sternberger tenacemente persista nel concepire la pace non soltanto come il fine, ma anche come l'oggetto autentico della politica, lo divide naturalmente, con un rigore che va oltre la morte, da Carl Schmitt e dalla sua concezione della politica basata sulle categorie non pacifiche di amico e nemico, così come dal suo orientamento nell'azione politica sulla situazione d'eccezione e sull'emergenza. Con accentuato distacco da questo pericoloso concetto, Dolf Sternberger enuncia l'importante principio: «anche la pace è un'emergenza».

Ma cosa può accadere ora e cosa va fatto perchè si mantenga questa pace dove già esiste e la si raggiunga dove non esiste? La risposta universale di Dolf Sternberger suona così: «la pace ha bisogno di politica». E questa politica, se vuole essere coronata dal successo, non può rivolgersi né al singolo individuo nè all'uomo come essere generico o all'umanità come essere collettivo, ma ha sempre a che fare con una pluralità di forze politiche, i cui interessi differenziati devono essere conciliati con pazienza e perseveranza, ossia con l'intesa, non con spirito missionario.

Nella politica, infatti, unità è una parola di dominio, mentre pluralità è una parola di libertà, e l'opinione pubblica, intesa da Dolf Sternberger come una «conversazione pubblica a molte voci», accanto alle istituzioni costituzionali con le loro procedure regolamentate, è la migliore garanzia di pace, anche se pur sempre non assoluta.

A questa pubblica conversazione dei cittadini o, come egli ama dire usando una bella espressione di Schiller, degli «amici dello Stato», Dolf Sternberger ha partecipato non soltanto come scrittore e professore di Scienze Politiche ma, dai suoi primi anni di apprendistato alla «Frankfurter Zeitung» e poi con crescente autorità come collaboratore regolare presso la «Frankfurter Allgemeine Zeitung», con i suoi noti articoli e gli editoriali. Tra gli editoriali raccolti in volume, ho in mente in particolare la presa di posizione di Dolf Sternberger sulla crisi dello «Spiegel», che egli ha interpretato e commentato come crisi profonda delle istituzioni statali e dei suoi rappresentanti, ma anche come banco di prova dell'opinione pubblica. Tuttavia nello stesso editoriale vi è anche una lode ben calibrata della costituzione: «la costituzione non provvede perchè tutto vada bene in ogni momento, ma una buona costituzione si dimostra tale unicamente in questo, che prepara la strada per migliorare ciò che non va».

Dolf Sternberger è morto il 27 luglio 1989 a Darmstadt. La morte che quel giorno lo ha colto era da tempo familiare al suo pensiero, perché egli già nella sua dissertazione sulla morte nella filosofia esistenziale e più tardi nelle sue riflessioni sulla morte di Montaigne e Pascal annovera tra i compiti d'importanza vitale della filosofia la riflessione incessante sulla morte e, se possibile, l'insegnamento di una morte priva di paura[14]. Tuttavia egli si rifiutava ostinatamente di comprendere la morte. Anche in occasione del suo ottantesimo compleanno, citava con convinzione Sir Thomas Browne: «la lunga abitudine a vivere ci indispone a morire». Contro la «seconda morte», come egli chiamava la morte della memoria, conosceva però un rimedio sicuro: il suo stile, *aere perennius*.

HARALD WEINRICH

---

[14] Si vedano, *infra*, i saggi *La morte di Montaigne*, pp. 47-52 e *La morte di Pascal*, pp. 53-59.

Forniamo qui di seguito titoli e collocazione originari degli scritti raccolti in questo volume:

Über die Rechtmäßigkeit Jesu, pubblicato in «Bilder und Zeiten», 10 aprile 1971.
Eschatologische wissenschaft und wissenschaftliche Eschatologik, conferenza tenuta in occasione del XVIII Simposio della Gesellschaft für Wissenschaftsgeschichte, su «Verdrängte Wissenschaften», 15-17 maggio 1980.
Montaignes Tod, pubblicato per la prima volta nella «Frankfurter Zeitung», 13 settembre 1942, si trova ora nelle *Schriften* (Frankfurt am Main, Insel, 1977 ss.), vol. I: *Über den Tod*, 1977, pp. 47-55.
Pascal Tod, pubblicato sulla «Frankfurter Allgemeine Zeitung», 18 agosto 1962; ora nelle *Schriften*, vol. I: *Über den Tod*, cit., pp. 57-67.
Vexierbilder des Menschen, scritto nel 1950, si trova ora nelle *Schriften*, cit., vol. VI: *Vexierbilder des Menschen*, 1981, pp. 37-66.
Hohe See und Schiffbruch. Zur Geschichte einer Allegorie, uscito nella «Neue Rundschau», agosto 1935, si trova ora nelle *Schriften*, vol. VI, cit., pp. 227-245.
Aspekte des bürgerlichen Charakters, scritto nel 1948, pubblicato in «Die Wandlung», maggio 1949, ora nelle *Schriften*, cit., vol. IV: *Staatsfreundschaft*, 1980, pp. 153-74.
Das Menschenrecht nach Glück zu streben, conferenza tenuta all'Università di Heidelberg il 18 maggio 1966 e pubblicata lo stesso anno in «Heidelberg Jahrbüchern»; ora nelle *Schriften*, cit., vol IV: *Staatsfreundschaft*, cit., pp. 93-113.
Autorität, Freiheit, und Befehlsgewalt, scritto nel 1959; ora nelle *Schriften*, cit., vol. IV: *Staatsfreundschaft*, cit., pp. 115-143.
Das Wort Politik und der Begriff des Politischen, conferenza tenuta a Treviri il 26 giugno 1982 in occasione del conferimento a D.S. della laurea honoris causa; pubblicata nel vol. 10 di *Trierer Unniversitatsreden*, a cura di A. Morkel, NCO-Verlag, 1982, pp. 9-31; ora in *Die Politik und der Friede*, Frankfurt am Main, Suhrkamp, 1986, pp. 107-119.
Der alte Streit um den Ursprung der Herrschaft, pubblicato nella *Festschrift* per Peter de Mendelmolin, Frankfurt, 1978; ora nelle *Schriften*, cit., vol. III: *Herrschaft und Vereinbarung*, 1980, pp. 11-27.
Herrschaft und Vereinbarung. Eine Vorlesung über bürgerliche Legitimität, conferenza tenuta all'Università di Chicago, 1964; pubblicata in *Ich Wünste ein Bürger zu sein. Neun Versuche über den Staat*, Frankfurt am Main, 1967; ora nelle *Schriften*, cit., vol. III: *Herrschaft und Vereinbarung*, cit., pp. 113-134.
Machiavelli, Machiavellismus und Politik, relazione tenuta il 2 gennaio 1974 alla Wissenschaftlichen Gesellschaft dell'Università J.W. Goethe di Francoforte, e pubblicata nei *Sitzungsberichten* (vol. XII, n. 2), Wiesbaden, F. Steiner Verlag, 1974.

Dolf Sternberger

Immagini enigmatiche dell'uomo

Parte prima

1. Sulla legittimità di Gesù.
Una considerazione politica

Gesù di Nazareth è stato giustiziato come un usurpatore. Unanimi al proposito sono i quattro evangelisti. Narra Marco che il sommo sacerdote nel sinedrio riunito chiese al prigioniero: «Sei tu il Cristo, il figlio del Benedetto?». Gesù rispose: «Io lo sono». (Ci occuperemo poi in seguito del resto della sua affermazione). Ben più realistica, romana, la formulazione della domanda da parte di Pilato: «Tu sei il re dei Giudei?», e Gesù rispose: «Tu lo dici». Questa è inoltre la ragione dell'iscrizione sulla croce: «di sopra era l'iscrizione indicante la sua colpa, ovvero: il re dei Giudei». Altrove si narra ancora che i sommi sacerdoti dei Giudei, scandalizzati da questa formulazione, avrebbero preteso da Pilato la seguente rettifica: «Egli ha detto: Sono re dei Giudei» (Giovanni 19,21). Ma Pilato rimase dello stesso avviso: «quod scripsi, scripsi, quel che ho scritto ho scritto». L'iscrizione sembrava confermare la pretesa: dichiarava il pretendente sovrano. Ma questo strano, forse erroneo riconoscimento della sua legittimità, fu indicato solo e esclusivamente sul suo patibolo.

Tre titoli

Se consideriamo in particolare i presunti titoli di sovranità secondo il loro tenore, ne risultano tre: re dei Giudei, Cristo o Messia, ossia l'unto del Signore, e figlio di Dio. È possibile che in essi si fondino tradizioni diverse, riscontrabili e distinguibili nei libri dell'Antico Testamento, specialmente in quelli profetici. Concrescendo hanno per così dire assunto forma di sindrome. Il collegamento del principio di regalità con quello della qualità di figlio di Dio lo si trova già nei libri di Samuele, chiamati con il nome dell'uomo che ha istituito il regno di Israele e ne ha unto il primo re, Saul: «Vedi che il Signore ti ha unto principe sulla sua eredità?» (Samuele 1,10,1). È il profeta Natan che assicura al re Davide una discendenza, la certezza della successione; con queste singolari parole il Signore parla per bocca del profeta: «E quando i tuoi giorni saranno giunti a compimento e riposerai con i padri tuoi, io susciterò dopo di te il tuo seme, quello che uscirà dalle tue viscere, e ne farò stabile il regno. Sarà lui a costruire una casa al mio nome, e io farò stabile il suo trono in eterno. Io gli sarò padre, ed egli mi sarà figlio» (Samuele 2,7,12-14). In ciò è certamente riconoscibile un tratto di teocrazia, di regno divino; e probabilmente anche una traccia dell'antica tradizione egiziana: ogni faraone, quale che fosse la sua discendenza o dinastia, era detto figlio di Osiride, in seguito anche di Rā; allo stesso macedone Alessandro è stato conferito questo titolo e rivelato il segreto della sua origine divina, quantunque fosse un conquistatore. Anche la fecondazione divina di una donna mortale e la scena della nascita del fanciullo divino, sono già presenti nella tradizione egizia come evento mitico ripetibile; esso è raffigurato nelle pitture e nei fregi e pare fosse anche rappresentato durante le celebrazioni dei misteri. L'«eterno ritorno dell'eguale» (così celebrato dagli Egiziani fintanto che durò il regno, e comunque pur sempre alcuni millenni), nella tradizione israelitica appare come formula di occasione, per diventare poi in seguito nell'Antico Testamento un evento unico, del tutto individuale. Il Dio unico ha l'unico figlio, il «figlio unigenito», come dice Lutero.

Quell'annuncio del profeta Natan al re Davide, originariamente inteso più come una conferma di un diritto genealogico alla regalità, è stato in seguito interpretato come una profezia: la stirpe di Davide avrebbe generato un eroe vittorioso come lui, e schiavitù, divisione e diaspora d'Israele sarebbero finite; un'interpretazione, dunque, nel senso della grandiosa utopia del sovrano futuro. Al proposito Isaia dice: «Un figlio ci è donato, sulle cui spalle è il principato e il cui nome è Mirabile, Consigliere, Forte, Eroe, Padre Perpetuo, Principe della pace» (Isaia 9,5). Tutti conoscono questo passo ridondante di titoli favolosi: il Cristianesimo infatti l'ha riferito a Gesù, e il passo è letto in chiesa la prima domenica d'Avvento. Lo slancio e l'impeto di speranza racchiusi nell'invocazione sono tali da suscitare ancor oggi la nostra commozione, sebbene i Cristiani facciano appello al suo adempimento. Ma senza dubbio non lo fanno in modo compiuto e definitivo: certo si canta «Cristo è apparso» e si canta anche «Cristo è risorto», ma dello stesso Cristo, dello stesso re e figlio di

Dio resta ancora in sospeso il secondo avvento, da lui stesso annunziato. E si prega ancora «venga il tuo regno». L'attesa perdura.

Roma, Erode, i sacerdoti

È difficile considerare l'operato di Gesù alla stregua di un colpo di stato; non ne ha l'aspetto, a malapena lo si direbbe intergiudaico, e tanto meno diretto contro le autorità romane. Sotto questo riguardo, egli si era mostrato disinteressato (o prudente) e acutamente s'era espresso con le celebri parole: «Date a Cesare quel che è di Cesare!» Tuttavia l'ultima carta che gli accusatori giudaici giocarono innanzi a Pilato, consistette nel presentare la sua pretesa regale come un pericolo per Roma: «Se liberi costui non sei amico di Cesare. Chiunque si fa re va contro Cesare» (Giovanni 19,12). Come accade ai sudditi di un governatorato militare, i sacerdoti si mostrano più romani dei Romani, iperlealisti. Il governatore sembrò essersi piegato a questa argomentazione e se ne lavò le mani, quantunque, in fondo, non ritenesse colpita la posizione sua e di Roma. Per tutto il processo, i sovrani giudaici non vengono menzionati; immaginiamo Erode all'incirca come un maharaja indiano sotto il dominio inglese, fastoso e abbastanza insignificante. Ma questo Erode aveva pur sempre fatto giustiziare un altro innovatore, che operò già prima di Gesù: Giovanni Battista, che comunque, per quanto sappiamo, in nessun caso aspirò ad un qualche potere regale: è attendibile, infatti, che a costargli la testa non furono motivi d'ordine politico, quanto piuttosto le storie di donne di questa piccola corte dispotica, l'ira della sovrana per i rimproveri morali mossi dal profeta e il celebre episodio della danza di Salomè. Sembra tuttavia che anche Gesù una volta sia stato messo in guardia nei confronti di Erode, senza prestarvi gran peso (Luca 13,31-33). Soprattutto l'evangelista Luca ha considerato più seriamente il sovrano, come dimostra la storia della natività; nel racconto leggendario della strage degli innocenti c'è qualcosa di tipicamente sultanesco: il possibile pretendente al trono è semplicemente eliminato con l'assassinio e, dato che non lo si può identificare, si procede all'uccisione di tutti i neonati, tutti sospetti. Certamente la storia sacra gli ha giocato un tiro tremendo.

Ma tutti questi sono fattori secondari, arabeschi. In sostanza non si trattava, in realtà, né del Cesare romano né del sovrano giudaico. Si trattava della casta sacerdotale, inclusi gli «scribi e farisei», dell'intellighenzia religiosa, che a buona ragione si sentiva minacciata. In effetti il suo dominio, non solo dal punto di vista ecclesiastico ma anche da quello sociale, evidentemente collegato a vantaggi economici di ogni genere, veniva minato pericolosamente da un Rabbino così poco ortodosso e dalle sue pretese di essere il Messia. Ed effettivamente Gesù ha fatto del suo meglio per suffragare la minaccia. Certo, egli sembra aver intimato per qualche tempo la segretezza ai suoi seguaci, per motivi di sicurezza: «Allora egli proibì ai suoi apostoli — si dice in Matteo (16,20) — ch'essi dicessero ad alcuno che egli, Gesù, era il Cristo». In seguito però, dopo il suo ingresso in Gerusalemme — afferma Matteo, che in questo punto è della massima precisione — non ha più celato la sua critica, anzi, diciamo pure il suo odio. «Guai a voi, scribi e farisei, voi ipocriti», «voi stolti e ciechi» — è famoso il grande discorso di ammonizione e di invettiva (Matteo 23, l'intero capitolo!), che colpisce da una parte la loro casuistica teologica, ma dall'altra, e prima di tutto, la loro arroganza sociale, le loro abitudini di sfruttamento, il contrasto tra il loro operato e la loro dottrina — con la maledizione finale: «Voi serpenti, voi razza di vipere! Come potete sfuggire alla dannazione infernale?».

Il nemico era quello e neppure Gesù era in grado di amare quei nemici. Nel racconto di Luca, c'è un'espressione terribile, che sembra smentire non solo la santità della nostra consueta immagine di Gesù, ma anche lo stesso maestro del discorso della montagna. Essa viene citata assai di rado, perciò intendo ricordarla qui: «Quanto poi ai miei nemici, quelli che non volevano che io regnassi su di loro, conduceteli qui e trucidateli alla mia presenza» (19,27). Questo è il linguaggio del ribelle e l'ira del perseguitato. L'evangelista pone questa dichiarazione immediatamente prima della sua descrizione dell'ingresso in Gerusalemme, dunque del rischio decisivo: conquistare la capitale o affrontare la morte. In effetti, questo poteva essere il punto e il momento giusto.

Tuttavia non si trattò di un tentativo di colpo di stato. Non vi fu alcun preparativo militare. In tutta la storia della settimana santa, c'è soltanto quell'unico colpo di spada, con cui Pietro stacca un orecchio ad un «servo del sommo sacerdote», di nome Malco.

L'arresto avrebbe potuto finire in tumulto, in un bagno di sangue, se di fronte agli armati Gesù stesso non avesse intimato ai suoi di astenersi dalla violenza: «Riponi la tua spada!». Tuttavia altri preparativi erano stati fatti, persino molto ben meditati. Lo stesso ingresso era simile ad una dimostrazione del suo prestigio e di quale seguito avesse nel popolo. Anche la cavalcatura è significativa: è l'unica volta in cui Gesù viene rappresentato in arcione, lui, altrimenti sempre viandante. Che si trattasse di un asino, è giustificato da Matteo con una profezia del profeta Zaccaria: «Guarda il tuo re viene con animo soave a te e cavalca su un asino»; così, anche in questo, era ancora riconoscibile la legittimità della sua pretesa, non certo quella di un conquistatore, bensì di un «principe della pace». Ma nell'ingresso trionfale le grida di lode del popolo esprimevano ora, apertamente e pubblicamente, chi egli fosse: «Benedetto colui che viene nel nome del Signore! Benedetto il regno del nostro padre Davide, che viene nel nome del Signore! Osanna negli altissimi cieli!» (Marco 11,9-10).

Anche questo entusiasmo popolare è stato preso in tutta serietà dai sacerdoti. A più riprese è detto che, appunto per questo, essi esitarono e non vollero colpire rapidamente. Caratteristica appare proprio la valutazione del momento idoneo per il contrattacco, per non fallire il giusto *timing*: «Ma essi dicevano: Non per la festa, perché non nasca un tumulto del popolo!» (Marco 14,2). La conclusione produce così un'impressione sconcertante, in quanto al momento dell'arresto di Cristo le turbe si dileguano, e persino tra i più stretti seguaci — nella curiosa storia del gallo di Pietro — s'instaura la corruzione della paura: «non conosco quest'uomo». Da allora il contrasto dell'«osanna» e del «crocifiggi» ha prodotto un proverbio, con l'aiuto del quale qualche testa pigra aspira a sollevarsi a buon mercato sulla volubile follia. Per quanto riguarda l'avvenimento originario, bisogna considerare che gli accusatori nel palazzo del governatore difficilmente potevano essere gli stessi che, in precedenza, avevano partecipato al corteo dimostrativo di incoronazione.

Dubbia origine

Tra i quattro, quello di Giovanni è considerato il vangelo filosofico, e lo è anche, ma solo in virtù del prologo. Per il resto, esso chiarisce in modo più incisivo e conseguente degli altri come pressoché tutto vertesse intorno alla questione della legittimità. Qui Gesù conduce una lotta incessante, e in fondo disperata, per il riconoscimento della sua pretesa di essere il Messia, il re profetizzato, innanzi tutto il figlio di Dio. In ciò, l'argomento genealogico-dinastico non gioca del resto alcun ruolo. Al contrario, Gesù deve persino far fronte all'obiezione che egli non discende dalla stirpe di Davide, da Betlemme «nel territorio giudaico», bensì da Nazareth in Galilea, contravvenendo pertanto alla convenzione profetica; già per questo, dunque, egli non può essere il Cristo. «Vedi, dalla Galilea non sorge profeta» (Giovanni 7,41,42 e 52). Matteo ha tentato di rimuovere questo dubbio sulla legittimità, importante e certamente autentico, presentando un albero genealogico; Luca, invece, con l'attestazione del censimento della popolazione, che costrinse Giuseppe, discendente di Davide, a recarsi dalla Galilea in Giudea, in modo che il bambino venisse al mondo nel luogo giusto. Questa è la narrazione a noi cara e familiare, che da allora è prevalsa, mentre la discussione presentata nel Vangelo di Giovanni sulla discendenza di Cristo è scivolata nell'ombra.

Un uomo o un Dio?

Quasi dimenticata è anche una tra le più singolari dispute giovannee sulla legittimità, dove Gesù sembra per così dire minimizzare la sua pretesa di essere figlio di Dio. Certamente ciò accade in una situazione penosissima, sotto minaccia di lapidazione. La furia della folla era stata suscitata dall'affermazione «Io e il Padre siamo uno». Allora essi, provocati dalla bestemmia, scrive Giovanni, raccolsero dei sassi «perché tu, uomo come sei, ti fai Dio». Un'obiezione che sorprende per la sua evidente semplicità e che tra tutte mi sembra la più seria, illuminata, umanistica, anti-mitologica, anche se chi l'aveva espressa si apprestava a confermarla con un atto di violenza. La risposta è enigmatica. Gesù fa riferimento alla parola di Dio del Salmista (Salmo 82,6): «E io mi dicevo: Voi siete dèi e figli dell'Altissimo, voi tutti». In tal modo egli difende la sua qualità di figlio di Dio o di divinità — che resta comunque il suo titolo giuridico più alto: da esso infatti derivano l'Ascensione, il secondo avvento e il giudizio, dunque la trasformazione completa della Signoria attuale in quella futura alla fine — spogliandola della sua unicità, retrocedendo semplicemente nella serie dei figli mortali di Dio e degli dèi umani. Certamente lo si può esprimere o esporre anche a rovescio: Cristo lascia cadere la semplice e dura distinzione di quell'«umanista» (con il sasso in mano), conduce gli uomini alla divinità od oltre ad essa.

Il Regno del cielo come correttivo e utopia

Forse è assurdo, non però ingiustificato, chiedersi che cosa sarebbe accaduto se Gesù a Gerusalemme avesse vinto. Avrebbe cacciato i sacerdoti dal Tempio, come fece con i mercanti? (Il che fu un primo atto di governo, come all'inizio di una nuova sovranità). Avrebbe tenuto giudizio sul posto, come annunziato per il giorno del secondo avvento, per il giorno del giudizio universale? Avrebbe separato i capri dalle pecore? Avrebbe concesso il diritto di cittadinanza nel suo regno unicamente a coloro che avevano creduto in lui il Messia, chiunque fossero, fanciulli, poveri, lebbrosi, l'adultera, il ladrone sulla croce? Avrebbe bandito o addirittura soppresso gli altri? Il giudizio non fu come è stato interpretato e dipinto più tardi: la separazione dei mansueti dai malfattori, della virtù dal vizio; era inteso invece come rifiuto di coloro che non avevano voluto credere, ossia di coloro che non avevano riconosciuto la legittimità della Signoria di Gesù, e come ammissione *sola fide* dei credenti, fossero pure peccatori. L'agnello di Dio si sarebbe trasformato in un lupo di Dio?

È bene che il suo regno non fosse di questo mondo e lo affermo senza ombra d'ironia. La fine ignominiosa del pretendente al regno dei Giudei, grazie alla profezia del suo secondo avvento è stata rovesciata in un trionfo postumo di proporzioni fantastiche. Un regno universale è sorto sotto un sovrano invisibile, un regno universale in stato di attesa o, come dice Agostino, uno stato di Dio in pellegrinaggio. La risposta completa dell'accusato durante l'interrogatorio del sommo sacerdote è: «Sì, io lo sono, e vedrete il figlio dell'uomo seduto alla destra della Potenza e venire con le nubi del cielo» (Marco 14,62). Grazie a Paolo, l'attesa di questo regno futuro ha sospinto allora come oggi i Cristiani alla dimostrazione operosa, all'amore. E tutto questo, a quanto pare, è divenuto realtà grazie alla prospettiva di un premio inaudito: la «vita eterna». Certamente si tratta della più audace utopia che mai sia stata escogitata o sognata: la vita eterna per tutti, a patto che «credano», non soltanto per i faraoni o altri privilegiati. Sicuramente essa è anche l'unica degna di attenzione, l'unica profondamente giustificata, tra tutte le utopie la più umana.

2. Scienza escatologica ed escatologismo scientifico

Rammento che una volta all'inizio degli anni venti, ero allora uno studente liceale, rimasi sbalordito leggendo un manifesto affisso su una colonna. Il testo era lungo e particolareggiato, ma aveva un titolo che da allora non ho mai dimenticato: «Milioni di uomini che oggi vivono non moriranno». Si trattava di una manifestazione dei missionari della setta dei cosiddetti «Seri Studiosi della Bibbia». Questo movimento popolare veniva dall'America e i suoi addetti si chiamavano «International Bible Students»; l'aggettivo «serio» è evidentemente un'integrazione tedesca. Ma essi facevano proprio sul serio. Il loro capo era a quel tempo un certo Richter Rutherford ed è persino possibile che quel manifesto ne annunciasse un esordio; sua è infatti la frase citata: *Milioni di uomini che oggi vivono non moriranno* è il titolo di uno dei suoi libri[1]. Come quasi tutto ciò che usciva da quella fonte, cioè la casa editrice Watchtower di Brooklyn-New York, esso raggiunse una tiratura di un milione di copie.

Gli Studiosi della Bibbia erano serissimi, credevano all'annunzio della fine imminente del mondo, al secondo avvento di Cristo, all'inizio del Regno di Dio e dunque alla realizzazione degli eventi escatologici, profetizzati dalla Bibbia nei due Testamenti. Nel periodo in cui quell'annunzio mi cadde sotto gli occhi, essi attendevano la seconda incarnazione di Cristo per l'anno 1925; il termine era stabilito in base a calcoli complicati e a una rettifica di un precedente calcolo secondo cui la grande apparizione divina e il grande cambiamento erano previsti per l'anno 1918. A sua volta questa era già una correzione, anche se

---

[1] Ho esaminato un altro scritto dello stesso J.F. Rutherford dal titolo *L'arpa di Dio*. La prefazione è datata 1 ottobre 1921 e ha il sottotitolo: «Dimostrazione convincente che milioni di uomini che vivono oggi non moriranno mai». Questo scritto, si dice, è apparso a stampa per la prima volta nel 1920 e si suppone che ne siano stati venduti due milioni e mezzo di esemplari in otto mesi.

relativamente insignificante; infatti Charles Taze Russell, detto il Pastore Russell, predecessore di Rutherford e fondatore di questa setta, in origine aveva atteso l'apparizione di Cristo già per l'anno 1914[2].

Dico «l'apparizione» perché questo termine, secondo le «ricerche» di Russell, non è identico all'altro: «la seconda venuta del Signore». La sua apparizione fisica doveva essere preceduta da un'invisibile presenza spirituale, che avrebbe dovuto comunque durare per quarant'anni. Lo sviluppo complessivo della «parusìa», quindi, era iniziato già nell'anno 1874. A detta di questo infaticabile calcolatore, annunziatore, editorialista, propagandista e organizzatore, il «Pastore» Russell appunto, questi quarant'anni potevano servire per raccogliere gli eletti che avrebbero ereditato il Regno di Dio. E naturalmente era la sua stessa attività di raccolta, il suo stesso «raccolto», quella a cui era innanzi tutto aperta questa meravigliosa prospettiva.

Del resto anche la data del 1874 era già una correzione di quel calendario escatologico redatto da William Miller, il fondatore di un altro precedente movimento avventistico. Egli aveva atteso la seconda venuta del Signore per l'anno 1844. Dato che, smentendo le aspettative di Miller, nell'anno 1844 il Signore non era venuto e il mondo non era arso nel fuoco, Russell dimostrò l'errore del suo calcolo. Miller si è sbagliato di trent'anni, pur tuttavia, aggiunse con indulgenza, ha dato inizio «alla giusta comprensione della profezia»[3].

Di quale profezia? Come ho desunto dagli scritti di quel Russell, lo studioso della Bibbia, tutta questa recente scienza escatologica del calcolo si basa sugli ultimi versetti del libro di Daniele, il profeta che, come nessun altro dell'Antico Testamento, ha dato motivo e impulso a speculazioni escatologiche sulla storia; in essi sono profetizzate la salvezza di Israele e una specie di resurrezione dei morti — «gli uni per la vita eterna, gli altri per

---

[2] Negli studi sulla scrittura di Charles T. Russell, vol. III dal titolo «Venga il tuo regno» (originariamente apparso nel 1900), in successive edizioni si legge una prefazione del 1916, in cui si dice all'incirca: «Riconosciamo che la ricostruzione di Israele non ha proceduto con la rapidità che avevamo supposto». Tuttavia, dopo la guerra la civiltà contemporanea si dissolverà completamente, quindi il Messia si rivelerà al mondo. Nel frattempo gli «eletti» sarebbero stati raccolti, ancora «la porta non è chiusa». Senza preoccuparsi del rinvio, dunque, la propaganda veniva proseguita.

[3] C.T. Russell, *op. cit.*, vol. III, p. 74.

l'ignominia, per l'infamia eterna»; il profeta sente un angelo dire «quando la dispersione del popolo santo si sarà compiuta», allora «tutte queste cose si compiranno». Questa voce sublime fornisce inoltre un *terminus a quo* e due differenti misure di tempo per determinare il momento in cui questi eventi si verificheranno:

> Dal tempo in cui il sacrificio quotidiano sarà abolito e sarà collocata l'abominazione desolante: milleduecentonovanta giorni. Beato colui che aspetta e giunge a milletrecentotrentacinque giorni.

La spiegazione di queste indicazioni, in cui certamente i giorni di Daniele sono in ogni caso interpretati come simbolici e ritradotti in anni, costituiva uno dei compiti principali della scienza escatologica dei nostri «Seri Studiosi della Bibbia» di quel tempo. Proprio a causa di questo riferimento alla profezia di Daniele, che ha a che fare esplicitamente con il destino di Israele e con la dispersione e la riunificazione del suo popolo santo, Russell e i suoi seguaci seguivano sempre con particolare attenzione quegli avvenimenti contemporanei che riguardavano il protettorato inglese sulla Palestina, l'insediamento degli Ebrei nella Terra Promessa e il movimento sionista. Come Richter Rutherford riconosce in modo assai significativo a proposito del suo predecessore Russell, infatti, questi ha seguito in modo accurato e attento le prove o gli indizi della «venuta del Signore».

Per concludere con poche parole questo resoconto su un impegno ed uno sforzo che ci appaiono strani perché arrivano fin entro la nostra epoca e la nostra contemporaneità: una volta fallita anche la terza o la quarta determinazione della parusìa, essi rinunziarono a questa scienza del calendario. In seguito anche la denominazione «Studiosi della Bibbia» venne abolita; quelli di oggi, come sappiamo, si chiamano «Testimoni di Gèova». Essi non hanno rinnegato affatto l'escatologia. Nell'edizione più recente della loro rivista ho letto ancora una nuova lista di notizie di terrore e decadenza prese da tutto il mondo (non mancano mai!), che annunziano l'approssimarsi della fine, e l'appello a tenersi pronti per l'inizio del Regno di Dio. «Tu puoi far parte di coloro», ci si rivolge così al lettore, «che possiederanno la terra sotto il dominio di Cristo». Con un ingenuo linguaggio pubblicitario, come se si trattasse di una sorta di paradiso delle vacanze nei mari del sud, viene formulata la domanda: «Ti piacerebbe una vita in tali condizioni?». Non è certo facile rispondervi con un no[4].

Qui ci troviamo di fronte, dunque, ad una «scienza rimossa» nel senso letterale della parola. Ciò che rende riconoscibile quanto essa sia rimossa, è il fatto che qui parliamo di una setta in cui questo fervore di osservazione e queste arti di calcolo si svolgono nell'ambito di una subcultura religiosa. È una scienza rimossa, repressa dalla Chiesa, venuta meno nel suo fondamento in modo evidente, che percepiamo anche come stantia, singolarmente scialba, anzi banale; essa compie i suoi esercizi a lato e lontano da tutto ciò che in questa epoca, nella modernità in genere, si presenta e viene riconosciuto come «scienza». Siamo predisposti a trovare curioso tutto ciò, anzi quanto mai ridicolo, e astenersi dal dileggio è difficile. Ma, come ho già detto, cose simili producono un effetto comico propriamente perché vengono formulate *oggi*, perché la storia sacra, la sublime profezia e l'immensa figura della speranza, che colleghiamo con la tradizione biblica e siamo soliti comprendere in essa, sono collegate con le date di anni, come il 1914, il 1918 e il 1925, che ci riportano alla memoria eventi storici del tutto diversi, «seri» anche in un senso affatto diverso. Essi hanno un loro peso di per se stessi, per cui dobbiamo piuttosto guardarci dallo sminuire, se non dissolvere il loro significato storico interno, interpretandoli come semplici segni e segnali, e in tal modo, per così dire, trasformare il loro stato di aggregazione da solido in gassoso.

La condanna di tali sforzi popolari, fors'anche volgari, non si risolve tuttavia con la citazione di quei passi della Scrittura in cui, per così dire, è espresso un divieto di determinare una datazione escatologica ed è enunciata una sorta di relazione di incertezza riguardo al calendario: «Non spetta a voi conoscere e sapere i tempi e i momenti che il Padre riserbò al proprio arbitrio», è detto negli *Atti degli Apostoli* (1,7). Essa può avere efficacia sia come argomento teologico che come prescrizione

---

[4] «Risvegliatevi!», n. 9, 8 maggio 1980, p. 23. La sigla editoriale di questa rivista indica che essa appare attualmente in 34 lingue e ha una tiratura media complessiva di 7.650.000 copie. Un prologo redazionale si richiama ancora alla promessa del Creatore, sia pure senza scadenze: «ancora nel ciclo di vita dell'attuale generazione creare un nuovo ordinamento, in cui domineranno pace e sicurezza».

di biblica autorevolezza. Tuttavia è controbilanciata dall'assicurazione che Gesù stesso ha espresso o che gli è attribuita dall'Evangelista (Marco 9,1).

> In verità vi dico che ci sono alcuni dei presenti i quali non gusteranno la morte, fino a che non avranno visto il regno di Dio venuto con potenza.

E in un altro passo (Luca 21,32):

> Non passerà questa generazione prima che tutto ciò si compia.

Tutto ciò: ossia la sequenza degli eventi finali, come sono descritti nel capitolo apocalittico (il tredicesimo) del Vangelo di Marco: guerra e grida di guerra, lotta di popoli e di regni tra loro, terremoti, carestia e terrore, persecuzione dei credenti, apparizione di falsi profeti; in seguito però, vi si legge:

> il sole si oscurerà, la luna non darà più la sua luce, le stelle cadranno dal cielo, le potenze che sono nei cieli saranno sconvolte, e allora vedranno il Figlio dell'uomo venire sulle nubi con grande potenza e gloria. E allora manderà i suoi angeli e radunerà i suoi eletti dai quattro venti, dall'estremità della terra all'estremità del cielo.

Così suona un'autentica profezia ed essa si riferisce, lo ripeto, all'epoca della generazione di Gesù, al tempo che segue immediatamente alla sua vita.

Del resto, dopo le approfondite ricerche che ai nostri giorni la teologia protestante (in quanto scienza storica, una moderna scienza che comprende) ha compiuto sulla formazione del mondo delle idee escatologiche all'interno dei libri del Nuovo Testamento, dobbiamo riconoscere che proprio questa enumerazione di catastrofi naturali e storiche, che devono precedere l'evento capitale, rappresenta già uno stadio della profezia storicamente avanzato; ossia, come è stato detto, un tentativo di colmare lo spazio di quel tempo intermedio, che si supponeva dovesse trascorrere fino alla parusìa, dopo che la comunità aveva patito le prime, terribili delusioni. Le prime delusioni: in primo luogo la morte di Gesù — il regno di Dio non era dunque iniziato durante il tempo della sua vita — e in secondo luogo, l'ulteriore rinvio della sua seconda venuta sulle nubi del cielo. Questo repertorio degli orrori apocalittici, che nell'*Apocalissi* di Giovanni trova un'elaborazione ancora più ampia, fantastica e desolata, nella storia della scienza escatologica, non importa se di tipo superiore o inferiore, ha offerto continuamente il materiale e lo stimolo per tradurre in segni storico-salvifici le osservazioni sulla propria storia coeva.

E questa collocazione della visione profetica, in rapporto ad un preludio terrificante del grande cambiamento e della vita eterna dei santi, ha comportato un'ulteriore conseguenza, estremamente paradossale: la paura si è anteposta alla speranza, la sventura alla salvezza, e questo non solo nel senso della successione temporale ma anche della psicologia dell'attesa. In certe fasi della storia del pensiero escatologico cristiano il differimento o il rinvio di tutta la questione non sembrano essere stati visti poi così malvolentieri. Da ciò dipende anche l'accezione di terrore e di angoscia che i termini «apocalissi» e «apocalittico» — termini innocui in quanto tali — hanno assunto per la maggioranza.

Ma credo di dover fornire innanzi tutto maggiori e ulteriori particolari, dicendo in primo luogo che cosa intendo con l'espressione «scienza escatologica» e quali fenomeni della storia spirituale meritino o richiedano questa specifica denominazione. In certa misura, ciò può essere già diventato chiaro; tuttavia, sarà opportuno interrompere un momento per chiarire in modo esplicito che cosa sia la «scienza escatologica». Non si tratta della scienza dell'escatologia, dunque non delle moderne descrizioni e analisi tese a spiegare o comprendere le rappresentazioni del tempo finale e dei modi di comportamento, che accompagnano lo sviluppo di tali rappresentazioni. Non intendo una disciplina scientifico-religiosa, dunque, né fenomenologica o psicologica e neppure teologica (che nel senso moderno di un modo di considerazione critico-storico e analitico, può essere stata informata secondo la cosiddetta «escatologia conseguente» di Albert Schweitzer[5]; per quanto genialmente formulata, anche questa per parte sua, a prescindere dal positivo suono di fede che l'espressione ha in sé, non è altro che una metodica di interpretazione del testo). Nulla di tutto ciò. Non si intende una specie di scienza dell'escatologia e sull'escatologia, ma proprio la scienza escatologica in sé. È quella scienza che si attiene alla profezia tramandata o alle profezie canoniche del Giudaismo

---

[5] Albert Schweitzer ha presentato l'interpretazione «conseguentemente escatologica» dei Vangeli innanzi tutto nella sua *Geschichte der Leben-Jesu-Forschung* [Storia della ricerca sulla vita di Gesù], Tübingen, 1913.

e del Cristianesimo, del Vecchio e del Nuovo Testamento (posso comunque parlare soltanto dell'escatologia biblicamente fondata, infatti, non conosco escatologie di altre religioni), e che si impegna a sistematizzare o a verificare queste profezie.

Si tratta di questa specie di scienza «rimossa», che quasi potremmo chiamare scienza occulta. Essa è derivata dalla Rivelazione, si combina in vario modo anche con tradizioni mitologiche o cosmologiche non canoniche, ma non è essa stessa Rivelazione, né profezia né visione; è una scienza, una specie di scienza, alla quale naturalmente non mancano certo i presupposti, a cui è esplicitamente collegata; sono appunto i presupposti dell'*Apocalissi*, degli scritti apocalittici della Bibbia e di altre tradizioni apocalittiche extra-bibliche. È una scienza dipendente, dunque, ma che, entro questi limiti, mira alla sistematicità, ossia a ordinare le profezie in successione logicamente coerente e comprensibile, lavorando con metodi razionalmente riproducibili.

Questa è scienza escatologica. Intendiamo esaminare più avanti che cosa si intenda con l'«escatologismo scientifico», che costituisce la seconda metà del titolo di questo scritto. Ma ora, allo stadio attuale del nostro ragionamento, mi sembra opportuno fornire qualche concetto generale relativo ai procedimenti seguiti da questa scienza singolare arcaica, in sé peraltro molto ricca di varianti, e far conoscere alcuni elementi caratteristici generali, che ho tratto in questi studi.

Per ciò che riguarda in primo luogo il rapporto con la Rivelazione, mi sembra rappresentativa la formula che ha coniato uno dei più grandi e più celebri maestri medievali della scienza escatologica, ossia l'abate Gioacchino da Fiore, vissuto in Calabria nel secolo XII, contemporaneo degli imperatori svevi Federico Barbarossa ed Enrico VI, del sultano Saladino e delle due ultime Crociate. «Occiderunt (...) Christum et sepellierunt in monumento», scrive nel suo *Commentario* dell'*Apocalissi*: hanno ucciso Cristo e lo hanno composto in un sepolcro: «occiderunt et spiritualem intellectum velantes eum sub littera»: hanno ucciso anche l'intelletto spirituale, occultandolo sotto la lettera[6]. Questo Gioacchino non vuole essere di per sé un profeta,

---

[6] Gioacchino da Fiore: *Expositio in Apocalypsim*, Venezia, 1527, f. 95 r; citato da Marjorie Reeves, *The Influence of Prophecy in the later Middle-Ages*, Oxford, 1969, p. 17.

vuole adoperare il dono dell'intelletto spirituale per scoprire il senso velato della Rivelazione[7]. Con una similitudine grandiosa, egli si affida a questa sua scienza come a un'arte dell'interpretazione, per liberare lo Spirito dalla tomba della lettera, così come il Risorto ha fatto saltare in un attimo la pietra del suo sepolcro. La decifrazione del senso non letterale ma appunto segreto della scrittura dei due Testamenti, una specie di ermeneutica mistica, se si vuole: questa è la prima caratteristica della scienza escatologica. Vediamo dunque che i nostri «Bible Students», americani o meno, anche in questo punto appaiono davvero come tardi epigoni di questa metodica antica, che un tempo non era affatto caratteristica di una cultura *underground*, ma rientrava nel mondo superiore, anzi perteneva alla più alta sfera intellettuale![8]. Una prima caratteristica dell'antica scienza escatologica è dunque la sua concezione della Rivelazione come un enigma, la sua visione della Bibbia come una specie di gigantesco rebus, che dev'essere solo risolto per poter poi disporre della chiave o delle chiavi, in essa contenute, per decifrare questa scrittura segreta. In questo senso, per esempio, Gioacchino da Fiore ha decifrato in una direzione definita persino un alto dogma, la figura di pensiero postbiblica della Trinità, la divina Trinità: applicò le tre Persone alla storia umana e pensò di ritrovarle in tre grandi periodi o «status», quello del Padre, quello del Figlio e quello dello Spirito; l'ultimo, il terzo «Regno», era quello propriamente escatologico, che avrebbe superato i precedenti. Questa prospettiva sembra comunque aver avvinto l'interesse e il desiderio fondamentali suoi e dei suoi seguaci, mentre per così dire le canoniche cose ultime, il

---

[7] Ciò è espresso con particolare pregnanza in un colloquio riportato da Radulphus de Coggenhall, un cronista inglese dell'epoca, nel suo *Chronicon Anglicanum* (edito nel 1875 da J. Stevenson, p. 68). Richiesto da dove traesse conoscenza di tutti questi segreti, Gioacchino rispose: «se neque prophetiam neque conjecturam neque revelationem de his haberem, sed Deus, inquit, qui olim dedit prophetis spiritum prophetiae, mihi dedit spiritum intelligentiae, ut in Dei spiritu omnia mysteria Sacrae Scripturae clarissime intelligam...»; citato da H. Grundmann, *Ausgewählte Aufsätze*, Stuttgart, 1977, vol. 2, p. 324.

[8] «In tutti i secoli del medioevo, le testimonianze di tale scienza della storia, calcolo storico e profezia formano una serie ininterrotta», scrive il citato H. Grundmann, massimo esperto tedesco, in un saggio su *Grundzüge der mittelalterlichen Geschichtanschauungen* (1934) [Lineamenti delle concezioni medievali della storia], ora comunque incluso nel già citato volume di saggi, p. 215.

giudizio universale e la nuova Gerusalemme, impallidivano sullo sfondo di essa. In tal modo, Gioacchino da Fiore è diventato il capostipite di tutte quelle costruzioni filosofico-storiche che si basano su un andamento triplice o su una dottrina a tre fasi o a tre periodi.

Con questo esempio importante e di grande efficacia anche a distanza, è subito possibile esaminare ancora una seconda caratteristica della scienza escatologica: l'inclinazione e l'impulso alla periodizzazione della storia come storia della salvezza. La periodizzazione trinitaria, com'è stata escogitata dall'abate dell'Alto Medioevo, conferendo al regno di Dio propriamente il diverso significato di un Regno dello Spirito, dello *spiritualis intellectus*, è ben lungi dal rappresentare l'unico modello, né è certamente il più antico. Assai più degna di considerazione è la visione in Daniele dei quattro regni del mondo che seguono l'uno all'altro, cui seguirà come quinto il regno di Dio, ossia di Jahvè, del quale si dice (8,27):

> E il regno e il dominio e la grandezza dei regni sotto tutti i cieli saranno dati al popolo dei santi dell'Altissimo. Il suo regno è un regno eterno e tutte le potenze lo serviranno e gli ubbidiranno.

Anche questo schema si aggira nella scienza escatologica. Spesso e in forme varie compare il modello settenario, che ha due radici bibliche differenti. Una fonte è la storia della creazione, avendo Dio creato il mondo in sette giorni, o piuttosto in sei, poiché il settimo giorno Egli riposò (e questa sequenza è diventata particolarmente significativa e feconda dal punto di vista escatologico e avventistico: anche i sette giorni, o piuttosto i sei giorni, sono stati applicati alla storia umana, alla storia umana progettata secondo il piano divino). Con l'aiuto dell'espressione-chiave del Salmista: «Innanzi a te mille anni sono come un giorno», sei giorni sono diventati sei millenni e il settimo s'è trasformato nell'«era sabatica» della gioia eterna, cui è consacrata l'attesa escatologica. L'altra fonte del modello settenario è l'*Apocalissi* di Giovanni, ossia la visione del libro con i sette sigilli, aperti uno dopo l'altro dall'agnello: «e poi, quando aprì il settimo sigillo, per quasi mezz'ora si fece silenzio nel cielo. E io vidi i sette angeli che stanno davanti a Dio: a loro furono consegnate sette trombe» (8,1-2). Anche qui, come si ricorderà, l'ultima, la settima tromba che ancora non è stata intonata, costituisce l'autentico fine escatologico. Indimenticabili le parole che la preannunciano (10,7):

> non vi sarà più tempo; ma quando il settimo angelo farà udire la sua voce con il suono della tromba, allora sarà consumato il mistero di Dio, secondo l'annuncio dato ai profeti suoi servi.

Gioacchino da Fiore, per semplificare restiamo a quest'autore esemplare, ha trasferito anche questo schema in una sequenza di fasi storiche e più precisamente in una sequenza di caratteristiche persecuzioni, da una parte del popolo santo dell'Antico Testamento, dall'altra, e in rigoroso parallelismo con esse, della Chiesa di Cristo. La sua scienza dà prova di sé innanzi tutto nel non accontentarsi affatto di una periodizzazione e di una considerazione storiche per così dire «obiettive», sviluppando invece di volta in volta le sequenze «usque ad praesens» (questa è la sua espressione) e arrivando così all'attualità più stringente. Nel caso dei sette flagelli, ad esempio, egli ha indicato esplicitamente come quinto quello dei Saraceni, all'ordine del giorno ai suoi tempi.

Simili indicazioni il celebre abate non le ha taciute neppure a principi e a signori come Riccardo Cuor di Leone o Enrico VI, che lo interrogavano e lo ascoltavano appunto per tali rivelazioni d'attualità. Tutti volevano sapere in quale momento della storia della salvazione si trovassero e, se possibile, anche quale ruolo spettasse loro. Questa è una ulteriore caratteristica della scienza escatologica, e di grande importanza: essa mira sempre ad una «localizzazione del presente» (per usare come parola d'ordine il celebre titolo di un libro uscito dalla università di Heidelberg)[9]. È per questo che la scienza escatologica si dedica all'osservazione della storia contemporanea e lo fa — quasi inutile specificarlo — non per semplice interesse per qualcosa di interessante, ma spinta dalla profonda esigenza di conoscere quali prospettive di salvezza o di sventura si abbiano nel tempo, dalla salda convinzione che, in posizione attiva o passiva, di attesa o di esecuzione, si è implicati in questa storia escatologica. Non c'è qui scissione soggetto-oggetto, l'osservatore

---

[9] *Ortbestimmung der Gegenwart* è il titolo dell'opera principale di Alexander Rüstow, apparsa a Zurigo dal 1950 al 1957 in tre volumi. Rüstow dette una definizione storico-universale, non di storia della salvezza, comunque non fondata sulla rivelazione.

si ritrova invece nello stesso tempo in mezzo alla scena. In base a questo compito costitutivo di ogni scienza escatologica, ossia individuare in quale stadio ora ci muoviamo, quale distanza ancora ci separa eventualmente dalla fine, dal giudizio e dal grande cambiamento, si spiegano anche (se è permessa quest'osservazione incidentale) quelle esplosioni frequenti dei movimenti chiliastici o millenaristici, fino agli anabattisti di Münster o agli uomini di ferro puritani di Oliver Cromwell, insomma fino a tutti coloro che un timorato derisore ha accusato d'essersi ritenuti in dovere di sostenere militarmente l'operato di Dio[10]. Più volte, anzi, tale attività rivoluzionaria o bellica risulta da una determinata valutazione del momento storico-salvifico e dalla disponibilità d'entrare in scena, per così dire, e a partecipare all'azione che il piano divino ha previsto, per esaudire la propria vocazione, anche se si tratta di una vocazione guerriera. (Anche nell'*Apocalissi* biblica, del resto, non è solo Dio che agisce!)

Con questa caratteristica o con questa vera e propria prova di vitalità della scienza escatologica nell'interpretare i «segni del tempo» e nell'individuare il momento contemporaneo nello scenario del piano della salvezza, sta in stretta relazione, com'è facile capire, quella realtà dei calcoli sul calendario, di cui abbiamo fatto conoscenza all'inizio in un tardo riflesso posteriore. Queste determinazioni temporali e le misteriose combinazioni numeriche su cui esse in genere si fondano o che le suffragano, non costituiscono una specialità dei seguaci americani della setta nel secolo diciannovesimo. I massimi Padri della Chiesa, d'Oriente come d'Occidente, si sono dedicati con fervore a queste spirituali arti di calcolo gravide di significato. Come doveva essere inserita la nascita di Gesù, la sua vita nei 6000 anni complessivi del mondo, dopo che l'annunciato regno di Dio non era ancora apparso? Come sistemare in quei 6000 anni questa esperienza, che i teologi chiamano «rinvio della parusìa»? Forse nell'anno 5500 come afferma Ippolito nel III secolo o addirittura nell'anno 5198 dopo Adamo, come afferma Gerolamo nel IV secolo? La questione era della massima importanza, anche perché decideva della presunta durata della vita della Chiesa. L'interesse della Chiesa è rivolto all'attesa paziente; più volte gli impazienti sono stati dichiarati eretici.

---

[10] L'osservazione è di Eric Voegelin e si trova nel suo libro *The New Science of Politics*, Chicago, Chicago Univ. Press, 1952 (cfr. *La nuova scienza della politica*, Torino, Borla, 1968).

Agostino d'Ippona produsse un notevole effetto rassicurante con la seguente geniale ipotesi escatologica: è possibile che ci si trovi già nel regno millenario e nella Chiesa si adempie la profezia che i Santi domineranno con Cristo[11]. Adolf von Harnack ha coniato l'irriverente battuta secondo cui in questi primi secoli della storia dei dogmi «il vapore escatologico» è stato scaricato. Ma la rassicurazione non fu definitiva e i calcoli sul calendario sono proseguiti. Ad esempio, anche il nostro abate da Fiore fa i suoi calcoli. Secondo il suo metodo caratteristico di equivalenze, concordanze e congruenze tra la storia antica e la storia recente, egli è infatti riuscito anche a determinare la durata degli anni dello «status filii», del regno del figlio, e dunque a prevedere anche la sua fine, la fine della teocrazia; egli calcola cioè ancora una volta in questo secondo periodo principale le 42 generazioni enumerate nell'albero genealogico di Cristo (nel Vangelo di Matteo), da Abramo fino a Gesù. Preventivando trent'anni per generazione, giunge così all'anno 1260 dell'era cristiana[12], una data non troppo remota, che Gioacchino non potè certo vedere, perché morì, peraltro quasi settantenne, nell'anno 1202.

Dopo quanto detto, non c'è bisogno di discutere in modo particolareggiato un'ultima caratteristica della considerazione escatologica della storia; qualsiasi possa essere la sua strutturazione, la storia umana non forma nel suo insieme una continuità infinita ma, per così dire, un corpo saldamente delimitato, una forma, una figura di estensione definibile.

Ciò è costituito per ogni scienza escatologica, esattamente come lo sono l'idea e la visione della fine come di un «grande cambiamento» in forma di esplosione («magna commutatio»,

---

[11] Agostino s'è espresso con la massima decisione in questo senso in *De civitate Dei*, 20, 8: «Haec autem alligatio diaboli non solum facta est, ex quo coepit Ecclesia praeter Judaeam terram in nationes alias aliasque dilatari; sed etiam nunc fit, et fiet usque ad terminum saeculi, quo solvendus est» (ed. Migne, *P.L.*, XLI, p. 761).

[12] Mezzo secolo dopo la morte di Gioacchino alcune sue affermazioni vennero condannate come eretiche; tra queste, l'indicazione che il secondo periodo finirà nell'anno 1260 e avrà poi inizio l'epoca dello Spirito Santo. Secondo il giudizio di H. Grundmann (*op. cit.*, p. 413), in realtà Gioacchino non ha datato questo evento con precisione così cronologica, ma ha atteso questa svolta «nelle due generazioni successive al 1200». Il trascorrere dell'anno 1260 senza eventi escatologici ha inferto un colpo alla memoria di Gioacchino. Un più tardo cronista inglese osserva seccamente: «But he failed foule and erred in his counting» (citato da M. Reeves, *op. cit.*, p. 59).

secondo l'espressione di Agostino), che trapasserà poi in un regno sconfinato, in quell'indefinito scintillio che chiamiamo anche «eternità», a cui è riferita la parola che travalica ogni immaginazione, pronunciata dall'angelo dell'Apocalisse: «non ci sarà più tempo».

Karl Marx ha mutato i nomi. In una celebre formulazione, ha definito come semplice «preistoria» quella massa compatta e delimitata, quale figura la storia nella scienza escatologica, e invece come «storia» la vita eterna. La storia come storia umana avrà inizio solo in questo modo post-rivoluzionario, in questo «regno della libertà». Ha mutato i nomi, ma lo schema trapela, cioè la schema del vecchio mondo e del nuovo mondo, dell'antica eternità e della nuova eternità. È ormai appurato che, con tutta la sua scientificità, Karl Marx ha formulato una profezia e che specialmente il *Manifesto comunista* è uno scritto apocalittico. Il suo contenuto essenziale, anzi, non è tanto il celebre appello all'organizzazione, con cui si chiude, quanto la profezia che, con la sua gestione capitalistica della grande industria, la borghesia produce «il suo proprio seppellitore». «Il suo tramonto», esso dice letteralmente, «il suo tramonto e la vittoria del proletariato sono del pari inevitabili»[13].

Ma la profezia non si presenta più come una visione, come nel passato, ma come scienza, in conformità con l'imperativo dell'epoca moderna. Nel *Manifesto comunista* si dice che, rispetto alla restante massa del proletariato, i comunisti avrebbero la superiorità «di comprendere le condizioni, l'andamento e i risultati generali del movimento proletario». L'opera principale di Marx è considerata come un lavoro scientifico riuscito, come un sistema scientifico, come annuncia già il sottotitolo: *Il Capitale. Critica dell'economia politica*. È anche per questo, infatti, che il socialismo di Marx e marxista si distingueva orgogliosamente e si contrapponeva come «scientifico» al socialismo utopico, sebbene tra i precursori di Marx nessuno abbia attribuito alla scienza un potenziale di futura evoluzione, anzi rango escatologico, come il povero conte di Saint-Simon, che invece, Marx include tra i puri utopisti. In Marx e nel marxismo l'escatologismo ha assunto il costume, la maschera e lo stile della scientificità moderna — «velantes eam sub scientia»; oppure, si potrebbe

[13] Si veda Marx-Engels, *Manifesto del Partito comunista*, a cura di Emma Cantimori Mezzomonti, Bari, Laterza, 1970[7].

dire che esso ha assunto il carattere della scienza empirica con una specie di pseudomorfòsi.

Ci sono dei momenti, tuttavia, in cui la natura escatologica è perfettamente percepibile. La storia del bolscevismo dalla rivoluzione del 1917 in poi, presenta una grossa somiglianza con quella della Chiesa antica: anch'essa ebbe infatti a che fare con una specie di «rinvio della parusìa». Dovette far fronte alla circostanza che l'atteso evento apocalittico della rivoluzione mondiale non si verificava. (La grande parola magica «rivoluzione mondiale» non è comunque né di Marx né di Engels, ma di Heinrich Heine) [14].

«Il successo della rivoluzione russa, come di quella mondiale», scriveva Lenin l'8 ottobre 1917, «dipende da due, tre giorni di lotta». Egli aveva colto i segni del tempo — esattamente allo stesso modo della scienza escatologica — e aveva riconosciuto la loro corrispondenza con la teoria, cioè con il piano della salvezza; ne aveva localizzato la presenza: la guerra mondiale «imperialistica» doveva produrre la rivoluzione mondiale, essa era «all'ordine del giorno della storia», come suona la sua espressione preferita così significativa e mille volte ripetuta. Mezzo anno più tardi, Lenin parlava delle «svolte a zig zag» e delle «vie traverse» della storia; ancora un anno più tardi, la formula era che l'unità di misura storico-universale calcola secondo i decenni: secondo quest'unità di misura, dieci o vent'anni prima o dopo sono «una piccolezza che non si può calcolare neppure approssimativamente». Si dice, addirittura: «Non sappiamo quando accadrà» [15].

L'escatologismo scientifico, sociologico-scientifico, fu assai inventivo nell'arte della periodizzazione. Sempre nuovi stadi vennero inclusi nel processo di putrefazione del mondo borghese

---

[14] Nel numero XLVI di quelle relazioni parigine che apparvero nella raccolta intitolata *Lutetia*, in data 12 luglio 1842, H. Heine ha profetizzato una guerra franco-tedesca, che si sarebbe trasformata nella «rivoluzione europea, nella rivoluzione mondiale». «È questa la prima apparizione rilevante di questa formula di promessa di grande efficacia e gravida di destino, che io conosca...»: D. Sternberger, *H. Heine und die Abschaffung der Sünde* [H. Heine e l'abolizione del peccato], Düsseldorf, 1972, pp. 39-40.

[15] Queste caratteristiche revisioni dell'attesa escatologica in Lenin sono discusse più dettagliatamente in D. Sternberger, *Grund und Abgrund der Macht. Kritik der Rechtmässigkeit heutiger Regierungen* [Fondamento e abisso del potere. Critica della legittimità dei governi attuali], Frankfurt, 1962 (cap. 7: «Esegesi come compito di dominio»).

e, esattamente allo stesso modo, a partire dal dogma staliniano del «socialismo in un solo paese», si producevano sempre nuove fasi intermedie, di maggiore o minore entità, anche riguardo lo sviluppo interno. Anzi, secondo la valutazione degli stessi comunisti, neppure oggi è raggiunto il comunismo autentico e compiuto. Anche se non è stata ancora corretta la proposizione del programma del partito di Kruschev del 1961, che in proposito dice: «la generazione attuale degli uomini sovietici vivrà nel comunismo». Ciò non è come un'eco della promessa protocristiana? «Non passerà questa generazione che tutte queste cose si adempiranno?» (Se per un momento tralasciamo la differenza che sussiste tra la società senza classi e il regno di Dio o la vita eterna, concentrando l'attenzione sul modello escatologico!). O non è questa un'altra versione di quella formula del manifesto del quale ho raccontato proprio all'inizio: «milioni di uomini che oggi vivono non moriranno»?

Non siamo comunque ancora giunti alla regressione del marxismo a setta. Invero si ha talvolta l'impressione che anche in questo caso, il «vapore escatologico» (per usare l'espressione di Harnack) in certa misura sia fuoriuscito. Ma ci vuole molto tempo perchè l'attesa si raffreddi davvero, in modo da riconsiderare la dogmatica. Con la storia della scienza escatologica, abbiamo visto che nel caso del Cristianesimo questo processo di raffreddamento ha richiesto circa mille anni.

Tanto basti per concludere sull'«escatologismo scientifico». I marxisti stessi certamente non intendono ammettere la natura escatologica della loro «scienza». Chi la mette in risalto e la formula, come ha fatto per tutta la sua vita Ernst Bloch, viene estromesso come disturbatore. I marxisti hanno rimosso non la scienza, ma proprio l'escatologismo. Il marxismo non è una scienza rimossa, ma una dottrina rimossa della rivelazione.

3. La morte di Montaigne

   Michel de Montaigne morì il 13 settembre 1592 all'età di cinquantanove anni e sette mesi. Nella sua morte o piuttosto nel suo morire, non c'è nulla di particolare da osservare. Si racconta che in Bordeaux, sua città natale, di cui in precedenza per quattro anni era stato sindaco, egli sia stato colpito da un colpo apoplettico, che per tre giorni gli paralizzò la lingua; che con lucido spirito egli abbia sentito vicina la sua fine e abbia perciò scritto alla sua sposa di mandargli alcuni nobili del suo vicinato per assisterlo nei suoi ultimi momenti; una volta che fu raggiunto da questi, egli fece celebrare la messa nella sua camera e nel momento dell'elevazione dell'ostia, nell'atto di sollevarsi dal suo letto, fu colpito dalla debolezza estrema, da cui non si risvegliò più. Altrove, si riferisce ancora ch'egli abbia curato inoltre tutte le disposizioni necessarie; che poco prima della sua fine si sia così alzato dal letto, abbia indossato la giacca da casa sulla camicia, aperto lo scrittoio, mandato a chiamare tutti i suoi servitori ed altri legatari e corrisposto ad essi stessi i legati che aveva loro lasciato nel testamento, poiché — così si dice — aveva previsto le difficoltà che su questo punto i suoi eredi principali avrebbero fatto o potuto fare.
   Questo è tutto. Quindi, se non si vuole ammirare l'ordine con cui tutto si compì, la vigilanza e l'atteggiamento di intesa con l'ineluttabile, che sono riconoscibili dal resoconto — non c'è in ogni caso certamente null'altro da ammirare o da osservare. Nulla di insolito. Montaigne è morto in un modo molto abituale, normale. L'evento si svolse in perfetta ottemperanza alla sua volontà — se è lecito dir così, poiché comunque l'uomo non è padrone della sua morte. E ben lo sapeva il filosofo Montaigne che questa consapevolezza ha incessantemente insegnato come cardine di ogni saggezza e leva del giusto vivere. Abituarsi a questo pensiero tanto da farlo diventare un pensiero «abituale»;

acquisire la consapevolezza d'essere destinati a morire, vigile in ogni istante della nostra vita, breve o lunga ch'essa sia stata nel frattempo, sia che siamo fanciulli, giovani, uomini o vecchi, la consapevolezza, espressa con una parola unica e molto profonda, che siamo mortali: questa fu la più intima legge vitale di Montaigne. Perciò anche la morte di Montaigne, pur in tutta la sua mortalità, è degna di osservazione e di pensiero, poiché è quella morte con cui egli, secondo quanto dichiara più volte, per tutta intera la sua vita era stato in confidenza, aveva «familiarizzato». Non nel senso che egli l'avesse cercata o anche soltanto desiderata — al contrario: egli derideva coloro che si gettano in braccio alla morte con una «brama indiscreta», non meno di quegli altri assai più numerosi, che la sfuggono, la temono o la ignorano illusoriamente. Tra le due, tra la fuga dalla morte e la bramosia di morte, egli insegnò a trovare il mezzo, il mezzo misurato o anche indifferente, un comportamento perfettamente normale, senza lamenti e senza gioia, senza paura e senza consolazione, disarmato con dignità, senza sospiri, ma anche senza l'atteggiamento eroico del dominio di sé, un sentimento insensibile, per così dire — ed apprezzava quell'«unico Socrate», poiché era andato incontro alla morte con un'espressione del tutto normale, «d'un visage ordinaire».

Ciò è facile a dirsi. Certamente Montaigne non l'ha detto alla leggera. Egli l'ha detto continuamente in mille varianti, applicazioni, brevi deviazioni e l'intera sua celebre opera, gli *Essais* — l'edizione che posseggo annovera pur sempre cinque volumi, con circa duemilacinquecento pagine —, è pervasa da questo pensiero della morte, da questa dottrina dell'assenza di paura o com'egli stesso la definisce, dell'autentica ed unica «libertà» che l'uomo possa raggiungere e che nulla in sé ha di oscuro o malinconico per lui; al contrario, invece, rende possibile la vera serenità e tranquillità della vita. A ragione di ciò, a buon diritto, lo si annovera tra gli Epicurei. (Detto per inciso — è proprio questa disposizione spirituale che ancor oggi il linguaggio popolare intende definire con il nome di filosofo: «Questo è un filosofo», ciò equivale a dire un epicureo, un uomo in ogni caso che è sempre pago, non lega il suo cuore a nulla ed è pronto a ritirarsi in ogni momento). «Chi agli uomini ha insegnato a morire, ha loro insegnato a vivere», dice Montaigne: «Qui apprendrait les hommes à mourir, leur apprendrait à vivre». Non l'ha dunque certo detto alla leggera, come molti «saggi» minori dopo di lui

— affatto incapaci di misurare ciò ch'essi dicevano — ma molte volte l'ha detto in modo lieve, secondo il suo stato d'animo. Innanzi tutto, nelle innumerevoli osservazioni su se stesso, sulle sue abitudini, sensazioni, esperienze, di cui è pieno il suo libro e nelle quali egli, scevro tanto da ogni autoesaltazione quanto anche da ogni autoaccusa o pentimento — tutti altrettanto vani, a suo avviso — dà piuttosto prova della sua scèpsi sovrana, per così dire, nell'oggetto primo e più intimo. Se si trova in viaggio, scrive ad esempio una volta (nel capitolo sulla vanità), visita sempre immediatamente il suo alloggio per vedere se in esso sarebbe piacevole ammalarsi e morire. «Con tali insignificanti circostanze cerco di lusingare la morte», egli aggiunge.

Per quanto ho trovato, un'unica volta impiega un più patetico mezzo di stile e di persuasione per convertire i suoi lettori dalla paura a quel «visage ordinaire»: come il classico «libro catastale» di un «moralista», l'intera opera tratta di mille oggetti o questioni dell'umano, del lutto, degli impulsi, dell'ozio, dei mentitori, della costanza, viltà, timore, immaginazione, abitudine, educazione dei bambini, amicizia, moderazione, pentimento, distrazione, dell'arte d'intrattenere e del vestiario, anche della poesia, anche della grandezza, di passione e virtù, fortuna ed onore, ed in tutto ciò, esplicitamente o meno, sempre anche della morte e della mortalità; nel diciannovesimo capitolo del primo libro, egli tratta però del tutto sistematicamente («sistematicamente», naturalmente nella maniera sciolta, ora narrativa, ora citatoria, ora deduttiva, degli *Essais*, ch'egli ha sviluppato alla perfezione), proprio questo tema profondamente interiore: «Que philosopher c'est apprendre à mourir», come è intitolato il capitolo. Filosofare significa imparare a morire. E proprio qui, per un breve tratto di tempo, egli cede la parola, che altrimenti egli stesso tiene così volentieri, ad un'altra voce, non a quella di uno degli amati autori classici che dappertutto sono abbondantemente citati, non ad Orazio, Lucrezio, Virgilio, Tacito o Cicerone, bensì ad una più alta e più forte voce, dal cui suono egli s'attende un altro effetto: alla natura stessa. «Uscite da questo mondo come vi siete entrati», — così essa parla agli uomini — «... senza dolore e senza terrore, ... è una parte di voi, la morte, ... fuggite da voi stessi, se la fuggite ... tutta la vostra vita è a spese della vita... il lavoro continuo della vostra vita è costruire la morte ... se avete vissuto un giorno, avete visto tutto, un giorno è uguale a tutti i giorni ... fate posto agli altri come gli altri l'hanno fatto a voi ... in ogni momento finisca la vita, è tutto ... a lungo vissuto, colui che ha capito il vivere ... Perché ti lamenti di me e del destino? Ti facciamo torto? È tuo compito governare noi o è il nostro governare te?». E ancora: «Per mettervi in questo stato di moderazione, che vi chiedo, ossia né di fuggire la vita, né di sfuggire la morte, ho temperata l'una e l'altra tra la dolcezza e l'asprezza». Come si può vedere, anche questa più potente voce («de notre mère nature») non parla qui con frasi tonanti. Il suo tono è freddo, tenue ed asciutto, un poco stanco forse, ed essa non tiene neppure grandissimo conto di sé — proprio come Montaigne. È la sua voce che essa ha preso a prestito. Un'unica cosa essa certamente sa e neppure la nasconde: che è essa, ad avere il governo in mano. E se per un attimo ciò risuona glaciale dalla sua bocca, ed essa sembra mostrare gli artigli, anche questo però è senza partecipazione, constatazione imperturbabile, ed è come se contemplasse meditativa i propri artigli e zampe, mentre parla così. Come un potente, che non è assolutamente impressionabile e quindi neppure ha bisogno di agitarsi. *Notre mère nature.*

O in tono lieve o in tono pesante da bocca umana o sovrumana — ciò viene detto quindi sempre con l'identica imperturbabilità. O questa imperturbabilità! Non fuggire la vita e non fuggire la morte: è questo certamente un buon consiglio di madre natura, ma che tipo di vita è poi questa, da cui dobbiamo in ogni momento e senza lamento potere ritirarci, come sarà poi fatta! Dappertutto Montaigne raccomanda la virtù, ma non con zelo, bensì con tranquillità ed in quanto essa procura tranquillità. Una volta egli dice che la virtù è una più alta specie del piacere ed il piacere abitualmente chiamato così merita poco questo nome, dato che esso ha come conseguenza tanti turbamenti e confusioni. Come tutti gli altri, anche noi dobbiamo condurre una vita del tutto normale, e come lui, Montaigne stesso: egli non fu un eremita, ha mangiato e bevuto, ha viaggiato, ha avuto incarichi, s'è sposato, ha generato figli, goduto della compagnia di amici, scritto libri, persino nell'ora della sua morte ha fatto celebrare la messa. Soltanto, tutto ciò senza passione. Sempre in modo che ogni momento si possa anche rinunciarvi. E dunque non come gli altri, né come i faziosi nell'amore o nell'odio, né come i giusti né come i peccatori, né come gli operosi né come i sofferenti, né come gli eroi né come i martiri né come i beati.

«In tutto il canone della sua azione è la tranquillità e la quiete», così giudica un conoscitore degli scritti di Montaigne, ovvero Blaise Pascal, in quel colloquio memorabile (su Epitteto e Montaigne) che egli condusse nel chiostro di Port-Royal, con il signore de Sacy — protocollato dal segretario di questi e così tramandato alla posterità — e che ebbe luogo giusto sessant'anni dopo la morte di Montaigne. Esso contiene la più chiara e stringata descrizione delle vedute di Montaigne e, contemporaneamente, la loro più acuta e profonda (dialettica) confutazione. Tra tutti, il più sorprendente rimprovero che Pascal esprime contro Montaigne, è questo: Montaigne fugge il dolore e la morte, poiché ed in quanto non vuole loro resistere. Di lui, che ha sempre insegnato che non dobbiamo fuggire la morte, si dice ora che egli stesso la fugge, e proprio per la ragione che non le vuole resistere. «Egli fugge il dolore e la morte, ... ma senza concluderne che essi siano veri mali». Poiché la morte è un male reale — questo è. Questa obiezione di Pascal, in effetti, è davvero sommamente sorprendente, ma anche sommamente vera. Pascal apprezza in Montaigne la chiarezza scettica con cui egli «ha sperimentato la miseria attuale dell'uomo», ma censura che egli «non sappia nulla della dignità originaria dell'uomo», e che, proprio per questo, sia caduto nel «vizio dell'ignavia». Egli ha riconosciuto l'impotenza dell'uomo, ma non il suo dovere.

A considerare molto e tutto il possibile, ciò che Montaigne e la sua madre natura dissero sulla morte, sua propria e di noi tutti, fu detto dunque nondimeno troppo alla leggera. Questo «non fuggite la morte! Non temete la morte!» Quel «visage ordinaire», quell'usuale espressione che egli celebrò in Socrate, in verità essa è quanto di più inusuale vi sia nel mondo. Questa imperturbabilità, questo equilibrio, anzi questa indifferenza di Montaigne, sono in ogni caso innaturali, malgrado la madre natura, forse persino sconvenienti (il che non vuole significare nulla contro Socrate). Dove non c'è paura, non c'è più neppure speranza. Come dovremmo infatti non temere la morte, dato che comunque speriamo così tanto, anche in questo mondo. Come dovremmo non temere lei, la morte degli altri che amiamo (a cui Montaigne e la sua madre natura hanno pensato poco), e certo anche la nostra propria. Tale timore non può venire scambiato per viltà, in mezzo alla miseria essa testimonia quell'originaria dignità dell'uomo, di cui parlava Pascal, ed anche il suo dovere. Noi speriamo molto e dobbiamo anche fortemente sperarlo e ottenerlo. Oh, quanto volentieri vogliamo ancora ricercare e adempiere il nostro dovere di uomini, quanto volentieri vogliamo ancora sforzarci!

[Per gli *Essais* di Montaigne si può fare riferimento all'edizione italiana a cura di Fausta Garavini, Milano, Adelphi, 1982²; per Pascal: *Colloquio di Pascal con de Sacy*, in *Opuscoli e scritti*, a cura di Giulio Preti, Bari, Laterza, 1959].

4. La morte di Pascal

«"Che Dio non voglia abbandonarmi mai!". Queste furono le sue ultime parole. Aveva infatti appena recitato la sua preghiera di ringraziamento, quando fu di nuovo assalito da convulsioni, che non lo lasciarono più e non gli concessero più un attimo di lucidità dello spirito: esse durarono fino alla sua morte, che sopraggiunse ventiquattr'ore più tardi, precisamente il diciannove agosto dell'anno milleseicentosessantadue, all'una del mattino, all'età di trentanove anni e due mesi».

Con queste frasi termina la biografia di Pascal, stilata da Gilberte Périer, sua sorella maggiore e unica a sopravvivergli. La sua descrizione comprende circa sessanta pagine e costituisce fino ad ora la fonte più ricca delle nostre conoscenze, tanto delle circostanze esteriori, quanto anche dei mutamenti interiori di questo uomo, che un interprete moderno ha detto essere in assoluto uno degli uomini più grandi che mai siano vissuti. Quantunque quella prima biografa descriva con molta ammirazione anche le importanti scoperte fatte dal fratello Blaise nelle sue prime ricerche matematiche e fisiche, tuttavia l'accento più vigoroso e la luce più chiara si posano sulle sue esperienze, ispirazioni ed azioni religiose, in particolar modo nei suoi ultimi anni di vita. Si tratta di quei quattro o cinque anni in cui, nel continuo aggravarsi della malattia, il filosofo ha atteso innanzi tutto alla grande opera in difesa della religione cristiana, della quale ci è pervenuto soltanto un tesoro peraltro inesauribile di frammenti e di appunti — le *Pensées*. Gilberte dedica molte pagine all'ultima malattia e al suo morire. Non troviamo tuttavia alcuna chiara indicazione o spiegazione di questa sofferenza, che evidentemente l'ha accompagnato fin dalla giovinezza, sicuramente a partire dal ventesimo anno di vita. Deve essersi trattato di un male eccezionalmente tormentoso. Si parla innanzitutto di violenti dolori di testa, che si protraevano per più giorni, inoltre di un'inappetenza continua, di una ricorrente incapacità di ingerire liquidi, se non riscaldati e solamente a gocce, e, nell'ultimo stadio, di dolorose coliche. Fino a poco prima della sua fine, i medici non furono in grado di riconoscere la gravità del suo stato, dato che polso e temperatura non presentavano evidenti alterazioni. «Ma essi avrebbero potuto dire ciò che volevano, lui non avrebbe mai creduto loro». In tempi recenti, più volte studiosi di medicina hanno tentato di ricostruire una diagnosi in base alle testimonianze; a quanto si dice, la più probabile riconduce a una tubercolosi del peritoneo. Quale che fosse la sua malattia, Pascal visse con questa sofferenza; l'aveva pienamente accettata nel suo sentimento dell'esistenza; visse soffrendo e guardò alla vita come a una sofferenza, come a una passione. Quando, al suo capezzale, gli si testimoniava la propria partecipazione — così riferisce la sorella, nella cui casa parigina egli trascorse le sue ultime settimane — diceva di temere la guarigione, poiché conosceva il pericolo della salute e i vantaggi della malattia. Si spiegava ancora più esattamente: «La malattia è la condizione naturale del cristiano», diceva. Un'inversione così radicale della norma, o rovesciamento dei valori, dovrebbe atterrirci. Quest'uomo temeva la vita, anelava alla morte? Dobbiamo disprezzare la salute e la vita, desiderare la morte? Lo possiamo?

Gilberte Périer non rivolge molta attenzione né alle cause della malattia di Pascal né alla possibilità della sua guarigione. In ciò, pare seguire in modo assoluto i pensieri e i sentimenti del fratello. In primo piano, nella sua descrizione, sta un altro tema: la questione degli estremi conforti religiosi, dell'ultima comunione. Inutilmente il malato ne aveva già più volte fatto richiesta, il suo desiderio fu esaudito solo tardi, all'ultima ora. Il parroco di St.-Etienne-du-Mont, un certo Beurrier, indugiò così a lungo evidentemente a causa di quell'erroneo giudizio medico. Tra le lacrime, il morente lo ringraziò, dopo aver risposto a tutte le questioni di fede, secondo la prassi. Leggendo questo racconto, difficilmente si pensa di poter dubitare del fatto che Blaise Pascal sia deceduto in pace, non solo con Dio ma anche con la Chiesa. Eppure, nacque immediatamente il sospetto che egli fosse morto non nella retta fede. Il parroco Beurrier venne interrogato in proposito dalle competenti autorità ecclesiastiche e dichiarò che il suo penitente si era dipartito da buon cattolico. Pascal gli aveva anche confidato di essersi già ritirato da due anni dalla cerchia di Port-Royal e dal Giansenismo. Ciò rispondeva a verità ma il padre si sbagliava sui motivi. Pascal s'era allontanato dai suoi vecchi amici religiosi non perché alla fine avesse ritenuto eretiche le loro convinzioni teologiche, come facevano i Gesuiti, il Papa ed il re Luigi XIV, ma per la ragione completamente opposta, perché per lui non erano abbastanza radicali, perché essi, a suo vedere, di fronte alla minaccia di persecuzioni si erano sottratti a una decisa professione delle dottrine di Giansenio con indegne sottigliezze. Sfortunatamente, non ci è conservato lo scritto in cui Pascal — in aspra contraddizione con i suoi amici Arnauld e Nicole, le più illustri guide spirituali di Port-Royal — aveva indicato l'unica via che nell'incalzante situazione si doveva percorrere. Certamente era la via del martirio. Lo scritto viene chiamato *Ecrit sur la signature*, poiché vi si trattava della questione se le monache e i religiosi di Port-Royal dovessero apporre la loro firma, in calce ad un formulario che le autorità ecclesiastiche avevano redatto e che concludeva in una condanna della dottrina giansenista della «grazia attuale», e, dunque, in una ritrattazione formale. L'avvenimento è di tensione suprema e insieme del più vivo interesse per noi, uomini d'oggi, che sulla nostra propria carne e spirito abbiamo fatto conoscenza di analoghe prove di coscienza. Port-Royal aveva scelto la scappatoia dell'astuzia, si trovò una formula che consentiva più interpretazioni. Pascal, che certamente non era immediatamente colpito in prima persona, aveva consigliato il rifiuto della firma, dunque la resistenza. Poco prima, la sorella minore Jacqueline, una monaca, dopo un grandioso slancio eroico, invero aveva seguito la direttiva dei suoi superiori e la via della prudenza, poi però la sua forza vitale s'era spenta, e non si dubitava ch'essa fosse morta in contrizione e pentimento. Il suo esempio e il suo lascito morale gli stavano certamente davanti agli occhi. Se dunque i Giansenisti di Port-Royal erano eretici — la loro arrendevolezza peraltro non li aveva preservati dalla persecuzione — ormai erano stati superati da Pascal. Il parroco Beurrier sembra non aver capito a quale pericoloso spirito aveva somministrato il sacramento. Pascal è morto in discordia con la Chiesa e persino in disaccordo con la maggioranza dei suoi amici. Solo dopo la sua morte, il mondo, e soprattutto i Gesuiti, appresero che egli era l'autore delle pseudonime *Lettres provinciales*, quello scritto polemico che di fatto aveva inferto alla dottrina casuistica della morale un colpo da cui essa non s'era più ripresa. Lo spietato polemista e il radicale moralista (intendo questo termine nel senso tedesco) è morto veramente solo. Solo, come lo era Gesù stesso sul Monte degli ulivi, mentre gli Apostoli dormivano — secondo la sua interpretazione nel *Mistero di Gesù*. «Gesù è solo sulla terra». La frase testimonia di scèpsi profondissima verso la Chiesa. Ma per quanto ci è dato conoscere, Pascal è morto non in disperazione bensì nella certezza della retta fede. Al riguardo il parroco Beurrier ha reso comunque una dichiarazione giusta. La certezza di fede altamente personale di Pascal derivava sicuramente, in ultima istanza, da quella mistica esperienza della rivelazione che egli in balbettanti parole ha fissato nel celebre *Mémorial* — su una pergamena che per otto anni portò sul corpo, cucita nella sua giacca, e che è stata ritrovata da un servitore solo dopo la sua morte. «Certezza. Certezza. Sentimento. Gioia. Pace». Così possiamo leggere in quello scritto.

Per far capire che cosa propriamente significhi la dottrina della «grazia attuale» (a differenza della semplice «grazia cooperante»), che tanto scandalo destò nella Chiesa ufficiale, voglio riportare qui un passo dalla pascaliana *Preghiera per chiedere a Dio il buon uso delle malattie*. È assai difficile trovare una testimonianza più drastica di questo modo di pensare teologico e, al tempo stesso, della sensibilità tanto acuta quanto fervida a lui propria.

«Ma riconosco, mio Dio, che il mio cuore è talmente indurito e pieno delle idee, delle cure, delle inquietudini e degli affetti del mondo, che la malattia non più della buona salute, né i discorsi, né i libri, né le vostre Sacre Scritture, né il vostro Vangelo, né i vostri più santi misteri, né le elemosine, né i digiuni, né le mortificazioni, né i miracoli, né l'uso dei Sacramenti, né il sacrificio del vostro corpo, né tutti i miei sforzi e quelli di tutti gli uomini riuniti nulla possono assolutamente per dare inizio alla mia conversione se voi non accompagnate tutte queste cose con un'assistenza affatto straodinaria della vostra grazia».

Per accentuare il più possibile la tesi è impiegata qui un'arte retorica assai sottile. Ciò che leggiamo non è però un trattato, bensì una preghiera: la dottrina è completamente profusa nel sentimento. Il passo ci fa comprendere molto bene quanto pericolosi dovessero apparire e potessero divenire per la Chiesa il principio, la coscienza e il sentimento, che su tutto prevaleva, della «grazia attuale», specialmente per la Chiesa in quanto istituzione rivendicante il diritto di amministrare la rivelazione, di dare l'esposizione valida delle Scritture, di dispensare i mezzi della grazia. Qui, non solo ogni sforzo umano ma anche ogni mediazione ecclesiale appaiono come dissolti pezzo per pezzo e ricadono nell'inutilità — poiché sarà poi la grazia di Dio ad agire in questo ed a ristabilire ogni cosa pezzo per pezzo. Ma da dove il cristiano ricava la certezza di una simile grazia e della sua attualità? Pascal si appoggiava alla sua visione estatica — un'esperienza altamente soggettiva, la cui testimonianza portava con sé, per ricordarsene in ogni occasione. Egli poteva rimettersi alla possibilità di cadere nella solitudine, di morire nella solitudine. Sembra fosse sicuro d'essere stato colto da questa grazia, anzi di essere stato scelto. Al limite estremo fino a cui il suo pensiero religioso s'era inoltrato, modestia e superbia coincidono. È come se nella sottomissione assoluta si fosse insinuata una sottile ostinazione. Ma ancor più non possiamo valutare in quale altro modo il sentimento individuale e lo spirito potessero esercitare il loro autoannientamento, se non appunto nella forma del più ostinato aggrapparsi all'onnipotente essere supremo, anzi del divenire un tutt'uno con esso. La paradossalità non è qualità peculiare di Pascal, ma quella dell'uomo. È appunto ciò che nessun pensatore europeo ha saputo insegnarci in modo così soggiogante come Pascal.

La prima selezione degli appunti postumi, spesso difficili da decifrare, trovati dalla sorella e dai teologi di Port-Royal e pubblicati nel 1670, lascia trasparire la cura di celare ogni cosa sospetta e di evitare ogni nuovo conflitto. Essa porta il titolo *Pensées de M. Pascal sur la religion et sur quelques autres sujets, qui ont esté trouvées apres sa mort parmy ses papiers*. Il mio esemplare è indicato come «terza edizione», risale all'anno 1671 e contiene, dopo una prefazione tanto spiritosa quanto diplomatica, non meno di nove diversi pareri competenti di vescovi, prelati e dottori della facoltà teologica parigina, a mo' di imprimatur. Il vescovo di Aulonne si appoggia ad uno dei frammenti, in cui si dice che non potrebbe esserci virtù e neppure martirio al di fuori della Chiesa e dell'unità con la sua guida suprema, il papa. I dottori attestano concordemente che, dopo accurata lettura, avevano giudicato le *Pensées* come «cattoliche e piene di devozione». Il dottor La Vaillant, in particolare, iscrive a verbale che esse sono «tres conformes à la foy et tres avantageuses aux bonnes moeurs». Ed anche il dottor Fortin non v'ha potuto trovar nulla che non corrispondesse alle regole della religione. Si deve supporre che se Pascal avesse avuto la possibilità di venire a conoscenza di ciò, avrebbe accolto queste dichiarazioni con soddisfazione — non solo come gradito baluardo ma anche come interiore conforto. Era un combattente ma non un riformatore, orgoglioso nel suo isolamento, e tuttavia al contempo profondamente desideroso di comunione, certo della sua singolarità ma non intenzionato al sovvertimento. Voleva restare un membro del corpo santo e tale rimase.

«Gesù prega nell'incertezza della volontà del Padre, e teme la morte; ma avendola conosciuta, le va incontro, offrendosi a lei: *Eamus*». Così sta scritto nel *Mistero di Gesù* di Pascal. Anche in questo punto egli cercò di realizzare la difficile imitazione di Cristo che in ultimo s'era prescritto? Si concesse di temere la morte? Non possiamo stabilirlo, ma le testimonianze a nostra disposizione ci indirizzano piuttosto nella direzione opposta. Egli rimproverò i suoi parenti di essersi afflitti per la morte prematura della coraggiosa Jacqueline — non si addicono simili sentimenti alla morte dei giusti, per questo piuttosto si deve ringraziare Iddio, ché così presto l'aveva ricompensata. Già circa dieci anni prima, in una lunga, senza dubbio anche un po' prolissa lettera (ai Périer), egli aveva preso spunto dalla morte di suo padre per un'indagine edificante sull'essenza della morte. In quella lettera sta la frase sorprendente, che gli antichi sbagliavano quando assegnavano la morte alla natura dell'uomo; viceversa essa è decretata da Dio per la purificazione dal peccato. «Così la morte è il principio della beatitudine dell'anima e il principio della beatitudine del corpo». Tuttavia di questa stessa beatitudine poco si dice e anche in questo scritto resta contraddittorio ed oscuro il come ci si debba comportare nel rapporto tra corpo e anima. Ha l'aria un po' conforme al dovere, quando egli, per così dire, concede il permesso di provare dolore. Ciò appare necessario quasi soltanto in ragione della superiore dialettica: «affinché la grazia sia non soltanto semplicemente presente in noi, ma sia vittoriosa in noi». Tutto ciò ci muove a una strana freddezza. Un'impressione così mai l'avevamo provata con Montaigne e con la sua dottrina filosofica del *savoir mourir*, pure trattata da Pascal per tutta la sua vita. Questo grande rinnovatore dei principi socratici ed epicurei, rimase ben disposto verso la vita e amabile, sebbene in tutto gustasse l'aroma della mortalità. Pascal gli ha rimproverato di non aver riconosciuto il dolore e la morte «come mali reali» — o, in altre parole, di avere concepito la morte appunto come semplicemente naturale, come troppo naturale e null'altro se non naturale. (In tal modo egli si espresse nel colloquio con il signore de Sacy). Pascal si staccò da questa filosofia dei filosofi, concepì la morte come un male reale, come decreto estraneo, non per resisterle o fuggirla, ma al contrario per consacrarsi interamente ad essa. La morte divenne per lui più importante della vita, la malattia («una specie di morte») più salutare dell'esser sano. Proprio la miseria dell'uomo era per lui la garanzia della sua vocazione superiore, ma nel suo intendimento la passione e il sacrificio sembrano quasi offuscare completamente la speranza nella beatitudine eterna — come in un'eclissi di luna l'ombra della terra copre la luce di questo astro, di modo che al margine permane un debole chiarore come un'esitante promessa.

[Per le citazioni da Pascal: *Memoriale*, in *Opuscoli*, cit.; *Preghiera per chiedere a Dio il buon uso delle malattie*, *ibid.*; *Il mistero di Gesù*, in *Pensieri*, a cura di Paolo Serini, Torino, Einaudi, 1967[2]; *Lettera di Pascal ai signori Périer*, in *Opuscoli*, cit.]

Parte seconda

5. Immagini enigmatiche dell'uomo

L'Ospizio di Maternità

Nel 1850, il dottor Bednar, allora primario dell'imperialregio brefotrofio di Vienna, vergò nel suo libro sulle patologie neonatali la seguente, sensazionale frase: «La sèpsi del sangue nei neonati si incontra oggi assai di rado; la sua scomparsa è dovuta alla scoperta, gravida di conseguenze e degna della più grande considerazione, del dottor Semmelweis, assistente emerito della prima clinica ostetrica viennese, il quale con successo ha studiato l'origine e la prevenzione della febbre puerperale, debellandone le mortali conseguenze».

Ignaz Philipp Semmelweis, un giovane medico ungherese di Budapest, dopo accurate osservazioni statistiche, due anni prima aveva introdotto in quell'«Ospizio di Maternità più grande del mondo» di Vienna l'obbligo per personale medico e studenti di lavarsi le mani in acqua al cloruro di calcio, prima di assistere le partorienti e puerpere. E in effetti, egli aveva in tal modo quasi d'un colpo eliminato, se non proprio dalla faccia della terra almeno da questa istituzione, la cosiddetta febbre puerperale, che fino ad allora aveva mietuto ogni anno un decimo, in alcuni mesi persino un quinto, un quarto, anzi un terzo delle madri che si affidavano a questo istituto; tra i lattanti le vittime non erano affatto così numerose. Ciò che si era sempre ritenuto una malattia epìdemica, accettata alla stregua di un destino irrevocabile, in seguito alle ingegnose osservazioni comparate di Semmelweis, di pedante precisione ed intrepide, si rivelava esser null'altro che un insieme di infezioni, il cui veicolo erano proprio i medici e gli studenti di medicina, provenienti dall'obitorio dell'istituto anatomico, che dopo un normale lavaggio con acqua e sapone operavano senza guanti sulle pazienti.

L'elevata mortalità nelle «tane di assassini» di queste cliniche ostetriche — Semmelweis stesso riferisce che era in uso quest'espressione —, e specialmente proprio in quelle che erano collegate con l'insegnamento universitario della medicina, in una certa misura era dunque da ricondurre agli usi della moderna scienza empirica: prima dell'introduzione dell'anatomia e dei corsi di dissezione, la «febbre puerperale» sembra aver avuto una diffusione assai limitata, ed effettivamente i primissimi rapporti di presunte epidemie di questa specie risalgono solo al diciassettesimo secolo. Dunque, sebbene la scoperta di Semmelweis e la sua semplicissima misura di profilassi riguardino una malattia relativamente «moderna», tuttavia esse devono considerarsi simboliche per quella serie lunga e trionfale di scoperte e di norme che da allora in poi hanno strappato tanto terreno al destino e che hanno contribuito ad un incremento numerico dell'umanità inaudito prima di allora, alla nascita dei «popolamenti» e senza dubbio anche delle masse. Quantunque il segreto ultimo di quella dinamica dell'incremento umano, avviatasi improvvisamente dopo una stasi che appariva senza fine, si spieghi difficilmente con singole cause, ma debba essere invece compreso nella sua evidente connessione da una parte con la rivoluzione industriale e con la ricognizione tecnico-comunicativa della terra e dall'altra con l'esplorazione scientifico-naturale e con il trattamento del corpo umano inteso come una totalità in cui ogni elemento è insieme causa ed effetto dei restanti elementi — rimane per noi comunque riconoscibile il ruolo che in questo sorprendente processo hanno svolto in primo luogo l'igiene e l'asèpsi, poi la batteriologia e la sierologia.

Quale coraggiosa ostinazione, quale vittoria sull'interesse proprio e su quello di ceto fossero richiesti a Semmelweis, dopo che egli aveva cominciato ad avere il primo presentimento della sua epocale intuizione, le possiamo cogliere leggendo — commossi e ammirati — il seguente passo tratto dal suo libro sulla febbre puerperale (1861): «Coerentemente con la mia convinzione, devo qui confessare che Dio solo conosce il numero di coloro che a causa mia sono scesi nella tomba prima del tempo. Ho avuto esperienza di cadaveri come pochi altri ostetrici. Se affermo lo stesso per un altro medico, la mia intenzione è semplicemente di portare alla coscienza una verità che, per l'indicibile infelicità del genere umano, per tanti secoli non è stata riconosciuta. Per quanto dolorosa e anche opprimente sia questa conoscenza, il rimedio non sta certo nel dissimularla, né questa infelicità deve restare permanente: di questa verità devono essere consapevoli tutti quanti gli interessati».

Il suo personale fervore di conoscenza non venne meno. Invece la maggioranza dei suoi colleghi ostetrici, privi tra l'altro della forza che la sua scoperta aveva impresso al giovane medico, mirava piuttosto a difendere le teorie più vecchie; per lungo tempo prevalse ancora la resistenza del prestigio accademico e talvolta effettivamente un'esigenza parziale o totale di «occultamento». Il postero, che è sempre incline ad abbracciare il tranquillo partito del «progresso», può immaginare l'entità degli interessi e del prestigio che in questo caso erano in gioco. Semmelweis lottò con lettere aperte in tutte le direzioni, non esitò a deridere persino il grande Virchow, accusò pubblicamente di menzogna altre celebrità, divenne stizzoso, si disperò e morì nel manicomio di Vienna. Ci volle quasi mezzo secolo prima che la scienza, con l'edizione completa delle sue opere, gli innalzasse un meritato monumento.

I proletari

La scoperta di Semmelweis è il prototipo di un'azione scientifica: egli ha individuato una causa ove aveva dominato un oscuro destino. Noi esaltiamo tale evento come un atto di liberazione. *In abstracto.* Ma chi erano i liberati — chi è stato liberato in senso proprio alla vita?

«Quando nell'Ospizio di Maternità le donne partoriscono, la febbre puerperale cagiona tra esse devastazioni terrificanti, e un numero cospicuo scende prematuramente nella tomba nel fiore della vita. Se, in seguito alla soppressione di tutti gli Ospizi di Maternità, i parti si svolgessero in altra sede, sicuramente un maggior numero di puerpere resterebbe in salute, ma comincerebbero le preoccupazioni per il vitto loro e del figlio, e, in conseguenza del bisogno, si diffonderebbero i delitti dell'aborto, dell'abbandono e dell'infanticidio. Proprio per questo si sono istituiti gli Ospizi di Maternità; si era infatti dell'avviso che fosse meglio esporre le gestanti ai pericoli della febbre puerperale negli Ospizi di Maternità che ai pericoli della miseria al di fuori degli ospizi, responsabile del gran numero di donne che finiscono in carcere».

Così Semmelweis, in un'istanza dell'anno 1885 rivolta alle autorità scolastiche di Budapest. Meglio morte che criminali — l'alternativa era questa. Ora però, eliminate le cause dell'infanticidio, debellata l'epidemia, a schiudersi alla vita non era un'umanità liberata, ma un proletariato liberato dalla decimazione. «Questo è ora anche il tempo giusto per i proletari, — ma essi crescono svelti ed allegri, come i funghi dopo una calda notte di pioggia» — scriveva già nel 1847 un osservatore tedesco della società (Heinrich Wilhelm Beusen), e il suo vivace paragone sembra accennare, come con un ammiccare satirico, che qui s'è formata una specie nuova — differente dagli altri stati sociali o dalla società borghese, come i funghi si distinguono dagli alberi e dagli arbusti. Oppure come le api dai calabroni, secondo l'espressione di Saint-Simon: «Scrivo per gli industriali, contro i cortigiani e contro i nobili, il che vuol dire, scrivo per le api contro i calabroni». E con questa metafora esopica, venivano anche evidenziati quel particolare spirito ed orgoglio, definiti ed esaltati in seguito da Marx e dai suoi seguaci come «coscienza di classe». Questi funghi o queste api, insomma questi proletari dotati di coscienza di classe, non crebbero e non si svilupparono raggiungendo un grado di umanità universale, quale era stata manifestata e fondata dal «terzo stato»; la loro evoluzione si conformò in un'esistenza di tipo particolare, in quella di classe. La classe proletaria è una mutazione storica, un'autentica trasformazione dell'essere umano, un'innovazione apparsa circa cent'anni fa. Certo non d'improvviso. Dalla concezione che l'uomo ha di sé scaturisce anche la sua realtà. C'è voluto del tempo, prima che l'ente-classe proletario si sia concepito tale. Talune forze, e non certo le più esigue, hanno cercato anche di ostacolare questo processo di consapevolizzazione, in alcuni paesi europei persino con successo considerevole, come in Inghilterra. Anche sotto questo riguardo, l'Inghilterra è un prodigio. Il consiglio generale dell'Associazione internazionale dei lavoratori, l'organo supremo della Prima Internazionale, dunque della primissima organizzazione proletaria di classe definibile propriamente così, alla fine degli anni sessanta giudicò che «solo l'Inghilterra (potrebbe) servire quale leva per un reale rovesciamento economico» — ed esso si espresse in questo modo, secondo le migliori ragioni marxiane: «poiché lì non ci sono contadini, la proprietà fondiaria è concentrata in poche mani, la forma capitalistica s'è impadronita della produzione complessiva, la maggioranza della sua popolazione consiste di lavoratori salariati e l'organizzazione della classe lavoratrice ha raggiunto mediante le *Trade Unions* un certo grado di maturità». Solo una cosa mancava — secondo le autentiche e perspicaci parole del consiglio generale — e cioè «il senso della generalizzazione e la passione rivoluzionaria». Prescindiamo dalla passione, essa può essere controversa. Che invece facesse difetto quel «senso della generalizzazione», che Marx ed i suoi amici richiedevano, ciò sembra appunto costituire la ragione decisiva del fatto che in Inghilterra riuscì quell'incomparabile processo di integrazione che si definisce con l'espressione «riforme» dell'epoca vittoriana: la costituzione di una nazione. Sul continente si generalizzò e così si produssero le classi. Dipende dal concetto, dalla comprensione specifica della propria esistenza. Solo la parola crea l'essere, il nome la figura. Così, il nome di classe proletaria sollevò dal livello di sommersione in cui stagnava, dalla miseria dalle mille forme del suo destino, questo amalgama di garzoni artigiani e salariati moltiplicatisi, insieme ai poveri, ai mendicanti e ai furfanti delle grandi città, agli abitanti degli *slums*, alle succitate beneficiarie ed occupanti degli Ospizi di Maternità e dei brefotrofi; li risollevò tutti, dette loro un profilo, una volontà, una coscienza propria e la parola d'ordine: «Proletari di tutti i paesi, unitevi!».

Per lungo tempo le antiche potenze non furono in grado di percepire il nuovo essere. Il parroco renano Adolf Kolping, per esempio, sebbene fosse stato il primo ad esercitare la cura cristiana delle anime entro i termini di una pianificazione della politica sociale, richiamava indietro i «garzoni» sfuggiti o trascurati, là da dove essi venivano: nell'artigianato. Un manualetto per i giovani apprendisti migranti e rimpatriati, che fu compilato sotto la sua egida da un certo Ferdinand Adrian (ed edito da Herder a Friburgo nel 1858), descrive molto precisamente i nuovi rapporti, in un pesante tono da frate cappuccino — dicendo in proposito, per esempio: «I garzoni non sono altro che subordinati del maestro, il quale li paga e per il quale essi devono lavorare, egli non conosce ulteriori obblighi!», ma non ricava da ciò alcuna conseguenza, ritiene invece che si tratti di una rimediabile trascuratezza della corporazione, dei maestri anzitutto, e raccomanda un devoto comportamento apolitico. La parola d'ordine in questo caso è restauratrice: «Dio benedica l'onorato artigiano», dice il titolo. E tuttavia gli stessi sforzi di Kolping — o di Wichern (per parte evangelica) — contro la loro volontà contribuirono alla formazione della classe, in primo luogo perché quegli ammonimenti furono indirizzati direttamente ai garzoni, scavalcando i precedenti patriarchi, e inoltre per il fatto che essi nelle «associazioni di garzoni» o negli «ostelli per garzoni girovaghi» tentarono di ristabilire in modo collettivo ed organizzato l'idillio infranto in famiglia e in bottega.

L'uomo - l'essere supremo

Ma nello stesso momento in cui la classe proletaria in ogni popolo si costituiva come un nuovo «popolo eletto» (come dice Arnold Toynbee) e riceveva da Marx la sua religione scientifica — una religione esclusiva, in quanto insieme le creava il «nemico di classe» e le instillava lo spirito rivoluzionario di lotta come dovere supremo —, in quello stesso momento la stessa idea tradizionale di umanità entrò in un nuovo stato di aggregazione, «l'uomo» in genere con la sua umanità entrò nello stadio dell'auto-trasfigurazione, dell'auto-deificazione. La dottrina dell'allievo di Hegel e libero docente tedesco Ludwig Feuerbach produsse il suo effetto, stranamente si mescolò anche con quella di Marx e dei «marxiani» (come allora si diceva). Non soltanto i proletari si emacipavano dalla società, ma anche «l'uomo» si emancipava dalla suprema sorveglianza, dal comandamento e dal peccato in pari tempo, ed estasiato si sprofondava nella sua essenza propria. «*Homo homini deus est*: questo è il supremo principio pratico — questo il punto di svolta della storia universale». Così Feuerbach aveva proclamato a gran voce già nel 1841 nella *Wesen des Christenthums*. Egli giustificava la religione in un modo micidiale, scoprendo che Dio non è nient'altro che una creazione, una proiezione dell'uomo: «la religione è la prima e precisamente indiretta autoconoscenza dell'uomo... l'uomo traspone la sua essenza innanzi tutto al di fuori di sé, prima di trovarla in sé». Queste parole testimoniano tanto l'ardimento — un ardimento che raggiungeva la blasfemia — quanto la buona fede del loro autore. Egli pensò soltanto a Dio, ma non al diavolo, il quale in definitiva, per *analogiam*, non vanta minor diritto di essere ritrovato nell'essenza interiore quale suo antagonista. Infatti, e non poteva essere diversamente, quest'altra metà del compito è stata assolta più tardi. Per il momento, l'uomo nuotava alquanto fiduciosamente nella sua perfezione — «quella limitazione della ragione o in generale dell'essenza dell'uomo, poggia su un'illusione, un errore», si diceva. In sostituzione del sermone della montagna e del concilio vaticano, piovevano beatificazioni e santificazioni di tipo «naturale». «Sacra ti sia l'amicizia, sacra la proprietà, sacro il matrimonio, sacro il bene di ogni uomo, ma sacro in sé e per se stesso!». Liberamente si pensava in tal modo e non si presagiva nulla di male. Era la svolta copernicana del *Biedermeier* fattosi ardito; il suo esordio sotto un cielo svuotato, ma con il mazzolino di fiori sul cappello e con i supremi tesori in petto, circondato dagli ultimi sprazzi delle nebbie della santità, che ancora gli coprivano la nudità.

Il sergente istruttore

«Continuo a ritenere che l'unica personalità regale, sacerdotale, educatrice e dirigente nella nostra epoca, — quella che è ancora completamente verità e realtà, e non in parte immaginazione e logora sventatezza... — dico, quest'unica personalità è il sergente istruttore, che controlla ed esegue i suoi compiti».
Questa è la voce stizzosa di Thomas Carlyle, la voce dell'«Isaia del diciannovesimo secolo», come in seguito (1890) lo chiamò con parole d'elogio Lujo Brentano, l'economista «socialista della cattedra» tedesco. La frase, con una sfumatura sarcastica, mescolata solo con un'ombra di umorismo (certamente riuscito), si trova in un articolo a suo tempo celebre, pubblicato nell'agosto 1867 nel «Macmillan's Magazine» dal titolo «Giù per il Niagara — e poi?». L'articolo è ben lungi dal proporre idilliche restaurazioni e in effetti in esso si precorre lo studio più analitico dei moderni rapporti di lavoro, soprattutto del carattere del lavoro; vi sono espresse le più acute e implacabili prediche all'indirizzo di produttori e milionari, i rilievi e le critiche più acute in riferimento al rovescio dell'emancipazione, appunto la proletarizzazione. Non certo antiquato, Carlyle era anzi abbastanza audace da trovare qualcosa di buono persino nella schiavitù americana, da accusare di incoscienza i filantropi, gli antischiavisti e i manchesteriani, con la loro fiducia nella «domanda ed offerta». Certamente questo splendido pubblicista e polemista era conservatore fino al midollo: si trattava del principio di aristocrazia, dell'originario rapporto di signore e servo, e — un orrore per i progressisti! — poco diversamente dal vecchio Aristotele, egli ha dichiarato che ci sono ceti sociali o razze che dall'«onnipotente creatore» sono destinati alla servitù.

Tuttavia questa non è l'essenza né il punto principale della sua concezione, che si rivela invece nel fervore puritano senza pari, con il quale egli ha esaltato e promosso il lavoro insistendo senza tregua per far capire ch'esso è alfa e omega di ogni cultura, alla stregua di quanto solo un Marx o un Liebknecht hanno fatto: «chi non vuole lavorare, deve sparire dalla terra» oppure «c'è soltanto un mostro sulla terra: l'uomo ozioso» — il rigore non potrebbe esser maggiore, è un pathos perfettamente «moderno», seppure con radice biblica. Ma d'altra parte questo non è un salvacondotto per il lavoro in sé, come se esso in ogni circostanza «creasse valori» — Marx in confronto è un liberale! —, ancor meno per lo sfruttamento, sia della natura, sia della forza-lavoro umana. Piuttosto deve essere eseguito un lavoro buono, solido, resistente, devono essere prodotte con arte cose durevoli; per tempo e energicamente è iniziata qui la critica della mercificazione su vasta scala, del prodotto «conveniente e scadente», diffusosi in seguito a livello generale, specialmente alla fine del secolo in occasione delle grandi esposizioni. Si tratta di un concetto austero e devoto di lavoro, e appunto Carlyle rivolse lo sguardo agli «antichi monaci», al liturgico lavoro del medioevo, avviando così un primo discorso relativo a materia e forma che, ripreso da Ruskin e Morris, intorno alla svolta del secolo si propagò al continente, nello *Jugendstil*, poi nel *Deutsches Werkbund* e proseguì addirittura dopo la prima guerra mondiale in mutate forme nel Bauhaus di Dessau; non solo, Carlyle è anche il primo ad offrire sia testimonianza che una nuova impronta al buon pragmatismo anglosassone, avverso ad ogni sentimento romantico, come ad ogni speculazione: «Rigorosamente parlando, tu non possiedi altra conoscenza che quella acquisita attraverso il lavoro; tutto il resto è soltanto presunzione di conoscenza».

Altra cosa che stava a cuore al Giove tonante — o meglio: quanto reputava consono all'epoca — era l'aspetto direttivo ed educativo, ma prima di tutto la selezione dei capi e degli educatori. Non possono esserci oziosi, ma devono esserci lavoratori, «poiché nel lavoro è eterna nobiltà e persino santità». Re, sacerdoti, capi ed educatori del lavoro. Non poteva esserci il capitalista o «milionario di ottone», che ingaggiava i suoi uomini e li licenziava secondo il dettato della congiuntura, che produceva per guadagnare. Un ritorno al tradizionale dominio dei ceti non prometteva alcun successo, dopo tutto quello ch'era accaduto, specialmente dopo tutte le «emancipazioni», dopo l'avvento del nuovo «nomadismo», con il suo mercato generale del lavoro e con il suo libero contratto di lavoro. Appariva necessaria una nuova ed energica ricapitolazione, occorrevano eroi, non filantropi. L'origine della più celebre e duratura idea di Carlyle, l'idea dell'eroe (egli tenne le lezioni su eroe e culto dell'eroe già nell'anno 1840), sta certamente in questo bisogno di *élite*, che la visione della nomade società proletario-borghese raccomandava. E in questo egli ha fatto epoca in modo profetico. Tanto più ch'egli non era abbastanza conservatore per non ammettere l'«uomo forte», il rivoluzionario, l'usurpatore e il dittatore, il *parvenu* del potere. Comunque, «fintantoché l'uomo resterà uomo, un Cromwell o un Napoleone sono l'indispensabile esito di ogni sanculottismo». E ancora: «quale che fosse la forma... non ho mai ritenuto i diritti dell'uomo degni di una discussione; il punto capitale rimane il potere degli uomini, la quota dei loro "diritti" che essi possono prefiggersi di portare al successo e di veder realizzati in questo mondo impazzito».

Ma di entrambi, del lavoro come dell'eroismo del comando e della disciplina, quel sergente istruttore è la conseguenza disperata. Sì, troviamo qui già mischiato un granello di disperazione, un'ombra non semplicemente di umorismo, ma di umorismo amaro. «Penso sempre che riguardo alla disciplina militare si potrebbe fare ancora molto». Qui le simpatie prussiane dell'autore diventano chiare, la frase è scritta dopo la battaglia di Königsrätz, dopo il trionfo del fucile ad ago e dell'«accurata esercitazione al tiro» da esso richiesta, per la quale erano certamente necessari i sergenti istruttori, dopo il trionfo del servizio militare obbligatorio generale, della riorganizzazione dell'esercito e della nuova mobilità con cui ferrovia e telefono consentivano di condurre la guerra. (Questa enumerazione degli elementi della superiorità prussiana è stata presentata dal conte Yorck von Wartenburg, in un saggio dell'anno 1900). Sebbene il fattore della tecnica e della macchina nell'opinione di Carlyle non svolga ancora alcun ruolo determinante, tuttavia nel riascoltare questo preludio ci riaffiorano tutte le figure che sono seguite al ben addestrato uomo con il fucile a retrocarica del 1866 e all'artigliere col cannone d'acciaio (che per primo Krupp costruì nel 1855): il mitragliere e il carrista della prima guerra mondiale, il bombardiere da picchiata e il geniere d'invasione della seconda. Tutti lavoratori, lavoratori coscienziosi, precisi — al di là del bene e del male. L'idea di Carlyle ha resistito, non soltanto quella dell'eroe — ripresa e perfezionata da Friedrich Nietzsche, e infine da Stefan George e dai suoi adepti — ma appunto anche questa più drastica e truce del sergente istruttore, il quale in realtà, grazie al servizio militare obbligatorio in tutta Europa (Inghilterra esclusa), grazie anche alla proletaria pretesa di classe di un «servizio militare obbligatorio», ha eseguito la sua opera di istruzione più a fondo di quanto potesse prevedere anche l'Isaia britannico, trovando per di più anche nuovi cantori estetico-letterari: da ultimo Ernst Jünger, il quale con minor umorismo e con una disperazione caratterizzata da assoluta introversione l'ha chiamato il «lavoratore».

Il sergente istruttore o il dittatore del lavoro: è questa la terza figura che dopo l'ente-classe e l'uomo trasfigurato è stata innalzata e formata a modello nei cent'anni della nostra epoca. Dalla concezione che l'uomo ha di sé, scaturisce anche la sua realtà.

Perfezionamento e allevamento

Charles Darwin avrebbe offerto la più semplice giustificazione di Dio, se solo gli fosse interessato giustificarlo: con mille esempi, egli dimostrò che nella natura la morte serve soltanto all'eccellenza della vita. La sua dottrina della «selezione naturale» significava che in genere nel mondo non c'è ingiustizia, poiché ovunque proprio coloro che nella lotta per l'esistenza riportano la vittoria, appunto con ciò dimostrano inconfutabilmente che sono essi i più capaci, i più forti all'adattamento e in generale i migliori. In questo modo e in base a questa legge della prateria la storia naturale ha sempre seguito una linea ascensionale, dal tipo inferiore a quello superiore, dalla specie inferiore alla specie superiore, e, se non le si metteranno i bastoni fra le ruote, la natura continuerà immancabilmente a procedere su questa linea. Anche l'uomo, fin dalla sua comparsa, s'è incessantemente evoluto e perfezionato in modo autonomo senza bisogno di interventi e misure. Come narra lui stesso, Darwin non riusciva a capacitarsi di quanto i tre indigeni della Terra del Fuoco che nel suo primo viaggio intorno al mondo furono presi a bordo della nave *Beagle* — quantunque collocati tra i «selvaggi inferiori» —, nelle loro attitudini «e nella maggior parte delle facoltà mentali», assomigliassero a lui stesso e alle genti civilizzate del suo paese, specialmente dopo che avevano imparato a parlare un po' d'inglese. Evidentemente, tra i selvaggi e gli europei del diciannovesimo secolo egli si attendeva una distanza molto maggiore, un più grande intervallo nel lavoro svolto nel tempo dall'evoluzione e dal perfezionamento. Ma ad una osservazione scientifica più precisa, ogni cosa si avvicina di più l'una all'altra, soprattutto se si è imparato ad abbracciare con lo sguardo lo smisurato panorama che va dai ricci marini alle scimmie.

Ora, uno dei tratti più curiosi della teoria universale darwiniana è che non solo ciò che è inetto e ottuso ma anche ciò che è cattivo sembra retrocedere nella linea dell'evoluzione, e che l'opposizione in sé esclusiva del bene e del male è mediata nel tempo da un'infinità di gradi intermedi più brevi: all'inizio sta quel selvaggio che è brutale abbastanza da fracassare il suo proprio figlio sulle rocce per punirlo d'una qualche distrazione, ma alla fine provvisoria sta la nobile persona umanitaria, come per esempio quell'Howard che «umanizzò» l'istituzione carceraria; all'inizio sta la crudeltà, alla fine la mitezza. Lasciate lavorare soltanto la natura e la selezione naturale: «Non è inverosimile che inclinazioni virtuose, dopo un lungo esercizio, siano trasmesse ereditariamente». Non intervenite perciò con usi e leggi: «Deve esistere per tutti gli uomini un'aperta concorrenza, e i più capaci non devono essere impediti, con leggi o consuetudini, di avere il successo più grande e di allevare il più grande numero di discendenti». Così raccomanda il fiducioso scienziato nella conclusione della sua opera sulla *Origine della specie*, conferendo pertanto al *laissez faire*, principio fondamentale dell'economia politica liberale, la consacrazione più alta e la valorizzazione più ampia che potevano essere attribuite ad un sistema del mondo senza Dio.

Ma che cosa accadde? Un giorno, l'uomo osservò che la natura darwiniana invero eseguiva proprio bene la sua darwiniana opera di selezione tra gli animali, ma solo molto imperfettamente tra gli uomini, e così si accinse a venirle in aiuto. «I deboli e i malriusciti devono perire: primo principio del *nostro* amore per gli uomini. E a tale scopo si deve anche essere loro d'aiuto». Oppure: la natura provvederebbe di per sé, ma sfortunatamente nel corso dei secoli gli uomini le hanno guastato il mestiere e intralciato il suo piano di selezione; per questo il *laissez faire* non basta, si devono distogliere gli uomini dalle loro tendenze alla correzione e ricondurli sulla strada della natura darwiniana;

d'ostacolo è precisamente il loro «perfezionamento» (che invece era appunto l'opera dell'evoluzione naturale, secondo Darwin!), si deve cancellare la morale, diventare barbari come la natura: «La compassione intralcia in blocco la legge dello sviluppo che è la legge della *selezione*... Nulla è più malsano, in mezzo alla nostra malsana modernità, della compassione cristiana. *Si deve* essere medici, *si deve* essere implacabili, dar di coltello, tutto ciò spetta a *noi*, questa è la *nostra* maniera di amare gli uomini...». Si riconosce questo tono? È quello dell'*Anticristo*, sarebbe meglio dire: dell'Anti-filantropo, è quello di Friedrich Nietzsche. Entrambi gli argomenti sono i suoi: tanto si deve venire in aiuto alla natura, quanto anche si deve accantonare l'intralciante compassione, l'azione contraria della religione. Per inciso: dove sta scritto che la compassione sia una virtù cristiana? In Richard Wagner sta scritto: «chi conosce per compassione, un puro folle!». Nel Vangelo sta scritto qualcosa di completamente diverso: ama il prossimo tuo come te stesso! Ciò che qui Nietzsche capovolge o di cui «rovescia il valore», è wagnerismo, non cristianesimo originario, è filantropia sentimentale, non sermone della montagna! È anche filantropia darwiniana, nobile compassione darwiniana. Di Darwin si racconta che era colto da grandissimo turbamento ogni volta che vedeva sulla strada un cocchiere picchiare il suo cavallo. Ma Darwin non era cristiano. Si potrebbe esprimere questo «rovesciamento dei valori» anche così: Nietzsche stesso occupa ora il punto d'osservazione della cieca divinità di Darwin, il punto d'osservazione della brutale «selezione naturale» — contro lo stesso nobile o nobilitato uomo Darwin. Questi aveva fatto ricadere ogni crudeltà sull'insensibile azione inconsapevole della sua forza di natura, che adempie allo scopo selezionando e scartando, ma aveva invece riservato per se stesso e per l'uomo «evoluto» solo ciò che è più nobile, filantropia e compassione. Le posizioni ora si ribaltano e viene presentato il conto.

Ma questo non è tutto. I biologi, i più diretti discendenti di Darwin, non riusciranno in seguito a trovare confermata la sua fiduciosa ipotesi che le inclinazioni virtuose si trasmettessero ereditariamente. Francis Galton (negli anni settanta) sostenne che nell'uomo la selezione naturale è disturbata e tale elemento di disturbo era per questo scienziato non già tanto la compassione e la religione, quanto qualcosa di molto «più naturale», ossia la simpatia erotica. «Specialmente la simpatia erotica sceglie secondo moventi che certo mirano alla felicità del singolo, ma appunto perciò non garantiscono il perfezionamento della razza». A ciò si doveva porre rimedio. L'«eugenetica» era la scienza che collocava il perfezionamento della razza al di sopra della felicità del singolo e proprio a questo scopo giunse a raccomandare misure legislative. A quanto pare, Galton ha coniato l'espressione *eugenics*. Poiché ora il *laissez faire* era definitivamente tramontato, perfino nell'amore non si voleva più «lasciar fare» gli uomini. Povero Darwin!

Così il discendente della scimmia e del selvaggio della Terra del Fuoco, perfezionato dalla natura, si trasformò in pianificatore non solo della produzione di bovini, cavalli, polli e lupini ma anche della sua propria «razza». E mentre Nietzsche con scherno e derisione parlava intenzionalmente della «nostra forma di amore per gli uomini», capovolgendo letteralmente la filantropia, più ingenui spiriti della posterità hanno consigliato in tutta serietà di eliminare i malriusciti per ragioni «umanitarie». Così, per esempio, la svedese Ellen Key, la quale effettivamente non ha scoperto il male, soprattutto non ha immaginato nulla di male, ha invece continuato a veleggiare senz'altro in quella feuerbachiana fiducia che l'essere superiore non potesse nascondere o fare assolutamente nulla di cattivo; nondimeno, alla soglia del nostro secolo, ella mise per iscritto questa frase: «Tuttavia nella società... la venerazione della vita non è ancora abbastanza grande perché si possa sostenere senza pericolo la necessità di soffocare una simile vita (ossia dei "malati inguaribili e dei bambini malformati"). Quando la misericordia soltanto darà la morte; soltanto allora l'umanità del futuro potrà essere testimoniata dall'eliminazione di una simile vita che il medico, sotto controllo e responsabilità, opererà in modo indolore». Leggi sull'idoneità al matrimonio e sulle malattie ereditarie sono parimenti previste. Il tutto si trova in un celebre libro (apparso in svedese nel 1900, in tedesco nel 1902) intitolato *Il secolo del bambino*. È divenuto un secolo dell'infanticidio. Perlomeno in Germania, dove tra il 1939 e il 1943 centinaia di malriusciti e malformati sono stati «eliminati senza dolore», certamente senza controllo e responsabilità, ai fini di un «perfezionamento della razza». Così come poi, soprattutto sotto Adolf Hitler, la selezione artificiale, la scelta e lo scarto, l'intera opera della natura darwiniana, è stata conseguentemente assunta dallo Stato ed eseguita scrupolosamente. Alcuni degli autori ed organismi di questo sistema eugenetico, superstiti dopo il 1945, sono stati trascinati dinnanzi al tribunale penale per «crimine contro l'umanità». Questo è il delitto che cinquant'anni prima era stato proclamato idealisticamente come «umanità del futuro». L'uomo ha tentato gli dei. L'uomo di razza.

La magnifica bestia

Non lontano devi installarti, ma in alto! affermava *Zarathustra*. Questo era fede attiva nel progresso, sermone di progresso, inteso non più socialmente ed economicamente, bensì biologicamente. In alto si doveva andare, fino al punto in cui la vita e il profilo dell'uomo sarebbero spariti e si sarebbe affacciata alla vita una nuova natura: il superuomo. Questi sarebbe stato più che un sergente istruttore, più che un eroe della galleria di eroi di Carlyle. I progetti e le visioni prodotte dal sogno e dalla pulsione dei salvatori e degli uomini d'azione sembrano assumere dimensioni sempre più smisurate, in proporzioni inverse al dileguarsi e al disgregarsi dei vecchi ordinamenti europei e all'evidenza incontestabile del nuovo settore rappresentato dall'ente-classe. (Come quando giacendo deboli e ammalati talvolta nelle allucinazioni febbrili si sente il proprio corpo gonfiarsi mostruosamente). Non possiamo affermare che Nietzsche abbia inteso il superuomo realmente come una specie davvero nuova: forse in esso concorreva un elemento del gioco letterario, forse rappresentava una cifra filosofica. Altri comunque l'hanno interpretato alla lettera. Tra tanti, cito ancora una volta l'esempio di Ellen Key, la quale, in sintonia con quelle misure eugenetiche, formulò l'obiettivo «di ostacolare i matrimoni degli esseri inferiori e di favorire quelli dei superuomini». Ella dunque non collocò la loro esistenza neppure nel futuro, bensì già nel presente. E chi non vorrebbe far parte di una tale specie! Di questo popolo eletto o piuttosto selezionato da evoluzione e allevamento, di questa nobiltà biologica o surrogato di nobiltà! Se tra le categorie degli inferiori e dei superiori fosse restato poi ancora uno spazio intermedio per gli uomini comuni, allora questi avrebbero rappresentato soltanto, per così dire, il livello medio nella dottrina eugenetica dei ranghi, e questo non era certo allettante. Non era allettante essere semplicemente un uomo, specialmente se c'era il pericolo di scivolare improvvisamente tra gli esseri inferiori.

Super-umanità era meglio che umanità. Essa conferiva anche diritto di dominio, anzi naturale vocazione al dominio.

In questa rappresentazione di una nuova generazione o comunque di una nuova stirpe, la cui nascita fu messa frequentemente in rapporto con il nuovo secolo ventesimo, impetuosamente irruppero così, più o meno chiare e distinte, parecchie licenze, scoperte e mode del comportamento che hanno contrassegnato la *fin de siècle*. Specialmente l'emancipazione dei sensi e della sensualità, a cui molto avevano contribuito i poeti, in primo luogo coloro che avevano rifuggito l'Europa, Arthur Rimbaud e Charles Baudelaire, quest'ultimo con i *Fiori del male* e i *Paradisi artificiali*. La raccapricciante ammirazione per le personalità del Rinascimento dissolute, amorali o immorali e grandiosamente criminali, l'ammirazione per quell'epoca che Jacob Burckhardt aveva insegnato a comprendere in modo nuovo come secolare unità di cultura e che, a un livello inferiore, una legione di pittori di soggetti storici aveva presentato ed esposto come scenografia di ogni ebbrezza, sfarzo e aperta violenza, come mondo antitetico alla rispettabilità borghese. D'altra parte, in pittura si infrangono gli spazi dell'atelier, si esce all'aria aperta, alla luce, si scopre la luce con Monet, Pissarro, Renoir, Seurat; ne consegue il generale entusiasmo per la luce e per il sole — nel 1898 Cäsar Fleischlen cantava «mia madre è il sole», intorno alla stessa epoca lo svedese Carl Larsson dipinse *La casa al sole*; il nuovo, rivoluzionario orientamento nella costruzione dell'abitazione, rotazione dell'asse da nord a sud, verso la luce; la crescente utilizzazione della virtù terapeutica di luce ed aria, l'apertura degli stabilimenti per i bagni d'aria; la diffusione dello sport; la mobilità del corpo in genere, in seguito alla quale il monopolio del balletto classico e della sua perfetta artificialità fu spezzato da un'arte «naturale» della danza con tendenze educative universali — al 1904 risale l'apertura della scuola di Isadora Duncan a Berlino; inoltre l'apprezzamento del nudo, anzi la fondazione di una particolare «cultura del nudo» — la quale tramite la rivista «La bellezza» (pure del 1904) intendeva portare alla luce il proibito e il nascosto, liberare dal pudore e dal peccato e innalzare sotto auspici estetici un nuovo paganesimo; la lotta contro il busto e il vitino di vespa, in seguito contro colletti alti e pantaloni lunghi, quali simboli e strumenti della costrittiva convenzione, la moda funzionale di carattere inglese-greco che sostituì i completi con «vesti» e la dama con «la donna»: essa si tende e si dilata e si smuove e scoppia da tutte le cuciture precedenti, anche da quelle sacramentali del matrimonio; già l'Osvald Alving di Henrik Ibsen aveva contrapposto concitato l'amore libero della *bohème* parigina, come più pura forma di vita, alla corrotta e menzognera condizione della famiglia del camerlengo. «Mamma, il sole!», erano le ultime parole pronunciate in scena da questo martire della riforma della vita e della società. E il sole regnò, risplendette fin nei recessi più profondi degli istinti, fin negli angoli più assopiti e reconditi. Ogni cosa è pura per chi è puro, si diceva, comunque ogni cosa doveva diventare pura. L'autosantificazione di Feuerbach divenne pratica dopo più di mezzo secolo. Poiché egli aveva già proclamato, invero non con l'ampio, spaventoso sorriso degli uomini nuovi o dei super-uomini, ma piuttosto con allettanti sospiri: «Oh, quanto migliori, più veri, più puri di cuore erano i pagani, che non facevano mistero alcuno della loro sensualità!».

L'uomo di partito

«Ancient civilizations were destroyed by imported barbarians; we breed our own», scrisse lo storico inglese W.R. Inge, in un libro sull'idea di progresso che è apparso nel 1920. «Le civiltà del mondo antico furono distrutte da barbari importati; noi li alleviamo in noi stessi». In questa sede abbiamo cercato di descrivere alcuni segreti di questo allevamento. Molto ancora vi sarebbe da aggiungere, in primo luogo tra tutte le ulteriori emancipazioni una non è stata ancora considerata appieno: l'emancipazione della potenza e della violenza, che chiarisce le trasformazioni più essenziali dell'uomo negli ultimi tre decenni passati. Anch'essa è stata spiritualmente portata a compimento e circoscritta anzitutto da Nietzsche, ma certamente non da lui solo. Altri spiriti legati molto più da vicino alle reali forze politiche e sociali hanno contribuito in misura non certo minore a questo effetto; uno di questi è lo storiografo prussiano Heinrich Treitschke. Ispirato dalla stupefacente concentrazione di potenza e dal consolidamento della grande Prussia in Europa sotto Otto von Bismarck — un processo evolutivo che dal trattato di Olmutz (1850), attraverso tre guerre vittoriose raggiunge l'apice del congresso di Berlino (1878) — Treitschke, nelle sue lezioni berlinesi sulla politica, ripetute e ampliate nel corso di trent'anni, ha esaltato il valore della cosiddetta *Realpolitik*, conferendo idealità morale alla potenza e alla crescita di potenza dello Stato, dello Stato nazionale, e assoggettando a tale idealità ogni interesse individuale.

D'altra parte, uno scrittore come George Sorel, con la sua dottrina dell'«azione diretta» — specialmente dell'azione dello sciopero generale — ha adattato il concetto della violenza rivoluzionaria, sottratto ad ogni romanticismo delle barricate, ai moderni rapporti collettivi e alle necessità di organizzazione, al di là della fiducia marxista nel corso «obiettivo» della storia: anche questo fu un forte contributo alla liberazione della violenza in quanto tale. In ciò, il movimento operaio socialdemocratico e l'internazionale operaia hanno invece poca o nessuna parte, avendo essi anzi ostacolato l'esplosione, con la ripetuta condanna degli atti individuali di violenza nello stile degli attentati dei «nichilisti» russi (contro il generale Trepow nel 1878 e contro lo zar Alessandro II nello stesso anno); inoltre, la sempre più rigorosa formazione di una strategia di classe e di massa hanno reso pressoché impossibile una riflessione sul potere in quanto tale. «La lotta politica per la conquista del potere dello Stato», che, secondo le deposizioni di Liebknecht e Bebel nel processo di Lipsia del 1872 per alto tradimento, era l'unico scopo del movimento — e certamente anche una «necessità imperativa» per esso — doveva essere condotta essenzialmente con propaganda e organizzazione. «Mettere in campo masse organizzate, questo è il nostro compito più immediato», disse Liebknecht nella stessa occasione: le due settimane di dibattimenti di questo processo ruotarono per una parte rilevante soprattutto intorno alla definizione del concetto di rivoluzione, cioè se esso voglia dire un'insurrezione violenta, come l'accusa presupponeva, oppure un processo storico, un rovesciamento spontaneo della società, come gli accusati non si stancarono di spiegare: in ciò, il loro interesse difensivo e la loro fede «materialistica» nella storia e nell'evoluzione convergevano assai felicemente.

Propaganda e organizzazione, che certo non si danno di per sé ma devono essere energicamente esercitate — con gli occhi aperti sulla polizia e sull'esercito, quali armi della «classe dominante» o dello Stato — la propaganda e l'organizzazione erano e sono programmate per acquisire potere con la crescente pressione meccanica delle masse, per conquistare in primo luogo la maggioranza e alla fine la totalità. Nella socialdemocrazia, per lungo tempo le rappresentazioni delle forme di esercizio del potere cui si aspirava mantennero qualcosa di nebuloso. «Nei tempi della rivoluzione la dittatura è necessaria», ammise Liebknecht a Lipsia, ma aggiunse immediatamente: «non la dittatura di un singolo bensì la dittatura del club, del popolo, dei lavoratori, come in Francia nel 1793». Ma, in seguito, in nessun luogo si è fondata una dittatura collettiva che non fosse nel contempo anche dittatura di singoli. I nomi di Lenin, Mussolini, Hitler e Stalin lo attestano e per questo non c'è quasi bisogno di una discussione più dettagliata. Che cosa ne sarebbe stato della rivoluzione russa del 1917, se il governo imperiale tedesco non avesse concesso il libero transito a colui che dal 1903 era capo dei bolscevichi nel convoglio ferroviario chiuso dal confine svizzero a Pietroburgo!

«Tutti devono diventare lavoratori» — così suonava appena cinquant'anni prima la parola d'ordine, ancora con entusiastici accenti d'armonia, tuttavia diretta senza dubbio al fine della totalità in conseguenza di una semplice estensione. Un socialista svizzero, l'allora procuratore di Stato del cantone di Basilea, Bruhin, ha coniato la formula in occasione del quarto congresso dell'associazione internazionale dei lavoratori (1869), alla quale presiedeva. Ma nello stesso anno 1869, ebbe luogo quell'atto che piegò definitivamente questa speranza missionaria e il metodo di Bruhin (e di molti precursori) e determinò la via futura di questo, come di ogni altro «movimento» sociale o ideologico: la fondazione del partito socialdemocratico della Germania al «congresso di unificazione» di Eisenach. «La questione sociale è inscindibile da quella politica, la sua soluzione è la conseguenza di questa ed è possibile soltanto nello Stato democratico». Oppure, come è affermato ancora più incisivamente nel manifesto ginevrino del 1877: «...il proletariato, come autonomo partito organizzato che sta in opposizione a tutti i partiti formati dalle classi abbienti, deve adottare qualsiasi mezzo politico che possa condurre alla liberazione di tutti i suoi componenti...». Il proletariato come partito — non più soltanto come classe, bensì come partito: questa era la via al potere, con la propaganda e l'organizzazione. Società, sindacati, associazioni, leghe, cooperative; tutto ciò non bastava, poiché tutto ciò non costituiva un mezzo politico. In un senso, questo era un atto di adeguamento, poiché di partiti ce n'erano già, in Inghilterra come sul continente, ovunque esistessero parlamenti, grandi o deboli che fossero i loro poteri costituzionali: essendo stato applicato loro un nome di classe, da quel momento in poi i partiti esistenti si chiamarono partiti borghesi. In un altro senso, però, ciò rappresentò contemporaneamente un atto di schieramento per la lotta, una dichiarazione di guerra, poiché questo partito, a differenza della maggioranza di quelli esistenti, non poteva riconoscere la sua realizzazione nella partecipazione alla discussione e nella collaborazione parlamentari, anzi statuali in genere, bensì poteva aspirare alla libertà politica di nuovo soltanto quale mezzo e transizione per la «liberazione economica della classe lavoratrice». Il partito non è un mucchio disordinato, ma un esercito ben disciplinato, che conduce la sua assidua lotta «contro il moloch mammona», scrisse Liebknecht. E questa teoria strategica del partito in seguito è stata sviluppata da Lenin e in ultimo da Stalin, da questi a suo modo classicamente, in particolare in quella lezione sull'essenza del partito che egli ha tenuto all'università di Sverdlovsk nel 1924: qui il partito appare come l'avanguardia mobile rigidamente organizzata dalla classe, la sua direzione come stato maggiore di questa. Nel dominio totalitario del partito, il mezzo di una volta s'è trasformato nel fine. I partiti di questa specie, nel nostro secolo hanno sopraffatto lo Stato e se ne sono impadroniti come cosa propria, nel caso dei bolscevichi altrettanto bene che nel caso, ideologicamente articolato del tutto diversamente, dei fascisti di Mussolini e dei nazionalsocialisti di Hitler. Essi divorano gli stati e schiacciano le chiese.

E mentre Liebknecht ancora ha riaffermato che la «concezione del mondo» del socialismo impone la «tutela della libera personalità», i quadri di partito del nostro secolo, prodotti di una severa scuola di formazione e centralmente diretti, da lungo tempo hanno gettato a mare simili pregiudizi liberal-borghesi. Qui vale soltanto la «fedeltà alla linea» o la «cieca ubbidienza», l'ente-classe di prima s'è trasformato in ente-partito, il lottatore di classe in un soldato di partito. In simili sistemi, l'individualità è eliminata: sicuramente questa più recente metamoforsi o trasformazione in crisalide dell'uomo, in nessun luogo è stata esposta e rappresentata più chiaramente e più magistralmente che nella parabola della *Linea di condotta*, che il poeta Bertolt Brecht ha composto secondo l'intenzione di rendere il più alto onore al partito e all'ubbidienza, ma in realtà per il loro simbolico disvelamento: «Allora non siete più voi stessi, tu non più Karl Schmitt di Berlino, tu non più Anna Kjersk di Kazan e tu non più Peter Savvič di Mosca, bensì tutti insieme, senza nome né madre, fogli in bianco su cui la rivoluzione scrive i suoi ordini».

La figura nascosta

Dove si trova ora l'uomo? Che cos'è l'uomo nel suo essere reale e che cosa può e deve diventare? Il proletario, l'ente-classe, il filantropo umanitario, il trasfigurato dio-uomo e onnipotente borghesuccio, il sergente istruttore, il nuovo barbaro, il soldato di partito di ogni colore, il funzionario, il condannato, condannato alla libertà, come lo dichiarano gli esistenzialisti — sono queste le risposte all'interrogativo su noi stessi che spirito e storia di cento anni ci hanno dato? C'è l'uomo in tutta questa orrenda, sconsiderata, marziale, ridicola e commovente mascherata? O questo era soltanto il groviglio delle linee e delle curve, che di volta in volta incantano per un momento lo sguardo indagatore, finché esso si perde nell'informe e si stanca? Ci coglie la malinconia. Sembrano solo vie errate, solo falsificazioni, solo gioco di prestigio e decadenza. Non c'è verità in quest'immagine enigmatica della storia.

Naturalmente non c'è. L'immagine si deve capovolgere. La verità si trova nel futuro. La figura dell'uomo si trova nel futuro. Qui ed ora ha inizio la decifrazione, in ogni singolo. Ma le maschere e le metamorfosi della storia, specialmente di questi ultimi cento anni nella vecchia Europa, delle quali tutti portiamo ancora su di noi o in noi elementi e tracce, sono altrettanti moniti: ad essere prudenti, estremamente prudenti, con noi stessi. Nessun cavo d'alta tensione, nessun processo di fissione nucleare, nessuna forza della natura, è in generale così pericoloso come l'uomo è pericoloso per se stesso. Ogni passo deve essere accuratamente considerato. Ma nondimeno dobbiamo uscire da tutte queste pelli avvizzite, dobbiamo progredire, senza poter confidare in un «progresso» autonomo. Avanti, verso la natura dell'uomo.

[Per le citazioni da L. Feuerbach si è fatto riferimento a *L'essenza del Cristianesimo*, Milano, Feltrinelli, 1971; per Nietzsche: *L'Anticristo*, in *Opere*, VI, 3, a cura di F. Masini, Milano, Adelphi, 1975^2; *Così parlò Zarathustra. Un libro per tutti e per nessuno*, in *Opere*, VI, 1, a cura di M. Montinari, Milano, Adelphi, 1979; per B. Brecht: *La linea di condotta*, in *Drammi didattici*, Torino, Einaudi, 1980].

6. Alto mare e naufragio

Per la storia di un'allegoria

È con commiserazione, forse non scevra da un certo compiacimento, che di qualcuno si dice: «ha fatto naufragio nella vita».[1] Ma se in ciò è percepibile una sfumatura di alterigia morale — nel senso che deve imputarlo a se stesso, è stato troppo avventato (o simili) — questo non è affatto essenziale all'immagine in sé. Completamente sottratta ad ogni morale, essa vieta infatti automaticamente anche ogni forma di giudizio, ogni esame causale o psicologico del caso. Il «naufragio» può presentarsi nei singoli casi al senso empirico come conseguenza di complicazioni economiche, false speculazioni, come dissesto familiare, malattia, perdita di prestigio o qualcunque altra cosa: una volta però usata la formulazione allegorica, essa gli imprime immediatamente il suggello dell'evento naturale, la cui suggestione figurativa mette in ombra ogni spiegazione analitica più particolareggiata. Il naufragio allegorico si compie al di là del bene e del male, anzi della fede e della mancanza di fede, nell'assenza di Dio e del diavolo, al di là di ogni vincolo e obbligo della convivenza umana.

[1] Questo studio è apparso per la prima volta nel fascicolo dell'agosto 1935 della «Neue Rundschau» edita da Fischer, dunque in un'epoca in cui in Germania, secondo il modello del fascismo italiano e del nietzscheano Mussolini, l'idea del «vivere pericolosamente» era diventata dominante e universalmente prescritta. Il testo di allora in questo punto conteneva ulteriori esposizioni sul motivo del «naufragare» nella filosofia dell'esistenza e della vita di Ludwig Klages: nella versione presente sono abolite, perché sarebbero una deviazione dal contesto storico, dalla caratterizzazione del secolo XIX. Sia consentito un altro richiamo. In una conferenza del 1941 su *Vita felice e vita pericolosa* ho già discusso l'antitesi di felicità e rischio, che qui è accennata, questa volta seguendo non già l'iconografia allegorica ma autori filosofici rappresentativi, come Montesquieu e Nietzsche. (La conferenza è ristampata nel volume di saggi *Figuren der Fabel* pubblicato nel 1950 da Suhrkamp).

Eppure, esso possiede un'assai singolare capacità di caratterizzare avvenimenti di solito concepiti altrimenti come terrestri, da un punto di vista umano, sociale e morale. Nell'istante stesso in cui la cosa assume quest'immagine o viene in essa formulata, la questione di colpevolezza non si pone più, né alcuno assume la responsabilità per l'accaduto, che d'altro canto non necessita di una spiegazione ulteriore. Egli ha fatto naufragio, appunto.

Quantunque la società, che linguisticamente si esprime in conformità alla convenzione secondo cui tale metafora in questo caso è applicabile e legittima, lo emargini, lasciandolo in balia dell'oceano profondo del suo destino o del suo destino come oceano, non per questo chi ha fatto naufragio è abbandonato. Nel discorrere che si fa di lui con tali espressioni, invece, l'immagine l'accoglie in sé; lo scenario sublime solo occasionalmente evocato, il mare sferzato dalla tempesta e l'orizzonte tenebroso, non può certo soccorrere lo sventurato né sollevarlo dalla sua sofferenza, gli conferisce però una specie di trasfigurazione profana che lo salva dalla nullità. Così, nel momento dell'affondamento tra i rottami del suo relitto, egli resta in salvo nell'immagine, pur senza serbare certo tratti individuali. Così, per un istante, l'immagine dell'avaria sottrae l'evento, cui di volta in volta ci si riferisce, ad ogni concezione della vita borghese, ad ogni valutazione basata sui correnti criteri morali. E non solo questo: essa apre anche un campo che, senza eccezione, è del tutto incommensurabile rispetto a tutti i sistemi di valori o agli stili di pensiero, nella costruzione dei quali si è cercato di fissare l'evoluzione spirituale degli ultimi decenni passati. Ma il fascino di questo campo di immagine è invece così straordinario che i più diversi, anzi i più opposti movimenti di pensiero — coincidendo in ciò con l'uso linguistico quotidiano — ne appaiono talmente impregnati che il fluttuare delle idee — a ben vedere e in considerazione del linguaggio — è raccolto dalle reminiscenze, pur frammentarie, di quell'immagine.

Infatti, nella diffusione dell'idea del «vivere pericolosamente» proclamata da quest'epoca, nella svalorizzazione o addirittura derisione della sicurezza dell'esistenza umana, frutto del lavoro di millenni nel disprezzo della vita in casa (in senso letterale come simbolico), della felicità dei singoli come delle masse, nel rifiuto della possibilità di riposare alla fine in patria e nell'esaltazione invece del rischio, della lotta e dell'insicurezza dell'esistenza: in tutti questi casi è in gioco anche l'immagine del mare tempestoso e dell'avaria.

Di quest'immagine ci fu un grande periodo, in cui essa fece addirittura epoca, chiamato comunemente *Gründerzeit* a seguito degli eventi economici avviati dall'unificazione del *Reich* tedesco.

Chiunque abbia avuto occasione di osservare le riviste per famiglia o anche i racconti illustrati di quegli anni, rammenterà non poche di quelle scene che rappresentano il mare mosso che ribolle, l'orizzonte oscuro e l'uomo solo con la camicia lacerata che, aggrappato allo spezzone dell'albero, volge il viso in lontananza, più di rado al cielo, e nella sua disperazione estrema, ma sempre composta, con lo sguardo sembra ancora cercare una salvezza insperata. Ancora oggi, occasionalmente, in alcune abitazioni o nei negozi d'arredo artistico, si trovano le copie o i discendenti di questa tematica pittorica e grafica, largamente diffusa negli anni settanta e ottanta: «Tempesta e periglio», o «Vento forza 11» o ancora «Notte tempestosa e mare in burrasca».

Per sondare un interesse così singolare e straordinario per simili motivi, si può considerarli puramente secondo il loro contenuto e ordinarli in alcuni gruppi, senza forzatura. Uno di questi è costituito dalla rappresentazione di un mare senza uomini o navi, ma di per sé violentemente agitato, ribollente, con le masse di onde coronate di schiuma, che spumeggiando ritmicamente si rompono sugli scogli o sulle muraglie. La natura dell'immagine si basa qui sul fatto che il paesaggio delle acque, ben lungi dall'essere una veduta incorniciata, preme dalla lontananza verso il margine dell'immagine ed oltre fin verso l'osservatore. All'interno dell'immagine, il mare non ha alcun confine; non però in modo che l'occhio dell'osservatore vagando sia indotto in qualche maniera ad afferrare l'infinito in un momento: esso urta dappertutto direttamente con il margine e la cornice reali e si addensa in avanti sulla parete come «onda» o «frangente», che illusionisticamente sembra rovesciarsi e volere ancora sommergere lo stesso osservatore. La «minaccia» dell'elemento — trattenuta in tal modo dall'estrema conseguenza — che inghiotte ogni cosa ma in realtà non annienta nulla in particolare, splendidamente racchiuso, arginato e trattenuto com'è nella cornice dorata, costituisce il significato autentico di queste immagini e giustifica il fascino che esse esercitavano. La stasi dell'elemento minaccioso, la furia esteticamente fissata del regno della natura esteso al di là di ogni costa, mai solcato e sottratto ad ogni ordine visivo, portava nelle abitazioni, o meglio nelle stanze, un momento visivamente percepibile dell'infuriare, come un drappeggio irrigidito di potenza e di libertà, inducendo chi l'osservava e l'aveva intorno a sé a tradurre metaforicamente nella sua sensibilità tutto questo ribollire, minacciare e scrosciare. (L'*Onda* di Courbet — modello di numerosi successori — che sembra sul punto di rovesciarsi spumeggiante sulla sottile striscia di spiaggia in primo piano, fu esposta per la prima volta esattamente nell'anno 1870).

L'inebriante pericolosità di questo oceano vuoto (che però nello stesso Courbet appare pervasa da un'oscura malinconia) si concentra nella visione del naufragio. Il motivo senza dubbio ha un'ampia e lunga preistoria, ma in quegli anni del nuovo *Reich* tedesco i numerosi fogli largamente diffusi, già ricordati al lettore, possedevano tuttavia un carattere che, in modo inconfondibile, si distacca da ogni precedente versione del tema, pur alimentandosi delle ragioni ultime di tale tradizione. Come in precedenza Courbet, si sarebbe ora tentati di citare Géricault e Délacroix, come coloro che nel secolo diciannovesimo per primi dettero al tema una grandiosa configurazione scenica: con la *Zattera della Medusa* il primo, con il *Naufragio di don Giovanni* il secondo. Se ne sarebbe tentati, se entrambi i celebri dipinti del Louvre non fossero così sorprendentemente lontani dal rappresentare la natura dell'oceano: non è ad essa che mirano quanto alla *nature humaine*. La massa dei corpi nudi che cascanti, irrigiditi, contratti, incurvati e già abbattuti dalla morte si accatastano tra loro in un groviglio; il variare dei gesti e delle espressioni, da una disperazione di gretta vacuità a una disperazione furiosa, dall'immobilità cadaverica al vorticare della speranza, fanno dei due quadri quasi opere didascaliche di fisiognomica e di mimica delle emozioni forti. L'alto mare costituisce più un motivo puramente concettuale che figurativo in tale ammassata dimostrazione. Questa psicologia delle possibilità estreme (che ha una grande tradizione in Francia) era già prefigurata nel racconto della catastrofe della *Medusa* (luglio 1816) fornito da uno dei superstiti, e che ha ispirato Géricault: «Alors la faim, la soif, le désespoir armèrent ces hommes les uns contre les autres. Enfin, le douzième jour de ce supplice surhumain, l'*Argus* recueillit quinze mourants» (allora la fame, la sete e la disperazione aizzarono questi uomini gli uni contro gli altri. Nel dodicesimo giorno di questo supplizio sovrumano, infine, l'*Argus* raccolse quindici moribondi).

Certo l'abbondanza dei corpi atletici, in parte afflosciati in parte tesi, raggruppati in uno spazio ristretto, sembra costituire un contrappeso all'intrepidezza con cui questi pittori descrivono larve deformate dall'agonia. Ma, in verità, si tratta soltanto dei modelli sempre ugualmente perfetti dell'anatomia classicistica, con i quali era possibile rappresentare tanto i momenti più sublimi quanto quelli più cupi delle emozioni umane e la cui interagibile validità fu minata per la prima volta da Daumier con la derisione della deformazione plastica[2]. Nello stesso periodo a Weimar anche Goethe, quantunque passeggiasse tra i calchi di statue antiche, una volta ha tessuto le lodi di un dipinto che rappresentava il diluvio universale nel modo più spaventoso, con le espressioni e i gesti di un gruppo di uomini accalcatisi su una sommità di poco sporgente dai flutti.

In confronto a tutto ciò, la configurazione del tema presentata dai fogli tedeschi degli ultimi trent'anni del secolo è completamente cambiata. Le onde del mare che là non intaccavano affatto la perfezione dei corpi umani né li lambivano, tanto che restavano completamente asciutti, qui riempiono l'immagine, lambiscono e avvinghiano le figure dei naufraghi, inzuppano i brandelli di vestiti che essi ancora portano, formando in tal modo non solo una situazione ambientale astratto-paesaggistica ma per così dire un pezzo o una metà della figura dello stesso naufrago. Il relitto, da molto tempo in balia delle onde e colto nell'immagine un attimo prima della distruzione completa, lascia intravvedere

---

[2] Lo storico dell'arte Eduard Hüttinger indica con più precisione i modelli di Géricault. A proposito della *Zattera della Medusa*, egli scrive: «Géricault dà configurazione ad una psicologia delle possibilità più estreme e della mimica caricata di emozioni forti. Mostra la sopportazione eroica di un destino terribile che colpisce esseri umani senza nome. Ma sottoponendoli ad uno studio di modelli formato alla scuola del mondo dei corpi di Michelangelo, e anche di Rubens, l'artista conferisce all'accaduto un pathos entusiasmante e una passionalità inaudita; la visione "realistica", apparentemente senza presupposti, ad ogni passo si collega a paralleli esemplari classici». Il trattato *Der Schiffbruch, Deutungen eines Bildmotivs im 19. Jahrhunderts*. [Il naufragio. Interpretazioni di un motivo figurativo nel secolo XIX] in *Beiträge zur Motivkunde des 19. Jahrhunderts*, München, 1970, da cui questa citazione è tratta, tocca anche la preistoria classica e cristiana dell'allegoria del viaggio in mare. Particolarmente illuminante mi sembra il rinvio a significati escatologici: «Il mare è il luogo dell'atto di salvezza del Messia nella tempesta di mare escatologica» (p. 218); la formulazione allude ad una ricerca del teologo Erik Peterson (*Das Schiff als Symbol der Kirche*, in «Theol. Zeitschrift», 6, 1950). Però Hüttinger espone poi soprattutto un materiale ricco di elaborazione post- o pre-cristiane, che mancano quindi della figura salvatrice e anzi le si oppongono, dalle versioni idilliache alle nichilistiche. Delacroix appare come la figura più potente; accanto al Don Giovanni, di lui sono riprodotte e discusse altre tre rappresentazioni di naufragio o di pericolo in mare. Riguardo all'arte dozzinale della *Gründerzeit*, Hüttinger si riferisce espressamente al mio saggio del 1935.

appena il troncone sbrecciato dell'albero, le gomene aggrovigliate e un brandello della vela. Pur in mezzo a tali elementi scenici, la figura umana appare ritta e energica, per lo più indicando solo con una torsione veemente del capo e del busto, di lato o verso lo sfondo, che crede ancora nella salvezza, anche se appare perfettamente pronta ad affondare. Nulla nell'espressione del viso del naufrago tradisce una qualche alterazione del suo animo, né disperazione né rassegnazione al suo destino, ma neppure trionfante sfida. A differenza degli occupanti della zattera della *Medusa*, «qui s'armèrent les uns contre les autres», talvolta egli si propone anche come salvatore, reggendo tra le braccia le belle membra abbondonate di una figura di donna svenuta, la cui folta capigliatura ondeggia libera nella tempesta. In quell'epoca, infatti, la figura del naufrago in genere non è tanto distante da quella del salvatore «dalla tempesta e grave pericolo», dell'uomo con stivaloni, giacca e cappello d'incerata, quanto lo stato delle cose potrebbe far supporre.

Il reparto di pilotaggio o di salvataggio, gli «uomini resistenti alle intemperie», come recita l'espressione dell'epoca, che sul molo o sulla spiaggia segue con attenzione l'uscita del battello di salvataggio che danza sulle onde (la terza immagine tipica qui citata), parimenti avvolto da schiuma e risacca, che si staglia sullo sfondo del cielo tenebroso e dell'abbagliante striscia di luce all'orizzonte: in fondo si tratta della medesima combinazione di momenti presente nell'immagine del naufrago.

Ciò che questo come quel tipo di invenzione scenica hanno fissato è il genere eroico del vivere pericolosamente per antonomasia; dall'uno all'altro, la variazione appare insignificante di fronte a ciò che li unisce. E non importa poi molto che, considerati dal punto di vista dell'interpretazione letteraria, si tratti di supporti illustrativi essenzialmente diversi nel racconto dell'evento «naufragio e salvataggio»; né importa che in un caso e nell'altro chi agisce abbia anche caratteri esattamente opposti, che a costituire il senso della scena siano in un caso l'impotenza, nell'altro, al contrario, la potenza dell'uomo nell'affrontare la natura. Nella misura in cui rappresentano uomini nella burrasca e tra i marosi, il naufrago e il pilota si equivalgono.[3]

[3] Questa figura dell'uomo nella tempesta appare già delineata con singolare anticipo in una poesia che risale a circa cento anni prima delle immagini esaminate qui: in *Viaggio in mare* di Goethe (del 1776). Così l'ultima strofa:

Tra l'altro, fu la stessa pubblicità della «Società tedesca per il salvataggio dei naufraghi» che si sforzava appunto di portare maggiore sicurezza in un campo rimasto per tanto tempo insicuro, a favorire in larga misura le rappresentazioni di un ambito che resta al di là di ogni calcolo, in cui nessun argine e nessuna cautela della *ratio* può fronteggiare l'erompere improvviso dello strapotere di forze selvagge della natura. Da certi indizi, si può concludere che in tutta la nazione anche la fantasia di pittori e disegnatori, come del resto quella di scrittori e, infine, dello stesso linguaggio corrente, si è accesa proprio grazie alla diffusione del progetto che quell'associazione serviva. Tutta la sfera del pericoloso oceano si trasforma addirittura in un mondo opposto alla società borghese dell'epoca: un mondo, la cui visione coloro che vivono nella sicurezza sono spinti a tenere costantemente presente in segreto. Ma non è soltanto un mondo opposto.

Nel saggio sull'arte tragica, Schiller ha analizzato il conflitto interiore che le sensazioni di colui che assiste al sicuro ad un avvenimento pericoloso rendono così degno di nota: «Una burrasca che fa affondare un'intera flotta, vista dalla riva, diletterebbe la nostra fantasia con la stessa forza, con cui agiterebbe i sentimenti del nostro cuore; sarebbe difficile credere con Lucrezio che questo piacere naturale provenga dal confronto della nostra propria sicurezza col pericolo scorto».

Non potrei tralasciare qui la citazione del passo del poema *De rerum natura* di Lucrezio che Schiller aveva in mente, poiché esso è estremamente pregnante, nella sua sobrietà latina e quasi compiaciuta avversione per l'avventura, ed è qui in grado di dare un risalto perfetto al nostro argomento:

> Bello, quando sul mare si scontrano i venti
> e la cupa vastità delle acque si turba,
>
> Ma virilmente egli resta al timone.
> Colla nave giuocano i venti e le onde,
> non con il cuore suo.
> Dominandolo nell'irato abisso
> e confida, sia che approdi o che naufraghi,
> nei suoi numi.

È l'ultima proposizione che differenzia questo carattere dalle figure di genere qui all'esame e lo rivela come classicistico. La somiglianza resta tuttavia impressionante. Hüttinger dà anche questa indicazione nel saggio prima citato (p. 226), che cita anche i lavori storico-letterarî sulla storia del motivo.

> guardare da terra il naufragio lontano:
> non ti rallegra lo spettacolo dell'altrui rovina,
> ma la distanza da una simile sorte.

La soluzione personale di Schiller a questo enigma è così nota che è sufficiente accennarvi: egli la trovò in una «disposizione originaria dell'animo umano», ossia nel «piacere della compassione», che per lui era identica al trionfo della ragione morale sulla sensibilità così intensamente toccata dalla sofferenza osservata, e serviva da fondamento psicologico al suo concetto dell'arte tragica. Il contrario della distruzione osservata e della compassione provata nell'osservare e che permane dopo la distruzione: questo contrario, non la semplice autoconferma lucreziana della sicurezza, costituisce per lui il piacere tragico e lo spettacolo tragico. Certo, in tal modo ciò che tutto comprende e su tutto trionfa resta la sensazione dello spettatore, ma non nel senso della sicurezza empirica. Non già perché la «burrasca» di Schiller non fronteggi affatto gli avvenimenti della storia e della società umana, in quanto immagine pura della natura, ma, al contrario, perché rappresenta un'allegoria della storia stessa, che inghiotte e annienta (che anzi forma il sostrato e l'oggetto autentico dei suoi drammi). Invece, il borghese benestante del tardo secolo diciannovesimo si sapeva all'interno della sua società civilizzata, con i suoi mille argini di sicurezze e protezioni contro tutte le avversità della natura; il mare rappresentava pertanto l'aspetto affatto diverso della storia. Ecco perché ha bisogno di immagini della natura più forti che idilliache, e lascia che, sia pure in cornice, i marosi si frangano fin dentro le sue stanze e in abbandono ascolta il loro ribollire. Dall'allegoria è scaturito una sorta di genere. Interpretato in modo unitario, il naufragio come allegoria rappresentava la transitorietà del mondo in generale; il naufragio come genere è uno spioncino sulla vita pericolosa, che non ci appartiene e di cui tuttavia si fa uso.

Il punto non si esaurisce in ciò. Sotterraneamente, il significato allegorico continua. La sicurezza dell'esistenza borghese, l'ordine e il benessere della vecchia economia borghese, basata sul calcolo e sulla fiducia, nell'epoca delle «concentrazioni industriali» si rovescia. Crisi e fallimenti scuotono le fondamenta dell'edificio capitalistico, nella vita economica di quegli anni l'avventura delle grosse speculazioni porta un elemento di incalcolabilità e di pericolo reale, che oltrepassa ogni normale rischio commerciale. La fiducia diventa problematica, sia nel singolo socio d'affari che nel funzionamento armonico dell'intero sistema. È quanto accade al singolo, che desidera ordine e sicurezza e non capisce più le rovine che si svolgono sotto i suoi occhi, che dal suo osservatorio limitato non è più capace di dominare tutto il regno dei valori che minaccia di divenire caotico, mare tempestoso che ondeggia su e giù. Ossia, questa moderna realtà economica della grande industria e degli affari, con i suoi legamenti recenti certo vari ma razionali, ha in sè la possibilità di schiumare da un momento all'altro in mille punti contemporaneamente e, una volta messa in movimento, di risolversi in un tumulto che distrugge ogni cosa. «Burrasca e tempesta» o «mareggiata» divennero il simbolo della crisi, dunque di nuovo allegoria della storia, nella misura in cui questa consiste o si muove nelle crisi.

Tuttavia l'allegorico non può diventare prevalente, perchè la storia non può consistere in crisi, nè l'ordine economico può autodistruggersi. In tale mare sconvolto, un punto fermo deve essere trovato, un'immagine e un principio di riorganizzazione e di ricostruzione devono essere stabiliti. E come tale punto fermo nel mare appare l'uomo erculeo sul relitto o il pilota nel battello di salvataggio, che indossa abiti d'incerata e stivaloni. Si concentrano nella sua figura l'attesa e la speranza, tanto nella restaurazione dell'ordine economico, come pure in un legame rinnovato della società che si disgrega, poichè egli non appartiene ad alcuna classe, non è un operaio né un imprenditore, non è un aristocratico né un borghese. Viene dal mare, dal mondo opposto dell'avventura, dal regno puro della natura, è pratico delle sue insidie e pericoli, per così dire ancora irradiato come da un'aura dalla schiuma della risacca: il «salvatore». Con il nome poco appariscente di Reinhold Schmidt, così l'ha descritto Spielhagen in *Sturmflut* [Mareggiata], il suo grande romanzo documentario apparso nel 1877: è il semplice capitano di nave, diventato poi ispettore di pilotaggio e, infine, relatore ministeriale. È esattamente quel naufrago o pilota di cui ho citato l'immagine dipinta, con i medesimi tratti indistinti, la medesima vaga espressione mai ben visibile di «bellezza e di forza» del volto; è il «prestante uomo di mare con i rilucenti occhi azzurri» oppure «l'uomo al timone», che, in un modo che si direbbe quasi inumano, resta sempre uguale, le cui espressioni lungo le ottocentotrentasei pagine del libro non una sola volta mostrano una traccia di ansia né di apprensione, né della tensione dell'animo o della fatica, dopo aver compiuto un'azione di salvataggio. È proprio lui, dalle cui «forti braccia» la bella fanciulla naufraga si sente improvvisamente avvinghiata, così da «riuscire alla riva sicura, ella stessa non seppe come, senza bagnare il piede»: eppure questa sua virilità è così salda, così poco commossa dalla passione o dall'ambizione, che meglio la si definirebbe asessuata. Persino quando è preso dall'amore, egli non dà altra immagine di sé che quella dell'uomo solitario sulla duna, minacciato dal mare tempestoso che lo assedia da ogni lato.

E come dalla «mareggiata», ora da intendersi alla lettera, egli ritorna intatto, meno che mai ferito o sfinito dall'azione di salvataggio, non diversamente da come vi entrò, così da lui scorrono via anche le acque di quella mareggiata che qui, sommersa la terraferma della società, cominciava a minarla e a spezzarla. Questa figura dello sconosciuto uomo di mare attraversa tutti gli «ambienti» che il romanzo presenta, il militare-aristocratico, quello dei commercianti e quello degli speculatori, degli «industriali» e dei lavoratori, restando perfettamente integra, come uno spettrale fermento per sanare questa società lacerata. Prendendo in moglie la figlia del generale, egli concilia la nuova borghesia e l'antica nobiltà militare, ma sempre come un essere fantomatico quasi passivo, non come un soggetto che agisce. E lo stesso mare la stessa mareggiata — allegoria della confusione dell'ordine sociale e economico — che da lui era stata profetizzata come scatenamento apocalittico di forze demoniache a lungo bloccate, questa stessa mareggiata appare poi come una forza della natura, misteriosamente alleata con il salvatore: con il massimo raziocinio — silenzioso tribunale penale senza discussione morale — essa inghiotte gli attentatori alle fondamenta del credito, gli «affaristi dell'industria» e gli speculatori, tutti gli uomini oscuri e i finanzieri avidi di potere, privi di morale. Senza discussione morale; infatti, qui la natura fa giustizia da sé con precisione: ai superstiti, fra i quali il salvatore, non resta che rendere grazie al destino, «che risospinge nella sua profonda oscurità ciò che mai avrebbe dovuto vedere la luce del giorno»[4].

[4] Poiché la mareggiata in definitiva si assume parte del lavoro del Giudizio universale e, riguardo a ciò, rappresenta per così dire la vendetta infernale, pur in una testimonianza così tarda sembra aleggiare ancora qualcosa di quel significato escatologico della «tempesta marina» menzionato prima (nota 2). In effetti ciò che qui, nel romanzo di Spielhagen, risale dai flutti, è una specie di

In tal modo, il genere riporta la vittoria sull'allegoria. Dai flutti emerge un mondo purificato e unito; o meglio: gli altri flutti, che appartengono inscindibilmente all'immagine del pilota, si distaccano dalle acque più oscure, la cui potenza devastante si ritrae, dopo avere compiuto la sua opera. Questo genere eroico resta il simbolo sotto il quale hanno inizio la riorganizzazione e la riconciliazione della società e il ristabilirsi della fiducia. La pericolosa vita del mare, guardata prima come un lontano mondo opposto, viene recuperata. L'immagine del pilota esce dalla sua cornice e, in questa nuova esistenza, gli sono affidati i compiti supremi da assolvere.

Questa figura di nuova e forte circolazione ricevette rinforzo da altre fonti. In essa risuonò il metaforismo poetico dei combattimenti per la libertà, risvegliato dalla memoria nazionale pengermanica nell'impero di Bismarck. Il *Canto degli uomini tedeschi* del 1812:

> Ulula la tempesta, ribolle il mare;
> fatevi avanti, pensieri grandi e difficili,
> avanti, con la pioggia e il temporale!
> Esultano di piacere le nostre vene;
> arditi e temerari, contro di voi
> il petto spingiamo, noi uomini tedeschi.

Oppure il regno naturale della libertà di Ernst Moritz Arndt, che già conteneva i due stessi agitati elementi tra i quali si colloca *L'uomo*:

> Fremete venti, spumeggia mare!
> Più grande è il fremito nel mio cuore.
> Abbattiti, tempo di sciagura!
> Caparbio, il coraggio vuole innalzarsi.
> Si gonfia il flutto, fino alla casa del cielo,
> ma lui non getta l'ancora;
> fulmini imperversano, dall'abisso infernale,
> non obliquo guarda il suo franco occhio.

«nuova terra» (anche se non un «nuovo cielo»). Il filosofo Hans Blumenberg ha studiato a fondo il tema in *Schiffbruch mit Zuschauer* (Suhrkamp, 1979, trad. it. *Naufragio con spettatore*, Bologna, Il Mulino, 1985) come una «metafora dell'esistenza», di cui ricostruisce i percorsi e i significati, risalendo fino all'antichità classica.

E già qui, in condizione di paesaggio metaforico — come più tardi quel naufrago dell'immagine di genere — in ogni affondamento resiste il «coraggio» che si esibisce astrattamente, un'autocoscienza priva d'oggetto che, come uno spirito, si libra in volo su acque apocalittiche disdegnando il segno cristiano dell'ancora:

> si schianti pure naufrago il mondo,
> solo il coraggio resta calmo;
> sì, il cielo stesso rovini —
> dio tra gli dèi sarà il coraggio!

In tal modo, all'inizio del secolo i portavoce della libertà politica si circondarono dei segni e delle immagini della natura preistorica e pre-umana — fiumi, mare, tempesta e rocce —, resero attivi e aggiornarono la visione romantica e lo sguardo retrospettivo nell'arcaico, nell'anelito di mobilitare l'elemento del tutto indomato contro le potenze storiche, che si sforzavano di scardinare. I loro atti sarebbero rimasti anarchici, esattamente come li concepiva il loro linguaggio, se la direzione e i limiti della loro azione non fossero stati ad essi tracciati dai capi effettivi della guerra contro Napoleone. Anche per questo, più tardi, questo mondo di immagini, quando risorge o torna a vivere incisivamente al servizio dell'idea nazionale, impallidisce nella semplice similitudine poetica. «Un grido risuona come rombo di tuono, come cozzo di spade e urto di onde» oppure: «resistete nel fragore della tempesta».

Questa tradizione del canto goliardico e patriottico, che nell'impero dopo il 1871 è divenuta generale e per così dire ufficiale, si aggiunge al genere trionfante del naufrago o del pilota e costituisce un momento nella figurazione del legittimo «vivere pericolosamente», un ingrediente di durevole effetto dell'orgoglioso sentimento imperiale. L'aspetto paradossale di questa evoluzione è che, in effetti, qui il mare è salito sulla terra, come al ministero è salito il pilota Schmidt abituato alle tempeste di Spielhagen.

Per quanto ci si possa avvicinare al suo chiarimento, il pensiero resterà singolarmente inquietante: il pensiero che questi dipinti eroici del vivere pericolosamente, questo elogio del tragico naufragare, che sembrano rifiutare la speranza e disprezzare la felicità, si rivelano immagini consolatorie, in cui sono colti conflitti reali e con cui sono evocati pericoli reali. Forse è lecita la conclusione opposta: di questi pericoli reali non si rende meglio conto chi, stando a terra, lavora con tutte le forze dell'intelligenza alla costruzione del suo «guscio di chiocciola»? O non saremmo capaci di fare nulla di meglio che nasconderci in un simile scenario irrigidito?

[Trad. it. consultate: A. Corréard - H. Savigny, *La zattera della Medusa* (1818), Milano, Bompiani, 1939; F. Schiller, *Dell'arte tragica*, in *Saggi estetici*, Torino, Utet, 1968; Lucrezio, *Della natura*, a cura di E. Cetrangolo, Firenze, 1969; J.W. Goethe, *Opere*, V, a cura di Lavinia Mazzucchetti, Firenze, Sansoni, 1961.]

7. Aspetti del carattere borghese

Un tema come questo sembra fatto apposta per suscitare timori pieni di sospetti. Significa che qui ancora una volta verrà inferto alla coscienza borghese uno di quei colpi critici o verrà compiuta una di quelle lancinanti considerazioni autopunitive, quali si sono susseguiti quasi senza pausa già da cent'anni, suscitando un teso vigilare tanto ansioso, una sensibilità tanto dolente, una coscienza tanto timorosa? Stando così le cose, si può probabilmente far conto soltanto su pochi singoli perché un tale tema risvegli speranze, speranze di consolazione e salvezza, di rafforzare e di riportare in vita questa tormentata autocoscienza borghese. In realtà si considera quasi stabilito che, per dirla in breve, il carattere borghese sia un carattere cattivo, dopo che dai tempi di Marx la borghesia in quanto classe è stata provvista del marchio dell'ipocrisia, dopo che a partire da Nietzsche l'essenza borghese in quanto fenomeno spirituale e morale è stata ricoperta con l'ingiurioso appellativo di filisteismo e dopo che la critica e la dissoluzione della morale borghese, dapprima dal lato dei *bohémiens* e dei letterati e poi dal suo stesso centro, sono progredite in modo tale che difficilmente si troverà ancora qualcuno che voglia chiamarsi borghese.

Tanto più grande fu la nostra sorpresa, allorché all'inizio dell'anno 1948 venimmo a conoscenza di un documento, in cui uno dei più significativi studiosi tedeschi, esattamente di quell'epoca che ci siamo abituati a considerare e a definire di preferenza come borghese, e cioè Theodor Mommsen, nel tono del lamento più amaro, anzi della rassegnazione, ha formulato la memorabile frase: «Io ho desiderato essere un borghese». Su uno di quei delicati fogli di carta da lettere, come si usavano allora, certo nel presentimento anticipato della propria fine, nell'anno 1899, l'ultimo del secolo diciannovesimo, il secolo borghese, l'ottantaduenne Mommsen ha vergato una confessione testamentaria, il cui contenuto rappresenta il lascito più segreto del celebre uomo — e se lo si legge senza conoscere l'autore, si potrebbe pensare di ascoltare le parole di un uomo fallito, profondamente deluso. «Non ho mai avuto né mai perseguito — così vi si dice più precisamente — una posizione politica e un'influenza politica; ma nel mio essere più interiore e, ritengo, con il meglio di ciò ch'è in me, sono sempre stato un *animal politicum* ed ho desiderato essere un borghese. Ciò non è possibile nella nostra nazione, nella quale il singolo, anche il migliore, non va oltre il servizio nei ranghi e il feticismo politico»[1].

Questo bilancio sommamente sorprendente di un grande tedesco dell'epoca della «grandezza della Germania», serve del resto allo scrivente a motivare perché, in coerenza con questa disposizione testamentaria, egli preghi i suoi congiunti di impedire la pubblicazione di biografie dopo la sua morte. «Malgrado i miei successi esteriori, nella mia vita non ho raggiunto il giusto». Una paradossalità più inquietante difficilmente può essere pensata. Se i nostri borghesi o cittadini borghesi di oggi con la cattiva coscienza, nella cui anima hanno lasciato piaghe non solo quei colpi di Marx e di Nietzsche, non solo quelle stoccate e fendenti della critica letteraria e dell'autocritica, ma nei quali più ancora perdurano in profondo anche i postumi del recente discredito morale tanto distruttivo, e della fattuale disfatta, legata all'allevamento e alla razzia del mostro tirannico — se questi borghesi di oggi guardano indietro ad una qualche epoca della nostra storia nazionale, come a quella del loro splendore e della loro potenza, è proprio ai primi decenni del nuovo Impero. Ed ora, come un segnale dal recesso più segreto del cuore appunto di quest'epoca, di sorpresa ci assale il documento da cui ho citato. Ora, tutto questo sembra essere stato un inganno senza speranza. La voce è sufficientemente distinta, il nome ha risonanza universale, e non è la voce di un accusatore esterno, essa sgorga al contrario dalla cerchia più intima della stessa borghesia o anche del ceto borghese (*bourgeoisie*). E ciò che più vale è che le affermazioni di Mommsen non hanno la benché minima relazione, neppure indiretta, con quelle accuse di Marx

---

[1] Il testo è stato pubblicato per la prima volta nella rivista «Die Wandlung», a. III, fascicolo I, pp. 69 ss.

e di Nietzsche. Egli desidera essere un cittadino, e questo appunto non gli è riuscito, non ha raggiunto il giusto.

Volendo considerare questo stato di cose a mente fredda, possiamo facilmente uscire dall'inquietudine di questa paradossalità aiutandoci con alcune definizioni: avvertiamo e conosciamo la duplicità di senso della parola tedesca *Bürger*, sappiamo che quest'unica parola corrisponde nello stesso tempo al *citoyen* (cittadino) della Rivoluzione francese e al *bourgeois* (borghese) della sociologia. Ma a che serve isolare «selettivamente» due concetti l'uno dall'altro laddove sulla bocca di ognuno c'è un'unica parola! Che aiuto ci danno, soprattutto, faticose ed analitiche determinazioni contro la superiore efficacia del linguaggio come forza sintetica! Vano sarebbe il tentativo di voler distinguere l'uno dall'altro un *borghese* come cittadino nel primo senso e un *borghese* come tale nel secondo senso, l'uno da esaltare, l'altro da respingere, l'uno da mettere in luce come norma, l'altro nell'ombra come degenerazione. Se qui un cambiamento in generale è possibile, esso può riuscire soltanto se comprende l'intera parola, l'intera essenza.

Ma in che cosa consiste poi esattamente quel duplice significato? Dal testo di Theodor Mommsen si comprende chiaramente che per lui la parola *Bürger* era pressoché nient'altro che una traduzione di *animal politicum*, una traduzione dell'aristotelico *zoon politikon*. Come mai proprio in Germania questo senso più universale, umano e venerabile della parola è rimasto o è divenuto così pallido, così vago, da poter essere coperto, anzi eclissato da quell'altro, sociale, dal concetto di classe del borghese e della borghesia? Come mai l'insieme dei tedeschi in quanto cittadini s'è lasciato imporre e coniare il suo nome quasi per intero dalla polemica, dai lottatori di classe? Come mai, e questo è sempre il medesimo fenomeno, parliamo e sentiamo parlare certo molto di «borghesia» ma così poco di «condizione di cittadino»? Dal lato politico, evidentemente proprio a causa di questo difetto, da lungo tempo abbiamo in uso il concetto di cittadino dello Stato, ma ognuno sente tuttavia l'elemento misero, arido e formale, meramente ufficiale di questa denominazione, che in forza e compiacimento non è paragonabile neanche a distanza con il *civis Romanus*, con il *citoyen* del diciottesimo secolo o con il *citizen* degli Stati Uniti. Quando la Germania con Weimar assunse per la prima volta una costituzione repubblicana, e quando sopraggiunse perciò il bisogno o la necessità di dar vita alla coscienza politica dell'intero popolo, allo spirito della libera partecipazione agli affari pubblici, nelle scuole si introdusse la materia dell'«educazione civica o del cittadino dello Stato», appunto, perché non si disponeva di alcun altro termine se non di questo concetto già inaridito e devitalizzato dall'uso burocratico e ufficiale. Con questa parola composta supplettiva, cittadino dello Stato (*Staatsbürger*), non c'era dunque molto Stato da costituire, poiché essa presuppone già lo Stato, che i cittadini stessi devono formare, se le cose civili procedono per il giusto verso. Si hanno o cittadini dello Stato o uno Stato dei cittadini — ma difficilmente le due cose nello stesso tempo. Proprio all'epoca di Mommsen, del resto, il senso politico della condizione di cittadino (della «civiltà») era così debolmente sviluppato che una certa forma di presa di distanza, anzi di disprezzo di fronte alla politica — vale a dire la politica interna — si trasformò in sentimento civile generalizzato, da parte di coloro che avrebbero dovuto animare lo Stato dei cittadini. Agli inizi degli anni ottanta risale la formulazione e diffusione di quel modo di dire che ancora oggi caratterizza con la massima chiarezza la fatale autoesclusione borghese dalla comunità e dagli affari dello Stato: il detto «la politica rovina il carattere». Non è difficile spiegare quale sia il carattere che può essere rovinato dalla politica o quale sia la figura che qui viene rivestita con il nome di carattere e contrapposta alla ripugnante, malfamata sfera politica.

 Si tratta di quel carattere che, superbo e arrogante, si rifiuta di attenersi al cosiddetto terreno dei dati di fatto, di sottomettersi alla necessità delle circostanze, di fare il passo secondo la gamba; si tratta di quel carattere che inflessibile e incorruttibile, inaccessibile ad influenze estranee, sobrio e retto, onesto e giusto va per la sua strada; si tratta di quel carattere che dimostra «orgoglio virile innanzi ai troni reali» e, forse, ha bisogno di troni reali per dimostrare il suo orgoglio virile. È, per dirlo con una parola, e sempre la stessa, il carattere borghese. La confusione sembra essere ora assolutamente completa. Prima era il *bourgeois* che copriva il *citoyen*, il tipo sociale del borghese che impediva la sua evoluzione politica. Ora, da capo e in maniera differente, è il borghese che è d'intralcio al borghese. Il carattere della vecchia borghesia che, irrigidita su se stessa, in una commistione di timore di contatto di fronte al mondo maligno e di sdegnata sensibilità, si esclude con le proprie mani dalla libera formazione di una comunità civile. Come si deve intendere questa contraddizione, come risolvere questa confusione? Come, infine, rimuovere questa sciagura? Indagando su ciò, siamo evidentemente tenuti a non perdere di vista nessuno di questi aspetti contraddittori del carattere borghese, mantenendo invece l'insieme di queste alternative, di questi infelici e discutibili contrasti. Se ci attenessimo ad un solo aspetto, per esempio a quello del carattere rovinato dalla politica, non potremmo più comprendere il desiderio di vita più semplice e segreto di Theodor Mommsen, essere un cittadino, ossia un *animal politicum*. Dunque forse ciò che, paragonabile ad un disturbo della secrezione interna, impedì l'efficacia vitalmente attiva e socievole, non è tanto l'irrigidimento e l'induramento nella figura del carattere in quanto tale; forse si tratta piuttosto della particolare situazione costrittiva: o avere carattere oppure dover essere senza carattere, o restar «fedele a se stesso» o, altrimenti, navigare secondo i venti, seguire la congiuntura; forse quest'alternativa — il doverla vivere senza possibilità di trovare una terza via — è tutto sommato l'infausta eredità che ha anche cagionato la vulnerabilità della consapevolezza e della coscienza borghesi rispetto a tutti quei colpi e ferite di cui ho parlato prima.

Che moralmente avremmo soltanto la scelta di essere o di carattere o senza carattere, non è affatto ovvio. C'erano e ci sono regole di misurazione del comportamento del tutto diverse, determinazioni più sottili della virtù, scopi più ricchi dell'evoluzione e della dimostrazione personale. Una volta, per esempio, la prudenza era una virtù. Ma essa è considerata sospetta dal carattere. La coscienza, inoltre, come l'hanno concepita Paolo, Agostino e Lutero, era infallibile proprio per la sua mobilità, con la quale essa seguiva il peccaminoso uomo attivo in tutti i rapporti e nelle vie più intricate. In seguito, essa certamente s'è ben adattata all'immobilità del carattere del quale parliamo: poi, ancora, ci fu soltanto o la buona coscienza dell'onesta coscienziosità o la cattiva coscienza del criminale. La formazione, infine, come l'aveva in mente Goethe, era una volta un processo infinito di trasformazione e assimilazione, ricco di ardite imprese dell'autocompimento, finché anch'essa non ricadde nel territorio del carattere, accettata con considerazione come possesso di un sapere utile, respinta invece come libertinaggio estetico.

La prudenza, la coscienza e la formazione sono qui soltanto tre esempi, forse i tre esempi decisivi per intendere che gli uomini non furono mai costretti, né sono ora costretti a vivere sotto il bando dell'alternativa tra il carattere e l'assenza di carattere. Alla fine, potrebbe darsi che la strada della libera condizione di cittadino si dischiuda solo quando sarà sciolto questo bando del carattere borghese.

S'intende da sé che questo carattere non è un'immaginazione né una costruzione. C'è o comunque c'era un tempo, come un dato reale ed esistenziale. «O si ha carattere o non lo si ha», dice Kant in uno dei suoi libri più belli, l'*Antropologia pragmatica*[2]. E con ciò egli dice davvero già tutto l'essenziale. La radicalità di questo o... o, di questa decisione una volta per tutte, è già il più essenziale segno distintivo del carattere. È del tutto pertinente al tema, se accenno che Kant ha composto quasi esplicitamente da un punto di vista borghese questo libro, questo sistema di una scienza che egli ha destinato all'uso: con sciolta eleganza, nella prefazione egli ammette che ci sono due specie di cose, «conoscere il mondo» e «avere l'uso del mondo»; egli allude al fatto che comprende soltanto il gioco, cui ha assistito senza parteciparvi egli stesso[3]. Questo punto di vista deve essere definito esplicitamente borghese perché egli, a causa della sua posizione «sfavorevole», ritiene di dovere quasi escludere da questa specie di antropologia la valutazione del cosiddetto gran mondo, dei ceti altolocati, di corte e della nobiltà. Dunque: o si ha carattere o non lo si ha — ne consegue necessariamente che questa è appunto la sua disgrazia, poiché in questo modo il carattere, in ragione della sua poca mobilità, è in costante pericolo di crollare e di sprofondare nella pura assenza di carattere, come nell'inferno.

Kant inoltre definisce il carattere come un «modo di pensare» — vale a dire: vivere secondo principi immodificabili —, come un modo di pensare e dunque neppure come un semplice modo di sentire, tanto meno una figura e una natura in carne ed ossa[4]. Il carattere si presenta così come una figura decisamente spirituale e cioè come una figura non sensuale, separata dal sensuale.

---

[2] *Anthropologie in pragmatischer Hinsicht*, Frankfurt-Leipzig, 1799, p. 284; cfr. *Antropologia pragmatica*, trad. di G. Vidari, n. ed. riveduta a cura di Augusto Guerra, Bari Laterza, 1969, p. 177.

[3] *Ibid.*, Prefazione, pp. IV, V; ed. it. cit., pp. 4, 5.

[4] Kant distingue precisamente il «carattere» fisico da quello morale e sotto il primo titolo tratta delle qualità «sensibili», innanzitutto dei «temperamenti»; tuttavia poi compare il carattere morale come una figura propria e del tutto nuova, senza rapporto con i tipi di carattere fisici e sensibili precedentemente discussi.

Nonostante ciò, ci sembra di vederlo chiaro e distinto innanzi a noi proprio in questa sua asensualità: un dignitoso uomo posato, poco appariscente, vestito non vistosamente, misurato in gesti e parole, sempre serio, scialbo, un po' cupo, per così dire dal profilo basso, un'immagine di sobrietà e probità.

Ci tornano in mente i terribili padri-nobili della borghesia — a buon diritto, poiché essi rientrano in questa cerchia ed illustrano il concetto kantiano, Padre Miller, che burbero sta a guardare i pericolosi sentimenti che attirano la figlia Luise e Ferdinand, di nobile casato. Odoardo Galotti, che uccide la figlia Emilia poiché essa, forse, è o potrebbe esser stata disonorata, e proprio dal principe, da un signore del ceto nobile. Verrina (del *Fiesco* di Schiller[5]), che parimenti si appresta ad uccidere la figlia perché il tirannico libertino Giannettino l'ha violentata: «Che cosa fece quel vecchio romano? (...) Che disse Virginio alla sua figliola insudiciata?». Il ricordo di Virginio, della virtù romana, della stoica durezza, è in questo luogo un'indicazione importante. Comune a tutte queste figure è il caratteristico timore di contatto, una specie di tabù proprio all'elemento sensuale e sessuale, che viene così rappresentato spesso o nella sua variante sanguinosa della violenza carnale o comunque in quella diabolicamente astuta della seduzione. Così anche in Lessing, che non sempre ha provato sentimenti tanto moralmente austeri. Ogni volta questi paurosi eventi erotici hanno il loro definito lato politico: la seduzione viene dalla corte, la violenza carnale dall'usurpatore tirannico. Ogni volta l'assalto alla purezza e all'onore è contemporaneamente un assalto all'esistenza borghese. A dar più chiaro risalto al carattere stesso nella sua stoica posizione di difesa, contribuiscono anche queste figure di contrasto del libertino brutale e del seduttore esperto d'etichetta come d'arte amatoria. Si vede come fosse da prendere alla lettera la determinazione kantiana: il carattere è un modo di pensare — un modo di pensare, e dunque non un modo di sentire, com'era da aggiungere, addirittura anzi estraneo ai sensi, sospettoso verso l'amore esattamente quanto verso il dominio dei ceti superiori.

Dalla definizione kantiana, è ricavabile immediatamente e senza reminescenze letterarie un altro contrasto: l'opposto del

---

[5] Si veda F. Schiller, *La congiura del Fiesco a Genova*, in *Teatro*, trad. it. Torino, Einaudi, 1969.

carattere è l'imitatore, dice Kant. Del carattere, si dice ch'esso attinge «da una fonte della sua condotta aperta da lui stesso». Esso dunque non ha copiato da nessuno, né come si schiarisce la voce né come sputa, neppure come pensa e agisce. Esso non imita né un principesco modello di corte né un amato maestro né un padre. In una parola, esso è moralmente un *self made man*, uno che deve tutto a se stesso, non solo risparmi e patrimonio, casa e tetto, ma appunto anche i suoi principi e i modi della sua condotta, del suo contegno. Ancor più chiaramente di prima, da ciò si può riconoscere che naturalmente egli non è volentieri un suddito, anche se deve metterci tutto il suo impegno appunto per preservarsene.

Ma considerando ancor più precisamente questo contrasto tra il carattere e l'imitatore, da una qualche distanza, risulterà dubbio se poi il suddito sia soltanto un imitatore. Ci chiediamo se ogni formazione, in quanto è un vivo processo entro il mondo umano, non comporti necessariamente anche una parte di imitazione ad essa pertinente. Come ci si forma, infatti? Proprio mentre si guarda con affezione al padre, al maestro, all'amico, all'amica e o intenzionalmente o inavvertitamente se ne imitano gesti e idee, sebbene soltanto per momenti e per frammenti. Talvolta si potrebbe addirittura pensare che una personalità si formi appropriandosi di ciò che trae dall'osservazione di pensieri, espressioni, abitudini, tratti di scrittura colti da diverse fonti in diversi momenti; e a ben indagare, che risulti dunque dal montaggio di tutte le toppe dell'imitazione, che comunque grazie al vigile amore della facoltà di comprensione raggiungono il livello di omogeneità. Dato che viene così aspramente contrapposto all'imitatore, il carattere sarebbe dunque in effetti una opposizione alla formazione, il rifiuto della formazione o piuttosto il diniego di entrare nel processo della formazione. Nella misura in cui in ogni imitazione e in ogni formazione l'autorità entra in gioco, anche se soltanto nella sfumatura più lieve, anche qui in genere è l'opposizione all'autorità che isola il carattere dalle fonti all'infuori di lui, dall'intero zampillio di fonti della vivente società umana, dato che esso può attingere soltanto da fonti della sua condotta aperte da lui stesso.

Certamente si deve ammettere che non solo Socrate fece valere verso i suoi allievi un'autorità ironica, ma che pure quel delicatissimo rapporto di formazione che Goethe ha illustrato nel *Wilhelm Meister*, nel *Tasso*, in molti luoghi e nella sua stessa vita

— «Se vuoi apprendere bene, che cosa si convenga, non hai che da chiedere a nobili dame» — che anche questa mitigazione e incivilimento, nell'amoroso levar lo sguardo alla nobile amica, portano in effetti con sé un elemento di autorità del ceto o del rango superiori, di un'autorità che, misteriosamente, è nello stesso tempo un'alta attrazione e un'essenza dell'amore stesso.

Così anche muovendo da questo lato, la ritrosia, la rigidità o durezza del carattere, l'insistenza nel proprio originale comportamento, acquistano il valore di una misura di protezione, anzi di una barriera contro la mescolanza di classe. Il carattere, come una corazza o come una seconda pelle borghese, assume un significato simile a quello che la coscienza di classe proletaria ha più tardi ricevuto per la collettività operaia. A dispetto d'ogni aggressività, anche alla coscienza di classe appartiene un tratto di quasi timorosa castità, e la vigilanza dei sociologi marxisti di fronte ai sintomi di un possibile o reale «imborghesimento» rammenta chiaramente quel timore oltremodo sensibile di contatto del carattere borghese di fronte al mondo nobile e alle sue seduzioni, il letterale *noli me tangere* di quei padri e figlie del dramma borghese.

C'è ancora questo da citare, infine: il carattere non può svilupparsi, dice Kant. Esso può sorgere soltanto come per mezzo di un'«esplosione»[6]. Questa strana teoria non è null'altro che una descrizione di quell'atto di autonoma partenogenesi, allo scopo dell'autoaffermazione, attraverso cui il carattere improvvisamente viene alla luce. Esso non ha storia né biografia — è ciò che è. L'esser ciò che è, è quanto lo allontana senza speranza dal mondo della coscienza come pure dalla formazione. Di più ancora: nello stesso momento in cui viene in vita, il carattere priva se stesso della sua storia.

Se anche il carattere nella sua essenza di per sé non ha storia, anche se esso si stacca e si allontana da ogni imitazione, nel complesso questo concetto e quest'immagine del carattere borghese hanno senz'altro una storia, si tratta anzi addirittura di un'imitazione storica stessa. Non Kant e Schiller l'hanno inventato, né esso è nato nel diciottesimo secolo. Da Schiller stesso si è rinviati al costume romano o al modello romano. Nel modo più chiaro tradisce il rapporto il suo Verrina, lui, che viene denominato un «repubblicano ostinato». Come in un tardo rispecchiamento

---

[6] *Anthropologie*, cit., p. 287; ed. it. cit., p. 186.

a distanza, riconosciamo ancora in lui il vecchio Catone, l'inflessibile, immutabile console e censore di origine plebea, il tenace persecutore della corruzione nello Stato, il pertinace e mordente scopritore di scandali. E questa traccia porta oltre. Di fronte a Verrina sta Fiesco, splendente, bello, elegante, prudente e certamente anche ambizioso, come là nella classica storia-modello di fronte a Catone sta il patrizio Scipione, il condottiero con il suo bottino coloniale e il suo corteo trionfale. In rapporti sociali completamente trasformati, l'identico antagonismo. In effetti, in citazione diretta come in travestimento poetico, la squadrata figura contadinesco-conservatrice di Catone il Vecchio ha vagato per il borghese secolo diciottesimo, ed egli è stato così in effetti per tutta quest'epoca come un attuale modello di formazione — il che si può documentare nel modo più svariato nel campo della filosofia, della storiografia, della dottrina dello Stato, della letteratura e del teatro e non soltanto in testimonianze tedesche ma anche francesi, e probabilmente europee in genere. L'umanesimo del secolo era pur sempre ancora largamente orientato più a modelli romani che greci, e nell'insegnamento scolastico del latino Cicerone era la lettura privilegiata. Ma appunto Cicerone, in quel *Cato major sive De senectute dialogus* ove fa comparire Catone in colloquio con due discepoli che discutono dell'essenza della vecchiaia, ha già gettato le basi per la leggenda trasfigurante, per l'immagine ideale dell'antico Romano per eccellenza, sobrio, retto, disinteressato e parsimonioso, come s'è diffusa attraverso i nuovi secoli. Alcune testimonianze, certamente non altrettanto numerose e tuttavia molto significative, si potevano produrre per la sopravvivenza del suo tipo opposto, non di Scipione invero ma di un altro, più antico, classico giovinetto, non meno splendente, incantevole, per di più discutibilmente avventuroso e seducente: Alcibiade. Intorno allo stesso periodo dell'*Antropologia* di Kant, apparve in Germania il manierato ciclo di dialoghi in cinque volumi *Alcibiade*, simile ad un romanzo rococò, del prolifico scrittore Meißner[7], che evidentemente è stato largamente divulgato. E soltanto di passaggio vorrei arrischiare la congettura che, come il vecchio Catone in Verrina, così il beniamino Alcibiade, avido di gloria, rivive spiritualmente trasposto nel suo antagonista Fiesco. Certamente non nel senso di una relazione e applicazione dirette;

---

[7] August Gottlieb Meißner, *Alcibiades*, Leipzig, 1781-88.

ma certo nella misura in cui questi nomi di Catone e Alcibiade sono rappresentativi di due contemporanei modelli di formazione, di due possibilità di caratterizzazione umana contrapposte l'una all'altra — anche nella considerazione sociale e politica — che stimolarono all'imitazione. Del resto queste figure vagarono ancora fin nel secolo diciannovesimo inoltrato. Il pedagogo Herbart, nell'illustrazione del suo ideale della poliedricità o *del* poliedrico, s'è riferito chiaramente alla figura di Alcibiade[8].

Ciò che volevo dire con questi rapporti storici di formazione, i quali richiedono uno studio più preciso, è soltanto questo: che quel «carattere», come lo si può ricavare in Kant e Schiller, ha in effetti un colore storico dominante del tutto definito, per quanto grigio esso possa anche essere di per se stesso. La nostra possibilità di sfuggire mediante una critica del carattere a questa alternativa morale tra il carattere e l'assenza del carattere, di abbandonare l'eredità del carattere ostinatamente perseverante nella limitazione difensiva — questa possibilità cresce nella misura in cui siamo capaci di mettere a nudo la sua origine storica e il suo intreccio di radici. Senza dubbio, infatti, è questo carattere catoniano che la politica rovina o che mira a non essere rovinato dalla politica. Il Verrina di Schiller, cui questo riuscì, sebbene egli a Genova fosse un congiurato, per il mantenimento della sua integrità paga non solo con il fallimento della congiura ma anche, prima di tutto, con il fatto che le sue azioni restano puramente negative: è crudele per sentimento d'onore, condannando sua figlia alla buia cella di isolamento e si trasforma alla fine in una specie di perverso assassino politico, uccidendo segretamente e senza esser scoperto l'amico e congiurato Fiesco. Tutto ciò egli compie per il superiore onore dell'ostinazione piena di carattere, conseguente a suo modo, secondo princìpi conformi alla fonte della condotta aperta da lui stesso, anche senza pentimento, e perciò appunto incosciente nel senso proprio. Pieno di carattere e incosciente, ciò coincide perfettamente. Un carattere assolutamente incorrotto dalla politica, ma un carattere che non è bello né buono, neppure prudente. Se ora questo tipo viene denominato tipo borghese, e questo carattere, carattere

---

[8] «Risvegliate Alcibiade, conducetelo in giro per l'Europa, vedrete il poliedrico. In questo solo uomo, l'unico per quanto ne sappiamo, l'individualità era poliedrica». Così Herbart nella sua *Allgemeine Pädagogik* del 1806.

borghese, ciò non deve e non vuole significare che questo concetto filosofico e questa figura letteraria abbiano il loro fondamento e causa nell'aspirazione sociale al potere o nella volontà collettiva di autoaffermazione della classe borghese in divenire e in via di consolidamento. Primo, queste osservazioni non prentendono di rappresentare un'analisi sociologica. E in secondo luogo, non è lecito all'analisi sociologica, ritengo, distruggere i suoi oggetti spirituali spiegandoli come semplici sovrastrutture ideologiche di attivi impulsi sociali e orientamenti della volontà. Una conoscenza filosofica originale, un'opera politica originale, non si trasformano mai in un semplice strumento, in una semplice arma o bandiera della volontà sociale. Così anche qui deve restare tangibile che quegli accenni sociologici rispettano sempre la libertà della conoscenza filosofica e la libertà della fantasia poetica. E tuttavia ci è lecito e possiamo fiduciosamente prendere in considerazione le funzioni sociali di pensieri e di opere, come il paesaggio in cui per così dire vive la fauna di queste creature letterarie e di queste figure della formazione.

Quanto detto vale soprattutto se vogliamo comprendere rettamente in quale modo il carattere e il redivivo Catone esprimono una segreta posizione nella lotta di classe. Il carattere della vecchia borghesia, mescolato con quel retrogusto storico del plebeismo romano, conquista e mantiene la sua posizione di fronte *alla* politica — di fronte alla politica delle corti e degli imitatori, di fronte alla politica delle finzioni, mascherate e intrighi, di fronte ai cortigiani servili e ai loro raggiri (per dirlo in modo autenticamente schilleriano) — essenzialmente mediante la sua asensualità, incorruttibilità, immodificabile autolimitazione, mediante il suo corazzato timore di contatto. Per lui non si tratta mai dell'arricchimento della propria persona, né nel senso materiale né in quello spirituale, nel senso della cultura. Verso tutti i godimenti esso è diffidente. Ma ha un dovere, una legge, con i quali s'identifica: al posto della personalità entra per così dire un astratto, un collettivo: una volta esso si chiamava la repubblica, in seguito lo Stato, la patria. In se stesso, esso resta caratteristicamente avaro, senza grazia, scontroso, maldestro, ma ciò viene giustificato con questo servizio, con questo fervore per la superiore totalità. Sempre nel perseguimento dei suoi principi, esso può trasformarsi nel terrorista morale, può diventare malvagio, proditorio verso uomini singoli, crudele verso il suo prossimo. Così esso si allea con l'idea della totalità, con l'idea dello Stato, per avere una più forte posizione contro i singoli potenti ed eccellenti, contro le autorità.

E questa figura passa dalla vecchia alla nuova sfera borghese del diciannovesimo secolo. E — fatto abbastanza singolare — nella Germania prussiana assume una collocazione del tutto diversa. Le virtù della parsimonia, rettitudine e incorruttibilità, non pertengono più ad artigiani o commercianti economicamente indipendenti, bensì al funzionario prussiano, l'attitudine alle armi al ceto degli ufficiali. La domanda non è più di chi lo Stato è Stato, bensì ormai come si servono nel modo migliore lo Stato e la patria costituiti. «Patriae in serviendo consumor» — questa una volta avrebbe potuto essere una massima borghese, repubblicana, catoniana: è diventata la massima di Bismarck. Il privilegio di avere carattere e di distinguersi pertanto dall'infamia, dal lusso e dall'egoismo, dall'intrigo e dalla finzione del «mondo», ossia del mondo politico, cortigiano, questa segreta posizione nella lotta di classe è sottratta al borghese, la sua corazza gli è trafugata, la sua seconda pelle sfilata. Gli Scipioni si presentano con la maschera di Catone. Tutto è rovesciato. E così al borghese non resta altro che essere un cittadino dello Stato. Ma la politica, che rovina il carattere, è ritornata parimenti all'altro estremo: ora non è più il raggiro di corte, bensì l'intrigo del Parlamento, il gioco tattico, il ricorso delle frazioni a trucchi e a compromessi, il commercio delle opinioni negli ambulacri del *Reichstag*, l'equivoca fama delle indennità parlamentari. Questa è ora la politica che rovinerebbe il carattere, se esso le si esponesse. Eppure un tempo parlamentari e partiti furono conquiste borghesi, successi liberali, e le costituzioni furono strappate alle corti dai borghesi. In quest'epoca, il carattere borghese è andato perduto per il borghese ed è passato ai funzionari dello Stato.

Ciò che di esso era ancora eventualmente rimasto, nella Germania del secolo ventesimo è stato completamente spezzato o rammollito negli eventi della «sincronizzazione» e del terrore del Terzo Reich. Il carattere era difficilmente in grado di riconoscere con chiarezza il nuovo usurpatore e i tiranni, esso difettava per questo di prudenza, di quella virtù della prudenza che i Greci e i Padri della Chiesa hanno insegnato. Esso non fu neppure in grado di riconoscere appieno la seduzione di un miserabile, ambizioso potere, che si rivolgeva a lui stesso; difettava per questo di coscienza, di finezza della coscienza, di pudore. Né riconobbe il controsenso di dover avere o anche soltanto di poter avere una *Weltanschauung*: difettava per questo di formazione. Ma oltretutto anche i tiranni stessi erano arrivati circolando con la maschera del galantuomo, dell'uomo d'onore, erano essi i caratteri che finalmente presero in mano la politica per non patirne più l'azione rovinosa. In essi l'elemento non aveva bisogno di essere molto appariscente, poiché la buia cella e l'assassinio politico c'erano già stati in Schiller e nel suo repubblicano ostinato.

Così, l'onorato carattere borghese andò decadendo in debolezza. Direi anzi che è decaduto, intendendo che esso ritorna solo in forma spettrale. O non è forse spettrale che da noi un uomo che nella sfera pubblica parla un linguaggio naturale, libero ed aperto — il linguaggio del *citoyen*, del *citizen*, del soggetto compartecipe del pensiero e della responsabilità nella comunità politica, il linguaggio del cittadino — venga sempre considerato uno strano idealista, un «retto combattente», un carattere, finché infine diventa quello che si è pensato fosse? Gli spettri sono molto potenti. Sembra che non abbiamo ancora raggiunto lo stato della *civitas*, della condizione di cittadino, nel senso più bello, più semplice, più universale e venerabile della parola. Viviamo ancora in maschere e involucri morti. Non potremmo dunque essere cittadini senza farci passare per combattenti e senza essere ritenuti combattenti o idealisti, considerati in parte con sospetto e in parte estaticamente, da coloro che non arrischiano nulla o meglio: che credono di non potere arrischiare nulla? Non potremmo diventare cittadini senza riprendere e applicare l'arrugginita corazza del carattere borghese? Il combattente trova tutt'al più un seguito, ma non una società. Ma la società civile è un fine buono, che oltretutto ha dalla sua il pregio della novità: da noi essa non è mai stata istituita. Essa è un fine politico. Il vero fine di ogni politica. Tanto più diventiamo cittadini che nella società e nella vita sociale governano il loro stesso destino e formano il loro stesso Stato, tanto meno c'è bisogno di quelle romane posizioni del carattere combattivo, tanto più civile risulta il clima.

Quando Theodor Mommsen stese quelle amare parole certamente non voleva dire: vorrei essere un carattere. In una data maniera, egli era comunque un carattere. Altro non voleva dire se non: vorrei essere un cittadino. Non vorrei né nuotare nella corrente come i senza carattere né contro di essa come i rivoltosi. E non vorrei stare nei ranghi, ove ci si sente contemporaneamente senza carattere e di carattere. Volevo che oggi fossimo in grado di togliere la vecchia pelle del carattere borghese per diventare cittadini. Non voglio essere un carattere, ho desiderato essere un cittadino. Niente di più. Ma neppure nulla di meno di questo.

8. Il diritto dell'uomo ad aspirare alla felicità

In Europa il diritto dell'uomo ad aspirare alla felicità, il diritto alla felicità, è sconosciuto. Esso non compare in nessuna delle nostre classiche tavole dei diritti umani e civili, in nessuna carta costituzionale europea, neppure nella Convenzione europea per la tutela dei diritti umani dell'anno 1950. I diritti umani o diritti civili basilari o diritti fondamentali che conosciamo in Europa, hanno altri nomi. Libertà, proprietà, sicurezza e resistenza all'oppressione — «la liberté, la propriété, la sûreté et la résistance à l'oppression» —, così suonavano i quattro diritti naturali e inalienabili dell'uomo, come sono presentati nel secondo articolo della celebre *Déclaration des droits de l'homme et du citoyen* del 1789. E ancora, secondo la costituzione francese del 1793: eguaglianza, libertà, sicurezza, proprietà: di nuovo si tratta di quei quattro, seppure con una modificazione e uno spostamento caratteristici: tre sono rimasti gli stessi (libertà, sicurezza, proprietà), uno è stato omesso, il diritto di resistenza, evidentemente pensando fosse compreso negli altri oppure che, se hanno validità la libertà, l'uguaglianza e la sicurezza, non possa più aver luogo quell'oppressione, alla quale il diritto di resistenza autorizza ed impone di resistere; d'altra parte s'è aggiunta l'eguaglianza, *égalité*, se si confronta la dichiarazione del 1793 con quella del 1789. A ben vedere, però, essa ha soltanto cambiato il posto. Fin dall'inizio era presente nelle intenzioni ed era anche espressa: «les hommes naissent et demeurent libres et égaux en droits», gli uomini nascono e restano liberi ed eguali nei diritti, nel primo articolo della dichiarazione del 1789 stava scritto così. L'eguaglianza preordinata al catalogo dei diritti sostanziali dell'uomo, ora è soltanto scivolata per così dire al di qua, tra questi diritti sostanziali. Ciò che nella prima formulazione era stata una dichiarazione filosofica, s'è ora trasformata in una dichiarazione giuridica. Ciò che prima era dichiarato a proposito degli uomini nella loro molteplicità, ossia che essi tutti insieme sono eguali dalla nascita gli uni agli altri nei diritti, viene ora riconosciuto all'uomo come uno dei suoi diritti inalienabili; e ciò che era una caratteristica naturale ora s'è trasformato in un diritto esigibile. Forse la formulazione più antica merita la preferenza. Noi sentiamo che al principio d'eguaglianza spetta un diverso rango logico; è la condizione per tutte le attribuzioni singole. Non ha soltanto un diverso rango logico, ma anche significato ed efficacia pratici superiori e più acuti. Mi sembra che esso sia l'elemento più importante non solo delle tavole dei diritti umani formulate ma del movimento per i diritti umani in assoluto, di un movimento che ha modificato il mondo sociale con una radicalità e ampiezza pari a nessun altro movimento della storia a noi conosciuta, e che ancora continua a modificarlo, poiché è appunto tale principio che ha provocato le emancipazioni sociali, che, dopo l'ascesa del terzo, quindi del quarto stato, dopo la liberazione degli schiavi, dei servi della gleba, dopo l'emancipazione delle donne, ha ora messo in moto i popoli di colore. La sua forza sovversiva non è ancora esaurita. E il motivo propriamente rivoluzionario sta racchiuso innanzi tutto nell'assioma che gli uomini sono nati o creati eguali, più che nelle singole e sostanziali determinazioni dei loro diritti.

Ma la considerazione che volevamo presentare era un'altra. Volevamo passare in rassegna le formulazioni europee dei diritti fondamentali. Libertà, sicurezza e proprietà, ricorrono fino a questi giorni in quasi tutte le attestazioni di questo tipo, sebbene il diritto di proprietà sembri essere in fase di ripiego; in cambio è portato in primo piano il semplice ed elementare diritto alla vita, che stranamente manca nelle classiche formule francesi. Inoltre, troviamo naturalmente ovunque un catalogo dal contenuto più o meno vario di quei concreti diritti politici o interni allo Stato che tutti conosciamo: *habeas corpus*, quale tutela contro l'arresto arbitrario, procedura giudiziaria a basso costo, sicurezza dell'abitazione, segreto epistolare, libertà di soggiorno e circolazione, libertà di coscienza e di confessione, libertà d'opinione e d'informazione, libertà di riunione e di associazione, anche il diritto al lavoro, al riposo, allo studio e così di seguito — il che comunque, complessivamente o in larga prevalenza, può essere derivato da quelle prime e fondamentali determinazioni. Sappiamo tutto questo. Il che non significa che ciò sia incontestato patrimonio comune di tutte le comunità europee e che possiamo riposarci su questi allori della civiltà politica e della civiltà giuridica. Basta citare la voce «Muro di Berlino» per prendere coscienza di questo. È sufficiente rammentarsi che il dominio nazionalsocialista fu un'unica quotidiana dichiarazione di guerra contro i diritti dell'uomo; il campo di concentramento fu un'organizzazione per l'annientamento dei diritti dell'uomo, appunto di quei diritti «naturali e inalienabili», di tutte quelle elementari determinazioni, della libertà, della sicurezza, della proprietà e della vita.

E certamente anche della felicità o dell'aspirazione alla felicità, che comunque non è espressamente garantita in nessuna carta costituzionale né tedesca né europea. Mi sembra che nessuna delle nostre originarie espressioni europee dei diritti dell'uomo abbia un suono così gioioso e ben disposto, ben disposto alla vita, come questa espressione della felicità o dell'aspirazione alla felicità. Libertà, sicurezza, proprietà, resistenza — qui percepiamo piuttosto un tono aspro, un tono di orgoglio, di ribellione, di rivolta, di rivoluzione, e il pensiero sembra sempre associato al potere e alla forza di dominio, cui questi diritti sono stati opposti e strappati. Ma laddove è proclamato un diritto naturale alla felicità o ad aspirare alla felicità, sembra esserci un'atmosfera più fiduciosa, la richiesta sembra essere più pacata, lo scopo più vicino, la conquista e il mantenimento di una giusta condizione umana più certi. Eppure anche questa formulazione rientra nel contesto di una grande rivoluzione. Essa è americana. Non compare, a dire il vero, nella Costituzione federale americana, come taluni ritengono, bensì nella Dichiarazione d'indipendenza del 4 luglio 1776, in quel documento che giustifica il distacco dalla madrepatria britannica di tredici colonie nordamericane e in memoria del quale ogni anno si celebra ancora oggi una festa solenne e si accendono fuochi d'artificio. Si trovano qui le celebri frasi: «we hold these truths to be self-evident, that all men are created equal, that they are endowed by their creator with certain unalienable rights, that among these are life, liberty and the pursuit of happiness» («Riteniamo le seguenti verità d'immediata chiarezza: che tutti gli uomini sono creati eguali, che essi sono dotati dal loro creatore di diritti inalienabili certi, e che rientrano tra questi: la vita, la libertà e l'aspirazione alla felicità»)[1].

---

[1] C.L. Becker ha pubblicato la più completa monografia sulla *Declaration of Independence* nel libro con lo stesso titolo apparso in prima edizione nel 1942 (1956[6]).

Qualcosa in questa formulazione ci è familiare. Ritroviamo l'assioma dell'eguaglianza e al suo posto giusto, preordinato ai singoli diritti sostanziali, cioè non come eguaglianza di natura o di nascita, bensì (biblicamente) come eguaglianza creaturale; e, come doni del creatore, ritroviamo i diritti inalienabili della libertà e, già qui, anche della vita. Mancano sicurezza e proprietà, questo è sorprendente. Ma ora, al loro posto: *the pursuit of happiness*. La parola è *happiness*, dunque in tedesco testualmente le corrisponde propriamente non *Glück* (felicità, fortuna, favore della sorte) ma *Glücklichkeit* (stato o condizione di felicità), che in tedesco è certamente una parola rara. Come essa sia da tradurre, che cosa significhi ed intenda propriamente, non è affatto così semplice da chiarire, e su questa grossa questione voglio tornare subito. Ma qualunque possa essere il suo significato, in un contesto così dignitoso, fa un'impressione strana a noi europei, specialmente a noi tedeschi, alle nostre orecchie essa suona sorprendente, singolare, quasi esotica. Certo nessuno andrà così lontano da escludere i tedeschi dal generale giudizio che gli uomini globalmente aspirano sempre a questo scopo, ad essere felici — nella qual cosa essi riconoscono la loro felicità, e che essi vogliono sempre tentare ciò, aspirare a questo scopo. Nessuno andrà così lontano, neppure un tedesco. Ma da una simile constatazione empirica fino alla statuizione di una norma (e qui non si tratta di nient'altro), c'è comunque un passo enorme, ammesso poi che esista una via. In breve, nell'etica tedesca, nella filosofia e nei princìpi di vita tedeschi, la felicità non ha posto né sicuro, né certo elevato. E se parlo di filosofia ed etica tedesche, intendo la filosofia a partire da Kant.

Da lungo tempo si considera come convenuto che la grande svolta si trovi qui, che Kant abbia compiuto la grande svolta. Già Hegel ha osservato che prima della filosofia kantiana la morale è stata costruita sulla destinazione alla felicità[2]. Per il momento possiamo anche fare a meno di chiederci se tale affermazione valga per l'intera filosofia prekantiana — antichità, medioevo, riforma ed età moderna. Certo è che la scoperta o la formulazione kantiana dell'imperativo categorico, della legge morale e del comandamento del dovere hanno fatto epoca e hanno inferto il colpo di grazia all'etica della felicità o della condizione di felicità. Kant ha sottratto l'innocenza al nostro discorrere della felicità e al

---

[2] Hegel, *Werke*, ed. Glockner, vol. 18, p. 147.

nostro aspirarvi in buona coscienza. Parlo dei suoi effetti, non della sua personale concezione, poiché lo stesso Kant in questo punto non fu altrettanto categorico quanto il suo imperativo, per lo meno non in ogni periodo. Comunque, nella *Metafisica dei costumi* si legge: «Ciò che uno vuole inevitabilmente già da se stesso (e ciò è appunto la felicità!), non appartiene al concetto del *dovere*: il quale significa una *coazione* a conseguire uno scopo che non si accetta volentieri»[3]. Se dunque gli scopi del dovere, gli scopi morali, si riconoscono dal fatto che noi ce li proponiamo malvolentieri, allora per gli scopi della felicità o della condizione di felicità è davvero finita, poiché è evidente che li si adotti volentieri. Ho già detto che certamente questo non è tutto Kant, ma è quello che ha fatto scuola. Da allora, la felicità è in effetti pressoché scomparsa dalla grande filosofia. Da allora la parola «eudemonismo» s'è trasformata in poco più che una parola di ingiuria e di scherno, sebbene lo stesso Kant l'avesse ancora usata in termini di assoluta serietà e rispetto. La circostanza che, in quasi tutti i lessici e i dizionari specializzati, ai semplici, palesi e familiari lemmi «felicità» o «condizione di felicità», sogliano seguire dappresso, con o senza parentesi, i dotti vocaboli d'antiquariato «eudemonia» o «eudemonismo», da sola mostra già quanto la felicità sia divenuta letteralmente estranea al nostro modo di pensare e alla nostra saggezza filosofica. Il bravo Eisler, per esempio, l'autore del consultatissimo *Dizionario kantiano* (*Kant-Lexikon* del 1930), subito, nella prima proposizione del suo articolo relativo al lemma «condizione di felicità» (*Glückseligkeit*), cerca con un'autentica furia di scacciarne come a randellate ogni pensiero che la felicità possa pretendere nell'etica kantiana un qualche pur modesto rango positivo: «La felicità (eudemonia) — vi si dice — *non* è il motivo morale e *non* è il criterio del morale, poiché essa *non* è idonea come principio di una legislazione». E così via in analogo modo.

A riguardo del nostro tema vogliamo ricordare in proposito che nella Dichiarazione d'indipendenza americana, e in un gran numero di altri documenti americani dotati perfino di valore giuridico immediato, i diritti naturali e inalienabili *life*, *liberty* e *pursuit of happiness* sono stabiliti ovviamente proprio e decisa-

---

[3] *Metaphysik der Sitten, Tugenlehre*, Introduzione, p. IV (cfr. *La metafisica dei costumi*, trad. di Giovanni Vidari, n. ed. riveduta a cura di Nicolao Merker, Bari, Laterza, 1970, p. 235).

mente al fine che essi si trasformino «nel principio di una legislazione», secondo la certezza che essi sono anche idonei come principio di una legislazione.

Ma la responsabilità non è da attribuire soltanto a Kant e alla letteratura kantiana. Fichte ha battuto con fervore sullo stesso tasto, quando alla svolta tra diciottesimo e diciannovesimo secolo, si difese dall'accusa di ateismo: «Chi attende la felicità è uno stolto ignaro di se stesso e d'ogni sua capacità; non si dà felicità, non è possibile la felicità; l'attesa di essa e un dio che si adotta per amor suo, sono fantasticherie»[4]. La *Declaration of Indipendence*, dunque, se ricordiamo ancora una volta il nostro tema e il nostro testo, sarebbe appunto responsabile di questa fantasticheria, addirittura fin nella dimensione teologica, poiché essa ha annoverato tra quei fini, che dal creatore stesso sono dati in dote a tutti gli uomini e all'essenza dell'uomo, *the pursuit of happiness*, l'attesa della felicità e di più: l'aspirazione alla felicità. Non ci volle molto perché poi romantici e storici fabbricassero anche il cassetto in cui la teoria della felicità e l'aspirazione alla felicità furono rinchiuse — il cassetto e la relativa intestazione che suona: «illuminismo». È là che rientra la felicità, nell'epoca dell'illuminismo e nella filosofia dell'illuminismo. E là si trova ancora oggi. Questo concetto di illuminismo, se è concessa la digressione, è un concetto d'epoca infausto, non importa che venga usato ora con sprezzo romantico o viceversa anche con stima e rispetto: infausto perché del tutto insufficiente e troppo ristretto in senso storico-spirituale, a fronte di un'epoca che ha dato il segnale ad un rovesciamento sociale, che ancora perdura, e che ha creato gli ordinamenti di cui tutti quanti godiamo, perlomeno nel mondo occidentale. È l'epoca dell'umanità pratica, della quale parliamo se diciamo: «illuminismo», l'epoca che ha preso sul serio ciò che per duemila anni era stato detto solo nei libri ed era stato insegnato soltanto dalle cattedre: ha preso sul serio appunto questo, «that all men are created equal». Ma ciò solo per inciso.

Lo spirito tedesco del diciannovesimo secolo — nella misura in cui esso s'è espresso comunque nei grandi sistemi di pensiero, dunque proprio in quelle opere che godono di prestigio quale caratteristico contributo tedesco alla cultura universale —, lo spirito tedesco ha preso di punta l'etica della felicità e l'assioma

---

[4] Così Fichte in *Appellation an das Publikum gegen die Anklage des Atheismus*.

della felicità. Su, fino a Nietzsche, che tanto scherno ha versato sulla «piccola felicità» — e una felicità diversa da quella piccola egli o non conobbe o non definì con questo nome —, la felicità da schiavi, la felicità del gregge, fino a Nietzsche che non ha esaltato la felicità ma la potenza, non l'aspirazione alla felicità ma la volontà di potenza. E la serie dei nemici della felicità o dei dispregiatori della felicità si potrebbe continuare fino ai giorni nostri, dove abbiamo conosciuto una filosofia dell'angoscia e un elogio filosofico del naufragio tragico. È evidente che ciò ha una conseguenza, ed essa può terrorizzarci. Scacciata in tal modo dai ranghi superiori dello spirito, rimasta in assegnazione agli inferiori, la felicità è finita sulla strada. Perciò nel tedesco le aderisce talvolta qualcosa di frivolo, talvolta qualcosa di ammuffito, meschino, talvolta anche qualcosa di ambiguo.

Ritorniamo ad essa, alla parola stessa. Che cosa significa nel senso più proprio *pursuit of happiness?* Nel mio vocabolario tedesco-inglese — è un Muret-Sanders del principio del nostro secolo — l'espressione viene resa locutivamente con «(dare la) caccia alla felicità» (*Jagd nach Glück*). Un impiego in questo senso può essere possibile e può anche ricorrere, ma questa traduzione sarebbe qui certamente fuorviante. Poiché per questo tratto essenziale che il creatore ha infuso in ogni uomo, non può certo trattarsi del darsi da fare di avventurieri, speculatori o cercatori d'oro, né certo, per quella felicità cui qui si aspira, della volubile fortuna con la sua cornucopia e la sua sfera. Certamente neppure della felicità ultraterrena della beatitudine eterna, sebbene il significato della parola nell'epoca in questione non escluda del tutto il secondo significato spirituale e il senso bivalente[5]. Si tratta di felicità terrena, senza dubbio, e tale appunto che la si può anche perseguire e acquisire, non di una felicità illusoria e volubile. In questo punto, era un po' più vigoroso e chiaro il *Virginia Bill of Rights*, che è di solo pochi mesi successivo alla Dichiarazione d'indipendenza e che Thomas Jefferson, l'estensore di questa, ha senza dubbio anche utilizzato per il suo progetto. L'autore del *Virginia Bill*, George Mason, non intendeva accontentarsi della semplice aspirazione; perciò, nel luogo corrispondente del suo catalogo dei diritti dell'uomo, si dice che «l'uomo gode per natura della vita e della libertà e ha la capacità di acquisire e possedere la

---

[5] Thomas Jefferson unì i due significati, parlando nel suo indirizzo inaugurale della «happiness of man here and his greater happiness hereafter».

proprietà» — «and pursuing and obtaining happiness and safety», e di perseguire ed ottenere felicità e sicurezza. La formulazione di Mason, che nella storia mondiale in generale è la prima statuizione giuridico-formale in assoluto di universali diritti naturali dell'uomo, in questo confronto fa un'impressione più prolissa, forse un po' più pedante, tuttavia essa ha il pregio di escludere un malinteso che l'espressione più elegante, accorciata di Jefferson può suscitare: il malinteso per cui questo *pursuit*, quest'apparizione, potrebbe forse essere condannato all'inanità.

In breve, la traduzione più appropriata si trova in Kant, che sappiamo aver seguito la guerra d'indipendenza degli americani con grande attenzione e viva simpatia. Intendo l'espressione che ricorre più volte nella *Critica della ragion pratica*[6], specialmente laddove discute il concetto del sommo bene — l'espressione «nostra ricerca della felicità». La virtù, vi si dice, è la condizione suprema di tutto ciò che ci può apparire soltanto desiderabile, quindi anche «di ogni nostra ricerca della felicità». Questo è il tono autentico dell'epoca e in effetti corrisponde in ogni tratto all'americano *pursuit of happiness*, anche riguardo alla convinzione, d'altronde, che tale ricerca della felicità sia assolutamente insita nella natura umana. Non è del tutto da escludere la possibilità che Kant potesse aver avuto in mente le espressioni della dichiarazione d'indipendenza; non ho approfondito questa questione. E in che misura poi lo studio in generale di Kant, e cioè appunto dell'intero Kant, non solo di quello imperativo-categorico ma anche del Kant benevolo, rococò, contribuisce alla comprensione della nostra formula americana dei diritti dell'uomo, ne fornisce quasi una chiave. E più che mai, poi, se prendiamo in considerazione uno scritto che non ha intenzioni trascendentali ma solo empiriche, la deliziosa *Antropologia pragmatica*. Proprio in questa sede egli tratta espressamente della felicità vera, vale a dire quale scopo innato della natura umana. E come la definisce? Cito: «La lotta reciproca dell'inclinazione al benessere e alla virtù, la limitazione del principio del benessere per mezzo del principio della virtù, costituiscono, nel loro conflitto, il fine totale dell'uomo dabbene, essere sensibile da una parte e moralmente intellettuale dall'altra». Unite l'una

---

[6] *Kritik der praktischen Vernunft* (1787); cfr. *Critica della ragion pratica*, a cura di V. Mathieu, Bari, Laterza, 1972, p. 135.

all'altra, prosegue, benessere e virtù resero possibile «il godimento di una felicità morale»[7].

Se si ascoltano siffatti passaggi, si è tentati di concludere che Kant stesso alla fine sia comunque annoverabile in certa misura, e per nostra fortuna, alla dottrina morale prekantiana: il Kant antropologo, il conoscitore dell'uomo e amico dell'uomo, che egli pure è stato, il pensatore dell'umanità pratica.

Così ora avremmo una traduzione felice della formulazione del diritto alla felicità — la «ricerca della felicità» — e insieme alcune tonalità intermedie, alte e basse, proprie dell'epoca. Resta il quesito, se con ciò davvero abbiamo sotto gli occhi anche l'intenzione originale del testo, l'intenzione di Mason e di Jefferson. Non mi avventuro nell'enigma storico-ecclesiale e storico-religioso che queste testimonianze propongono: come mai proprio in questo paese puritano, e unicamente qui, la ferma fiducia nella felicità terrena s'è radicata così saldamente da assumere configurazione costituzionale — presso i Puritani, che sembrano essere disposti al guadagno, ma poco al godimento. È vero che Mason e Jefferson non erano di per sé puritani, ma anglicani, proprietari fondiari della Virginia, nobiltà terriera, se si vuole, di confessione anglicana e di superiore cultura classica. Ma, ciononostante, resta sorprendente che la loro formulazione dei diritti naturali nel congresso generale di Filadelfia sia stata approvata senza obiezioni dai rappresentanti di tutte le tredici colonie e che, in seguito, un numero così grande di singoli stati federali dell'Unione abbiano accolto la stessa formula nella loro costituzione. Una simile ricerca sarebbe ancora da eseguire.

Un'altra ricerca invece è stata compiuta: in una monografia assai dilettevole di qualche anno fa, Howard Mumford Jones, di Harvard, ha illustrato le conseguenze che la formula della felicità ha prodotto nella giurisprudenza di quegli stati in cui essa era divenuta norma di diritto positivo[8]. (La dichiarazione d'indi-

---

[7] Cito secondo un'edizione del 1799, Frankfurt e Leipzig, ivi, § 78, p. 259. Questa edizione è evidentemente una ristampa della prima edizione, Königsberg, 1789. Nella seconda edizione modificata, le stesse proposizioni si trovano sotto il § 86 (cfr. *Antropologia pragmatica*, ed. it. cit., § 88, p. 168). Julius von Kirchmann, il quale nel 1869 fece una nuova edizione dell'*Antropologia* nella sua Philosophische Bibliothek, aggiunge a questo paragrafo il caratteristico commento: «Qui le considerazioni sono del tutto superficiali» (vol. 20, Commenti, p. 83).

[8] H.M. Jones, *The Pursuit of Happiness*, Cambridge, Mass., Harvard University Press, 1953.

pendenza non è in sé una legge ma un puro documento politico). Menziono alcuni di questi casi. Ecco la decisione della Suprema corte di giustizia dell'Indiana, negli anni cinquanta del secolo scorso, la quale afferma che una legge proibizionistica dello stato, dunque un divieto sugli alcoolici, viola il diritto di felicità — con la divertente e devota motivazione che l'onnipotente ha creato queste eccitanti bevande per favorire la socievole allegria [9]. Ecco il lungo e complicato caso dei macellai della Louisiana, che intentarono azione contro un monopolio di macelli, poiché il loro diritto alla felicità doveva essere riconosciuto essenzialmente nel libero esercizio del loro mestiere di macellai [10]. Nella causa la questione verte soprattutto intorno alla libertà di mestiere, che viene dunque giustificata come un elemento dell'aspirazione alla felicità. Ecco più avanti negli anni novanta, il caso del cinese A Lim, nel distretto di Washington, il quale era un fumatore d'oppio e contestava il relativo divieto come un impedimento alla sua felicità personale. Egli perse il processo [11]. E altri casi simili. Si studia questo con ammirazione, di frequente con approvazione, alla fine con delusione. Sembra invero inevitabile che, nel corso della realizzazione di un grande principio, la destinazione universale dell'uomo sia trasformata in un diritto legalmente esigibile, e ancora che questo diritto universale dell'uomo si scinda in nient'altro che singole pretese legali personali, talora grossolane, talora bizzarre. Ma resta anche un sentimento d'insoddisfazione: ma è stata poi realmente questa l'intenzione? Mason e Jefferson ne sarebbero soddisfatti, lo approverebbero? Essi che cosa avevano davvero in mente?

Spesso si è già incidentalmente osservato che il concetto di felicità, così come emerge in questi documenti, non rappresenta una novità, ma, al contrario, esso compare di frequente nella teoria politica dei secoli diciassettesimo e diciottesimo. Come uno «scopo dello Stato», come *public happiness*, come pubblica felicità, a cui deve dunque provvedere ogni governo, questo concetto ricorre nei filosofi dello Stato — e d'altronde anche in documenti della grande rivoluzione inglese, di ispirazione assai concreta [12]. In tal senso, la felicità rientra in un'unica

---

[9] *Ibid.*, p. 37.
[10] *Ibid.*, pp. 40 ss.
[11] *Ibid.*, p. 53.
[12] Così nella *Remonstrance* del 1647.

e medesima serie con concetti altrettanto venerabili, come tranquillità (*tranquillitas*), pace (*pax*), bene comune, *common weal*, *bonum commune*, i quali risalgono addirittura al Medioevo[13]. La garanzia di felicità pubblica fu uno scopo dello Stato, prima che la ricerca della felicità diventasse un diritto personale dell'uomo. Non occorre cercare molto per scoprire che anche questo significato della parola *happiness* è stato ben presente all'estensore della dichiarazione d'indipendenza e ai suoi colleghi congressisti: poiché le pezze d'appoggio si trovano nella stessa dichiarazione d'indipendenza. Già nella medesima proposizione che collega l'eguaglianza creaturale e i tre fondamentali diritti dell'uomo — questa proposizione che tanto rapidamente ed energicamente progredisce di assioma in assioma e di argomento in argomento — immediatamente leggiamo che cambiare o abolire un tipo di governo che violi quei comandamenti di diritto naturale, è anch'esso diritto del popolo e che è suo diritto, inoltre, istituire una nuova forma di governo, e precisamente con disposizioni tali che ad esso, al popolo, appaiano contribuire a «effect their safety and happiness», a realizzare la sua sicurezza e felicità. Qui abbiamo l'uso tradizionale della parola. Scopo dello Stato è provvedere alla generale, pubblica felicità del popolo. E una seconda pezza d'appoggio è contenuta ancora nel progetto di Jefferson, in un passo che senz'altro è stato sacrificato nella redazione in congresso. (Il congresso del resto ha messo mano a più d'una cancellazione; così esso ha anche annullato un paragrafo che condannava il commercio di schiavi negri — a ragione, mi sembra, poiché sarebbe apparso in certa misura ipocrita, se i padroni di schiavi americani si fossero indignati in tal modo contro i commercianti di schiavi inglesi; i padri della dichiarazione avevano ancora scarso sentore di quale materia esplosiva contenesse la loro proposizione dell'eguaglianza creaturale). Ricordiamo ora quale era il senso dell'intero documento. Esso doveva giustificare di fronte al mondo il già dichiarato distacco delle colonie dall'impero britannico e dalla

---

[13] Sulla *pax* in Tommaso d'Acquino si confronti il mio studio *Il concetto del politico*, che qui segue più avanti. D'altro canto Marsilio da Padova, sebbene il titolo della sua opera si attenga al concetto della *pax*, ha interpretato la *tranquillitas* come il supremo scopo politico (*Defensor pacis*, I, I, § 1, prima proposizione). Ancora nel preambolo della costituzione federale americana, si incontra la *tranquillity*, con la *common defence* e il *general welfare*, come scopo dello Stato.

corona britannica. E così, con un pathos di amore deluso e di caparbia risolutezza, verso la chiusa del progetto si diceva: «The road to happiness and to glory», «la via della felicità e della gloria», è aperta anche per noi[14], vale a dire per noi americani, che d'ora innanzi ci consideriamo come stati liberi e indipendenti! L'aggiunta della gloria chiarisce completamente che qui il discorso riguarda l'intero Stato, o l'insieme degli stati federati, e la felicità dello Stato.

Quindi tra la felicità come scopo generale dello Stato e la felicità come diritto personale dell'uomo c'è certamente da fare una netta differenza logica, ma, se si considera globalmente la connessione del testo, risulta assai verosimile che entrambe confluissero nell'intenzione e nella rappresentazione dell'estensore, come dei suoi colleghi e del suo pubblico. Lo stesso si può dire di quella celebre proposizione, che qui ho ripetutamente ricordato, che esordisce con i diritti innati «di tutti gli uomini» e prosegue con i diritti di un popolo a riguardo delle sue istituzioni politiche, e tratta dunque le persone e le entità collettive per così dire in un unico momento, come se questi fossero entità dello stesso genere e diritti dello stesso genere. Ed essi lo sono in certa misura. Come un astro nel vasto cielo si rispecchia in un piccolo stagno delimitato, il tradizionale scopo di stato della felicità si presenta allo sguardo storico retrospettivo come fosse per così dire trasposto, spostato, rispecchiato nel diritto personale dell'uomo, alla felicità o ad aspirare alla felicità, recentemente scoperto, come se dalla vasta sfera del pubblico la felicità fosse passata al di là e migrata nella sfera individuale e soggettiva del privato, anche se dell'essere privato e dell'aspirare *di ogni* singolo[15]. Questa distinzione comunque non tocca il senso originale. Il senso è decisamente politico. Anche questi diritti naturali dell'uomo sono qualificazioni politiche. La loro proclamazione si richiama allo stato di natura o della creazione, soltanto al fine di rafforzare i cittadini che qui in persona fondano l'uno

---

[14] Cfr. C.L. Becker, *The Declaration of Independence*, cit., p. 150.
[15] D'altronde già William Blackstone, sistematico del diritto del XVIII secolo inglese, nel primo libro dei *Commentaries* cita anche il «pursuit of happiness», e proprio con queste parole. Questo passo si deve annoverare sicuramente tra le più importanti fonti dirette di Mason e di Jefferson, tanto più che i *Commentaries* anche in America si trovavano sicuramente in molte biblioteche private (cfr. il saggio su Blackstone di Sir Ernest Barker in *Essays on Government*, 1950).

insieme all'altro un nuovo Stato. Se li interpretiamo come diritti «prestatuali», questi diritti dell'uomo in genere non sono definiti esaurientemente. Il loro punto principale consiste piuttosto nel fatto che essi permettono e consolidano la fondazione dello Stato, il distacco dal sovrano, la repubblica, l'unione civile, la *civitas*. Dotare l'«uomo» di questi diritti, rappresenta contemporaneamente, e in primo luogo, la sua preparazione a diventare cittadino. Senza vita, libertà e aspirazione alla felicità non ci sarà alcun cittadino. E nessuno sarà senza pari, senza relazione e cooperazione con i suoi pari, e cioè in eguaglianza. Il *bonum personale* concresce nel *bonum commune*, e il *bonum commune* si alimenta del *bonum personale*. Anche per questo, così mi sembra, tra la felicità pubblica e la felicità privata, nell'opinione dei fondatori dello Stato del 1776, non c'è alcun salto. Sono appunto i privati cittadini che formano collettivamente la comunità e che si prendono cura della felicità pubblica, cioè comune. Questa dunque all'incirca è l'intenzione originale, e i padri della dichiarazione e fondatori della repubblica americana con tali opinioni accolgono in definitiva le tradizioni più preziose dell'antichità europea, che certamente in Europa erano state in vario modo coperte o addirittura seppellite sotto rapporti statali di dominio[16].

In una parola: nella stessa misura in cui non lo sono il diritto alla vita e il diritto alla libertà, neppure il diritto personale alla felicità è soltanto una pretesa verso lo Stato. Prima di ogni altra cosa, esso è un contributo allo Stato, e cioè un contributo costitutivo. Ciò che suonava benigno, benevolo per così dire, fors'anche un po' condiscendente verso l'umana debolezza, alla fine

---

[16] Ancora nei saggi degli anni 1787 e 1788 di Hamilton e di Madison, che sono divenuti celebri con il nome collettivo di *Federalist papers* e in cui predomina il significato politico e pubblico della parola; così per esempio nella proposizione: «(...) safety and happiness of society are the objects, at wich all political institutions aim» (Madison, n. XLIII, Edizione della Everyman's Library, p. 225). È vero che occasionalmente diritti «privati», dei singoli e felicità «pubblica», della comunità statale, sono separati, ma sono di nuovo congiunti come finalità collegate della costituzione americana (così Madison nel XIV, *ibid.*, p. 66). Ma nello stesso contributo si trova un'espressione che in certo senso mostra la soluzione dei nostri enigmi; «the people of America», vi si dice, devono continuare ad essere «i reciproci custodi della propria reciproca felicità» — «the mutual guardians of their mutual happiness» (*ibid.*, p. 65). In tale rapporto di reciprocità, il significato «privato» si incontra del tutto concretamente con quello «pubblico»: il comune diritto umano personale dei cittadini è lo scopo dello Stato, provvedere al quale essi stessi ora hanno intrapreso.

rivela un serissimo nocciolo duro senza sacrificare tuttavia la sua gioiosità. In definitiva gli uomini che annunziarono «il diritto dell'uomo ad aspirare alla felicità» avevano condotto una guerra sanguinosa. Si può dire: la condussero per amore della felicità, per governare se stessi. Richard Whateley, già arcivescovo di Dublino, disse: «happiness is no laughing matter»[17]. La felicità non è questione da ridere.

---

[17] Richard Whateley (1787-1863), prima d'essere nominato arcivescovo (1831), fu professore di economia politica a Oxford ed ha pubblicato libri di logica, retorica e su argomenti teologici. Devo la frase paradossale ad una citazione di H.M. Jones, *op. cit.*, p. 8.

Parte terza

9. Autorità, libertà e potere di comando

Nella profondità dei secoli cristiani pare celarsi l'idea che collega l'autorità al ruolo del padre, e che, dal canto suo, la figura del padre sia investita dell'esercizio di un dominio più o meno indiviso. Il padre di famiglia come il padre sovrano sembravano sostenere la loro tradizionale e legittima posizione in quanto immagini e riflessi terreni del Dio padre ultraterreno. Insieme con la politica e la società, religione e teologia, sembravano agire in un'unica e medesima direzione. L'esclusività dell'unico Dio paterno si ripeteva evidentemente nel potere esclusivo dell'unico principe paterno nella comunità e nuovamente in quello dell'unico padre nella casa familiare. Spetta a queste figure paterne, così la cosa ancora ci si presenta, tanto il potere quanto l'autorità — ossia il potere di disporre e ordinare, come di giudicare, punire e graziare, e unitamente a ciò l'autorità, ossia potere ed essere autorizzato ad agire, per superiore discernimento e più profonda saggezza, in base ad un mandato che i figli in casa concedono al padre, i figli sudditi al padre sovrano e i figli dell'uomo al padre dell'uomo, tanto nel caso che la loro volontà tenda all'ubbidienza che alla disubbidienza, al rispetto dei comandamenti o invece alla loro infrazione.

Così all'incirca è descrivibile l'idea dell'autorità, radicata nella semioscurità del passato occidentale. Si tratta di un'idea totalmente conservatrice: trono, altare e fermo governo della casa, in essa sono apparentati tra loro nel modo più stretto, ed è sempre per lo più uno di questi tre elementi, o addirittura questa trinità di paterni uffici nel complesso, ciò che si rimpiange quando ai nostri tempi ci si lamenta della perdita o della diminuzione di autorità. Si tratta, lo ripeto, di un'idea conservatrice, e altra idea dell'autorità non sembra esserci. Sia che lo muova la consapevolezza, o invece un sentimento indistinto, chi esige autorità, chi predica l'autorità in nome del passato, quasi sempre esige e predica il ritorno alla fede incrollabile, il ritorno alla monarchia nel senso della grazia divina e il ritorno al governo paterno della casa. Al contrario — è del tutto indifferente se per il resto egli sia un devoto o un tiepido cristiano, o uno scettico, o un apostata, o addirittura un miscredente e moderno pagano — chi è persuaso del pari diritto dei sessi, della parità di rango di padre e madre, di uomo e donna, e magari per giunta del valore proprio alle età della vita, anche dell'infanzia e della giovinezza, chi crede nei diritti dell'uomo ed è perciò anche consapevole della superiorità o quanto meno dell'indispensabilità della costituzione democratica, difficilmente invocherà l'autorità e spasimerà per l'autorità.

Voglio chiarire fin da principio che questo insediamento del concetto di autorità nel pensiero e sentimento conservatori, questo infeltrimento della fede in un Dio con l'ubbidienza verso un regale signore assoluto e con la devozione filiale verso il padre nella casa, questo legame dell'autorità con il ruolo paterno o con la figura paterna in genere, costituiscono appunto l'elemento primo e fondamentale di quel fraintendimento dell'autorità di cui intendo parlare. Si tratta certamente di un fraintendimento da lungo tempo inveterato, e perciò dissolverlo, correggere i concetti e avviare un migliore intendimento costerà un duro lavoro. Ma per quanto aspro possa anche risultarci questo lavoro, altrettanto urgente è il fine. Non possiamo continuare a vivere nel fatale dissidio, tra approvare o per lo meno accettare da una parte la costituzione democratica dello Stato insieme con i suoi fondamentali diritti dell'uomo, il suo articolo sull'eguaglianza dei diritti, i suoi suffragi diretti e il suo governo parlamentare, e dall'altra cercare con gli occhi l'autorità in obliquo sguardo nostalgico, nel senso e nell'opinione che in questa stessa costituzione democratica e liberale dello Stato un qualcosa come l'autorità non sia assolutamente rinvenibile o comunque non rinvenibile in modo legittimo. Non possiamo continuare a vivere nel cupo sentimento di dovere rinunciare all'autorità perché siamo stati condannati da qualcuno alla democrazia — da un qualche colpo del destino nazionale o dagli alleati o, nel caso più gradito, da un qualche inevitabile corso della storia universale, cui non ci si può più sottrarre. E già non possiamo affatto tollerare che se mai nel cuore di questa democratica e liberale costituzione dello Stato si formi inaspettatamente l'autorità di una persona o di una carica, essa sia fissata con guardo di corruccio dai ben intenzionati come una macchia incresciosa sulla veste democratica e derisa dagli avversari con maligna esultanza come un'indebita appropriazione. Fintantoché il fraintendimento dell'autorità non è chiarito, se soprattutto, continuando noi ad aderire così a questa libera costituzione dello Stato soltanto con dimezzato sentimento, le si continuerà a porgere un lealismo opportunistico oppure afflitto, non ci acclimateremo mai in essa, o, se mi è permesso usare un'altra parola già semidimenticata, dal suono completamente fuori moda: fintantoché il fraintendimento dell'autorità non è chiarito, la repubblica liberale non si trasformerà per noi nella patria e perciò neppure potrà risvegliare in noi l'amore di patria. («Patria»: di nuovo l'abbiamo qui, il padre, di nuovo ci imbattiamo nel ruolo paterno e nel vincolo paterno, e riteniamo di sentire con chiarezza estrema come anche lo stesso concetto di patria sia chiuso e negato alla comunità ordinata in forma democratica e repubblicana appunto perché l'autorità paterna non ha in essa alcun posto legittimo). Ma non avrei indicato questo fine dell'indagine, se non sperassi sul serio che il fraintendimento dell'autorità si possa chiarire e se non fossi sul serio persuaso che si tratta di un fraintendimento. L'audace impresa di comporre, coniugare insieme autorità e democrazia sarebbe inutile, se questi due concetti appartenessero effettivamente a due mondi della vita storicamente separati. Questa appunto è la questione che qui dobbiamo indagare: se ciò sia giusto o non sia giusto secondo il senso e l'origine.

Ma se non vogliamo fraintendere, bensì rettamente intendere l'autorità, allora dobbiamo rivisitarla nella sua origine. Attenendoci soltanto alla esperienza storica della Germania, non troviamo alcuna via d'uscita al dissidio e alla sventura. L'intera storia della Repubblica weimariana, al contrario, la sua storia spirituale politica per così dire, illustra l'opposizione, anzi la dura ostilità tra democrazia e autorità. Furono questa opposizione e questa ostilità a provocare il crollo della Repubblica di Weimar: essa non fu in grado di appagare il bisogno di autorità di coloro che con un colpo doloroso si videro derubati del fido ordinamento monarchico, non lo poté e non lo volle, e neppure fu in grado di costituire una nuova, persuasiva autorità; al suo posto la maggioranza del popolo produsse nel cuore della repubblica stessa un monarca supplente e segreto luogotenente, quella monumentale figura paterna del presidente Hindenburg, che nel mondo civile e nel mondo dei partiti faceva una così strana impressione, come un essere appartenente ad un'altra era geologica. Ma allorché neppure sotto tali segni si riuscì a consolidare la conduzione dello Stato, crebbe soltanto l'ostilità, aumentò il bisogno di autorità, si pervertì nella bramosia di autorità, anzi nella furia di autorità, nessuna ombra di re e nessun programma di restaurazione poté più bastare, ed essa produsse così qualcosa di tipo assolutamente nuovo: il sistema «autoritario». Il posto del trono di prima era rimasto vuoto. Ora né un principe né un fedelmaresciallo né un paterno signore della casa o del territorio occupò il luogo, bensì dell'occasione che si offriva si accorse soltanto un capo di partito, arringatore di masse, suonatore di tamburo, direi quasi terrorista.

Troppo tardi i conservatori si accorsero come ciò era inteso, che era inteso in modo definitivo e niente affatto interinale, che era inteso come dominio e niente affatto come luogotenenza, che era inteso come potere e niente affatto come mandato. Troppo tardi si resero conto che questo regime «autoritario» era ben lungi dall'istituire autorità, ossia un ordinamento durevole, producendo invece una inusitata concentrazione di potere, potere di comando ed esecutivo: potere assoluto. Le stesse idee di autorità militare di tutti quegli esaltatori della tradizione prussiana, i quali prima si schierarono intorno ad Hindenburg e poi costituirono le figure di sfondo dell'esibizione di Hitler nella chiesa della guarnigione di Potsdam, questi stessi concetti di autorità furono superati in modo imprevisto e mostruoso, furono scardinati. Per l'ordinamento militare di comando è sufficiente che al comando segua immediatamente ubbidienza. Ciò che l'uomo altrimenti faccia e pensi fintanto che non sia sottoposto ad un comando risulta relativamente indifferente. Ma quella forma di dominio che abbiamo imparato a conoscere come totalitaria, non si accontenta affatto di ciò. Essa vuol rendere l'uomo dipendente in carne ed ossa, insieme con la sua anima e la sua coscienza, e inoltre non soltanto passivamente dipendente bensì in una certa misura attivamente dipendente. Egli non deve semplicemente stare sull'attenti, quando riceve un comando dall'esterno, bensì deve diventare disponibile in tutti i suoi movimenti, manifestazioni e pensieri, moti d'animo e intenzioni, totalmente dunque, in maniera tale che alla fine non resti più assolutamente alcun contrasto tra autodeterminazione ed eterodeterminazione.

Ovviamente dobbiamo distinguere tra il regime autoritario e totalitario. E dobbiamo osservare che questa non è una semplice differenza di grado, ma di essenza. Per lo più lo si può già riconoscere dalla differenza delle forze personificate, dalle quali di volta in volta risultano questi regimi, vale a dire o di specie militare o di specie partitica. Il collegamento di ideologia e potere coercitivo è caratteristico del sistema totalitario, mentre il regime condotto «solo» autoritariamente ha di mira essenzialmente e di regola la concentrazione del potere di comando. Nondimeno l'elemento collettivo si colloca in questa concentrazione del potere di comando, e ciò significa contemporaneamente che da entrambe le forme di dominio la discussione e il compromesso o restano del tutto esclusi, o sono comunque sottratti alla pubblica osservazione, che non può esserci alcuna divisione istituzionale dei poteri né alcuna concorrenza, in ogni caso nessuna concorrenza pubblicamente definita per la direzione politica. Sebbene il suo dominio sia stato spinto per fasi alla totalità fino a raggiungerne il limite estremo, Hitler ai suoi esordi ha fatto chiaramente riconoscere questo autentico motivo autoritario, accanto a quello ideologico. In *Mein Kampf* è scritto: «il movimento è antiparlamentare, respinge la determinazione di maggioranza, con la quale il *führer* viene degradato (...) ad esecutore della volontà e dell'opinione di altri», e inoltre: «Chi vuole essere *führer*, porta nella suprema autorità illimitata anche l'estrema e la più difficile responsabilità»[1]. Ma certamente nessuna istanza e nessun uomo può più esigere questa responsabilità, così essa si trasforma in un puro affare privato del *führer* e, alla fine, in una semplice affermazione o modo di dire.

Ai nostri giorni poi, di fronte a questo fenomeno, e in base all'esperienza di queste forme di dominio, autorità e libertà, ovvero il principio autoritario e il liberale, sono ricadute di nuovo e più aspramente di prima in un'opposizione esclusiva, ostile e bellicosa l'una verso l'altra, mentre il principio di autorità sembra addirittura coincidere con la fattuale concentrazione del potere di comando. Perciò ci siamo visti più volte costretti a bipartire il mondo politico in autoritario e liberale. Così proprio oggi la via ad una correzione dei nostri concetti, ad un chiarimento oggettivo del fraintendimento tradizionale, ci appare spostata più a fondo di prima. L'autoritario sembra essersi tra-

---

[1] I due luoghi del libro di Hitler, *Mein Kampf*, si trovano alle pagine 378 e 379 dell'edizione abbreviata in un volume; cito dalle pp. 449-453 dell'edizione a cura della Zentralverlag der NSDAP, München, 1939 (cfr. *La mia battaglia*, trad. it. di A. Treves, Roma, 1937³).

sformato in nemico del liberale a tal punto che sono già state formulate teorie e intraprese ricerche sociologiche, che inseguono l'elemento autoritario non solo nello Stato o in altre grandi associazioni collettive, ma fin entro le più piccole formazioni sociali, fin nella struttura della famiglia, anzi fin nella disposizione del singolo individuo, allo scopo di combatterlo alla sua presunta origine, e nella speranza che esso scompaia poi da sé dall'ordinamento politico. Si è scoperta o escogitata la «personalità autoritaria», il «carattere autoritario», la si è additata come autentico capro espiatorio, principale colpevole ubiquitario e demone dell'ordinamento sociale. In tali circostanze, volere ancora sfuggire a questa confusione e salvare dalla massa un senso positivo dell'autorità, sembra essere completamente senza speranza.

Quel che comunque colpisce — se mi è lecito inserire un accenno grammaticale — è la preferenza che i fascisti come gli antifascisti, e anche i dotti tra essi, rivelano per l'aggettivo qualificativo *autoritär* (autoritario). Ma c'è ancora un'altra derivazione, che stranamente non è stata politicamente occupata ed è rimasta esclusa da tutta questa posizione del fronte e della lotta: è questa la parola *autoritativ* (autorevole). Nell'inglese e nell'americano, l'aggettivo *authoritarian* sembra avere soppiantato pressoché completamente quest'altra forma *authoritative*: anche nell'uso del linguaggio scientifico, esso racchiude variamente l'intera estensione dei significati, da *obrigkeitlich* (della superiore autorità) al nostro *autoritär* (autoritario), nel privato come nel pubblico, nel bene come nel male. Ma come percepiamo chiaramente, una decisione autoritaria e una decisione autorevole sono due cose completamente diverse. Per parlare con una metafora classica: nella prima il nodo è reciso, nella seconda viene sciolto da mano sicura con attendibile cognizione, certo anche dopo doverosa riflessione. Forse in ciò si trova più che una curiosità grammaticale. Forse possiamo riscontrarvi un'indicazione per rispondere al nostro quesito e per chiarire il fraintendimento del quale parliamo.

Voglio ripetere così ancora una volta che cosa intendo. Il regime autoritario rappresenta in verità una deformazione, una perversione dell'autorità. Esso manca di qualcosa che appartiene proprio all'essenza dell'autorità autentica. Gli manca proprio l'autorevole, l'autorizzazione, la delega e il mandato di potere, l'accreditamento, il consiglio, la riflessione e la ponderazione dell'agire. Ed è vero che esso fa sentire una mano dura, ma non per questo tuttavia una mano sicura e fidata. O se in singoli casi ciò addirittura non gli manca, gliene manca tuttavia in ogni caso la garanzia, la stabile garanzia. E non gli mancano soltanto la stabile garanzia e l'assicurazione istituzionale proprie di queste qualità; gli mancano stabilità, durevolezza, continuità in genere. Senza eccezione, i regimi puramente autoritari sono sorti propriamente da usurpazione. Dico: da usurpazione, non da rivoluzione. Una rivoluzione si riconosce dalla sua intenzione di produrre appunto un nuovo ordinamento durevole della società, una nuova specie di comunità, di istituire un nuovo principio di ordinamento legittimo, che d'ora in avanti deve valere per sempre. (Il principio dei diritti umani, per esempio, il principio della sovranità popolare, per esempio, il principio della società senza classi, per esempio). I regimi autoritari si basano sull'usurpazione e aderiscono strettamente a singole figure potenti — Franco, Salazar, Mustafa Kemal Pascià, Abd el Nasser, Perón —, hanno qualcosa di effimero, difficilmente sono in grado di continuare indipendentemente, ragion per cui poi dittatori lungimiranti non nominano questo e quel successore solo per questo o quell'umore, bensì adottano misure per imboccare la legittimità o nella monarchia ereditaria (come il generale Franco) oppure in un sistema costituzionale (come è riuscito in certa misura a Kemal Ataturk). In ragione di questo carattere effimero, usurpatorio, sprovvisto di legittimità e bisognoso di legittimità, questi regimi che denominiamo autoritari rappresentano addirittura il contrario, quindi, di ciò che oscuramente abbiamo in mente ogni qual volta udiamo e parliamo di autorità nello Stato e anche dell'autorità dello Stato, il contrario della salda durevolezza e della legittimità. Del tutto analogamente giudica del resto anche Hannah Arendt, questa eccellente scrittrice filosofico-politica, in un importante studio sullo stesso tema: ella scrive che forse non si dà sintomo più chiaro della confusione nel nostro lessico politico «della quasi unanime consuetudine di denominare autoritarie la Russia sovietica o la Germania nazista, mentre invece queste forme di dominazione in realtà (sono) sorte proprio dal crollo catastrofico di ogni autorità legittima»[2].

---

[2] Lo studio di Hannah Arendt è intitolato *What was Authority?* (trad. it. *Che cos'è l'autorità*, in H. Arendt, *Tra passato e futuro*, Firenze, Vallecchi, 1970, pp. 101-155), ed è contenuto nella raccolta *Authority* che Carl J. Friedrich ha

Manca al dominio autoritario, dicevo, qualcosa che appartiene all'essenza dell'autorità autentica. E d'altra parte è proprio del regime autoritario qualcosa che certamente non è estraneo in assoluto all'essenza dell'autorità ma non è tuttavia insito necessariamente in essa: è il potere di decisione, il potere di comando. Autorità e potere di comando appunto non sono affatto la stessa cosa. Questo è il secondo elemento capitale di quel fraintendimento di cui ci stiamo occupando: equiparare o confondere autorità e potere di comando, autorità e potere. In verità autorità e potere di comando sono due cose di specie diversa. E, come si può dimostrare in ogni singolo caso, i governi autoritari, ossia con il potere di comando, della nostra epoca, sono cresciuti realmente senza eccezione dalle rovine e sulle rovine di disgregate autorità di forma autentica e legittima, o dal marciume di logori sultanati e domini feudali o, ancora più spesso, dalle macerie di stati costituzionali liberal-democratici fallimentari. I governi autoritari hanno un tratto di episodicità — anche il dittatore deve pur morire!; in buona parte il governo autoritario è definibile semplicemente come stato di emergenza indefinitamente prolungato. Questo è un altro modo di esprimere il fatto che difetta o ha perduto l'autorizzazione autentica, o che non ne fa alcun conto, sebbene mostri di premurarsi in vario modo di creare un surrogato di autorizzazione, per esempio con l'allestimento di referendum popolari. Quel «datemi quattro anni di tempo!» (e quel che dei quattro anni è diventato), definisce questa origine del regime autoritario non meno chiaramente del nome «situazione», con il quale ancora oggi (1959) i portoghesi nominano il loro perdurante stato di emergenza. D'altro canto disponiamo qui di un criterio che chiarisce perfettamente come il governo del generale De Gaulle in Francia non rappresentasse appunto un regime autoritario in quanto allo stato di emergenza fu fissata una scadenza attendibile ed esso è stato portato a termine esattamente secondo il piano: fu un'autentica dittatura per stato di necessità secondo l'antico modello romano, pur con la particolarità che alla fine si stabilì una costituzione diversa da quella iniziale, che

---

curato come prima pubblicazione di una serie «Nomos» per incarico della American Society of Political and Legal Philosophy, Cambridge, Mass., Harvard University Press, 1959. Il curatore vi ha contribuito con un significativo saggio (*Authority, Reason and Discretion*), che è particolarmente importante per il nostro nesso perché corregge il tradizionale fraintendimento secondo il quale l'autorità e la disponibilità all'autorità sono fenomeni essenzialmente irrazionali.

quindi la forma e il modo dell'autorizzazione con e durante la dittatura si sono trasformati.

L'autorità non è il potere di comando, e neppure è necessariamente collegata con la potestà di decisione. Questa elementare distinzione, che al primo sguardo appare forse strana ed oscura, diventa tuttavia immediatamente evidente, se risaliamo all'origine dell'idea dell'autorità, all'origine della parola come della cosa stessa. Compiremo ora finalmente questo passo verso la spiegazione che ho annunziato in precedenza: l'origine è romana. Essa non è né cristiana né biblica in genere, bensì univocamente romana. Secondo l'unanime e autorevole parere dei filologi, degli storici dell'antichità e dei dotti conoscitori della storia del diritto e della costituzione, autorità, *auctoritas*[3], è una delle parole forti

---

[3] R. Heinze ha magistralmente indagato l'ambito semantico e anche la storia semantica della parola *auctoritas* in una trattazione dallo stesso titolo divenuta celebre, che è apparsa nel volume 60 (1925) della rivista «Hermes». Questa è la fonte di garanzia filologica, a cui il testo accenna e su cui qui mi appoggio ampiamente. Tra gli storici classici vorrei citare anzitutto Theodor Mommsen, la cui caratterizzazione del *senatus consultum* è citata nel testo per inciso. Il luogo si trova nel suo *Römischer Staatsrecht* (cfr. *Disegno del diritto pubblico romano*, trad. it. di P. Bonfante, Napoli, ESI, 1973), ma anche il primo volume del *Römischer Geschichte* illustra sotto molteplici aspetti la singolare posizione del senato, in particolare la sua evoluzione da un organo unicamente consultivo ad un organo deliberante e a tale riguardo, secondo il modo di esprimersi di Mommsen, anche di governo. (Su ciò dà delucidazioni in particolare il primo capitolo, cfr. *Storia di Roma antica*, trad. it. di D. Baccini, G. Burgisser, G. Cacciapaglia, Firenze, Sansoni, 1960, vol. I, pp. 317-19). In questo contesto è di alto valore dal punto di vista storico-costituzionale, infine, la significativa opera di Kurt von Fritz, *The Theory of mixed Constitution in Antiquity*, New York, 1954. Anche se lo scopo principale è l'esposizione delle idee politiche dello storiografo greco Polibio, tuttavia l'autore per ricostruire la teoria di Polibio nella storia empirica allarga variamente la veduta tanto nella classica, in particolare romana, quanto anche nella moderna storia costituzionale, e in tal modo il suo procedimento ha il grande pregio d'avvicinare in modo vivo la dottrina classica all'odierna comprensione, di far uscire l'oggetto dalla sola storia dello spirito e renderla per così dire immediatamente verificabile. Per la questione di cui ci occupiamo qui, Fritz dà la seguente informazione (pp. 169-70): «Il compito del senato era *dare influenti consigli* ai singoli sui compiti del loro anno: i consoli d'altra parte non erano obbligati a sottomettersi al consiglio del senato». Sul contenuto semantico della parola *auctoritas*, Fritz fornisce in una nota (p. 195, n. 443) ancora una sfumatura che non si trova in Heinze, ma che è orientata nella stessa direzione ed è altrettanto adatta ad appoggiare il mio personale tentativo. Si tratta cioè della ratifica da parte del senato di una legge che è stata approvata dal popolo, il che costituisce il significato tecnico originario dell'espresso *patrum auctoritas*. Questo atto è però, senza dubbio, un atto di convalida finale, che solo rende valida la legge, sebbene essa sia già deliberata

dell'ordinamento giuridico e statuale romano. Nel linguaggio giuridico romano antico, l'*auctor* non è propriamente l'agente, per esempio non è l'acquirente o il venditore in un affare commerciale, bensì piuttosto colui che attesta, approva e certifica questo affare, attestandone così efficacia e validità. Più tardi l'*auctor* è anche frequentemente addirittura il consulente, il consulente pubblico in particolare, l'uomo che, come dice Cicerone, attraversa il mercato per indicare a tutti la sua disponibilità ad essere interpellato come consulente. Ma il suo consiglio può essere tanto potente da rappresentare un esplicito ed efficace mandato per agire. Ed è qui che c'imbattiamo nel contenuto politico originario della parola, come esso nella vivente costituzione repubblicana di Roma antica si è realizzato in un'istanza e in un corpo interamente definiti: nel senato. Il senato romano non agisce esso stesso, non prende nessuna autentica decisione attuale, ed anche la sua deliberazione, il *senatus consultum*, sembra essere più che un ordine diretto una specie di «direttiva della politica», una risoluzione influente. «Più di un consiglio e meno di un comando», come con eccellente valutazione lo descrive Theodor Mommsen. Il senato consiglia e suggerisce. L'azione resta affidata ai detentori di cariche, ai consoli e ai pretori. Ma tutti quelli che detengono potere di decisione e potere di comando, anche iniziativa di legge, tutti si premurano o comunque sono tenuti a non agire soltanto secondo il loro arbitrio, niente affatto secondo il nudo potere, bensì piuttosto *in auctoritate senatus*, sotto l'autorità, con l'autorizzazione e in conformità del consiglio del senato. E sebbene non agisse né decidesse, il senato costituiva comunque un organo potente, temporaneamente l'organo di sicuro più potente della costituzione repubblicana[4]. Questo corpo dei «padri» consulenti della

dalla competente assemblea popolare. Debbo ancora osservare che della conoscenza dell'opera di Fritz sono debitore ad un'amichevole indicazione del latinista di Heidelberg Viktor Pöschl.

[4] «La posizione di potere tanto eminente ed effettiva quanto indeterminata e formalmente non consolidata del senato, nella più tarda repubblica viene regolarmente designata con la parola *auctoritas*, che è in pari misura sfocata e sfuggente ad ogni definizione rigorosa»: così Theodor Mommsen nel capitolo sulla competenza del senato del *Römischer Staatsrecht* (III, 2, p. 1033). Probabilmente il concetto appare «sfocato» soltanto nel confronto con le rappresentazioni del potere legislativo, esecutivo e giudiziario del diritto pubblico dell'età moderna, sebbene anche queste, e in particolare quelle dell'esecutivo, siano caratterizzate da un grado considerevole di vaghezza o, se si

comunità[5], questo prototipo dell'autorità ci insegna dunque con evidenza stringente che l'autorità è differente dal potere di decisione e dal potere di comando attuali e che ciò nonostante l'autorità appartiene parimenti all'intero del governo come il potere di comando. Questo ci fa comprendere, inoltre, che l'autorità non opera con la coercizione, ma è volontariamente accettata ed accordata, e infine che i detentori dell'effettivo potere superiore di coercizione hanno bisogno del patrocinio, dell'accreditamento e del mandato di potere. Espresso semplicemente: la differenza tra potere di comando e autorità si traduce più o meno in quella tra potere e mandato di potere.

Certamente se nessuno si fosse sentito indotto a ripercorrere queste origini storiche, la sostanza del senso originale della parola e del contenuto oggettivo non sarebbe conservata con continuità di effetto. Ognuno invece avverte oscuramente che fino al giorno d'oggi con la parola «autorità» viene richiamato qualcosa di più e qualcosa di diverso dal solo potere appunto, dal solo potere di comando. Ne testimoniano anche le applicazioni non-politiche: noi parliamo di autorità dotta, di autorità dotte, dell'autorità di tribunali, dell'autorità di una costituzione — anche di autorità personale, semplicemente (con il che intendiamo l'essere degno di fiducia immediatamente evidente di un uomo). E in verità,

preferisce così, il fatto che terminologicamente si è accuratamente distinto tra l'*auctoritas* da una parte, l'*imperium* e la *potestas* delle cariche come anche la *maiestas* della comunità del popolo dall'altra, ha reso tangibile che il concetto di *auctoritas* nel pensiero romano occupa un posto fisso e circoscritto con chiarezza assoluta. Anche *senatus consultum* e *lex* terminologicamente non sono mai coincidenti. Che nella repubblica più tarda il senato abbia conquistato «il ruolo determinante nella guida e nella conformazione della comunità», è sottolineato anche nella esposizione della sua natura politico-costituzionale dello storico Christian Meier ha offerto nel suo libro *Res Publica amissa* (Wiesbaden, 1966). Egli però percepisce egualmente il sorprendente potere dei magistrati che inversamente avrebbero potuto esercitare «grossa influenza sulla determinazione della politica senatoriale». Le ampie facoltà delle supreme cariche dello Stato, scrive Meier, «sarebbero (...) state difficilmente pensabili se non avesse dominato la regola che esse facevano uso del loro potere d'intesa per lo meno con la maggioranza del senato» (pp. 48-9). Questo viene garantito ed anche espresso, così mi sembra, appunto dai concetti giuridici di *imperium* e *auctoritas*; essi restano tanto distinti l'uno dall'altro quanto reciprocamente assegnati l'uno all'altro.

[5] In senso stretto si chiamano *patres*, padri, non i senatori in genere, ma soltanto quelli patrizi. Mommsen (III, 2, p. 1037) cita alcuni passi in cui addirittura per *patres* compare la parola *patricii*; egli osserva anche, d'altra parte, che molto spesso Livio con *patres* intende l'intero senato.

quando percepiamo questa figura romana dell'autorità, è come ci cadesse la benda dagli occhi. Sarei lieto se potessi suscitare parte di questo sentimento.

Ora si fa qui assai seria l'obiezione di Hannah Arendt, che sicuramente anche altri sono pronti a condividere. Questa pensatrice politica ha espresso la convinzione che per noi l'autorità sia irreparabilmente perduta secondo il senso e l'essenza, comunque secondo il suo senso e la sua essenza romani. Hannah Arendt ha acquisito questa persuasione proprio da un'approfondita ricerca del significato classico di autorità. In ciò non posso seguirla. In primo luogo, per la ragione che fino al giorno d'oggi il concetto di autorità e della carica autorevole — derivato direttamente dalla tradizione romana — sono stati continuati e conservati in un corpo occidentale del tutto definito: vale a dire nella Chiesa cattolico-romana. Lì l'autorità vive in figure diverse, come autorità dell'intera chiesa, come autorità del sinodo o del concilio e come autorità del papa. Questa terza figura, l'autorità del papa, in un dato momento storico, dopo il naufragio di determinati movimenti ecclesiali controcorrente ed essenzialmente per motivi di reazione, ossia affinché fosse opposto un argine alla confusione religiosa e all'apostasìa, è stata innalzata senza dubbio fino al dogma dell'infallibilità, proclamato da Pio IX nell'anno 1871. Dopo questa deliberazione maggioritaria del Concilio vaticano[6], tali decisioni che il Papa romano assume quando «parla *ex cathedra*» — cioè quando egli (cito) «esercita il suo ufficio di pastore e maestro di tutti i Cristiani» e «*pro suprema sua apostolica auctoritate*» definisce una dottrina della fede o dei costumi, a cui l'intera chiesa deve attenersi — sono considerate non solo come definitive ma come infallibili. Tali definizioni del Papa romano, si dice inoltre, devono essere immodificabili «*ex sese, non autem consensu ecclesiae*»: per se stesse, non già per il consenso della comunità ecclesiale. Questo dogma viene giustificato con il dono tramandato della grazia, che è stato concesso a Pietro e ai suoi successori. Ma si tratta chiaramente, in questo caso, della pienezza del consiglio e della cognizione, che certamente sono concessi dall'assistenza dello

---

[6] In riferimento al Concilio vaticano e al dogma dell'infallibilità, ho utilizzato la magnifica e dettagliatissima esposizione del benedettino Cuthbert Butler che è stata tradotta in tedesco e corredata di alcune aggiunte e osservazioni dall'abate Hugo Lang: *Das Vatikanische Konzil*, München, 1933.

spirito santo e stanno a fondamento dell'autorità dottrinale del papa. Qui però non dobbiamo discutere sull'infallibilità, essa è un ingrediente e un'accentuazione estranei al pensiero romano antico e del resto sembra dover essere distinta anche dalla concezione cattolica dell'autorità in quanto tale.

D'altronde si danno dottrine di infallibilità anche altrove e in questioni assolutamente temporali. «The king can do no wrong»: il re non può commettere ingiustizia, è un principio, una dottrina del diritto pubblico inglese che vige fino a questi giorni. A differenza della dottrina vaticana, essa ha conosciuto un'astuta interpretazione pratica: affinché egli non venga assolutamente a trovarsi nella condizione di commettere ingiustizia, il re in Inghilterra è stato privato della facoltà d'agire e di ogni responsabilità. In questo modo il re inglese rappresenta una figura dell'autorità più pura, spogliata di quasi ogni potere di decisione e potere di comando. Il suo ufficio si esaurisce semplicemente nell'assistenza, nell'approvazione, nella convalida[7].

Ma in secondo luogo e innanzi tutto non posso seguire la tesi del radicale declino dell'autorità, perché in realtà incontriamo effettivamente in continuazione l'autorità in diverse trasformazioni e metamorfosi, perché non potremmo, per esempio, godere neanche un giorno dei benèfici diritti e delle libertà costituzionali in genere di uno Stato, se non ci fosse autorità, per lo meno l'autorità della costituzione stessa. Certo per apprezzare o anche soltanto percepire questo, dobbiamo sottoporci al compito circostanziato di rivedere un'intera serie di pregiudizi che sono presenti nella storia spirituale dell'età moderna europea.

La questione non è conclusa solo con il riconoscimento della perversione dell'autoritario. Ne è finita rimettendo al loro posto tutte quelle dottrine che da noi in Germania, in epoca recente,

---

[7] In questo senso scriveva già ai tempi della regina Vittoria Walter Bagehot, il chiaroveggente autore della *English Constitution*: «When a monarch can bless, it is best that he should not be touched. It should be evident that he does no wrong. He should not be brought too closely to real measurement. He should be aloof and solitary. As the functions of English royalty are for the most part latent, it fullfills this condition» (Edizione dei World's Classics, p. 40). È celebre la concisa enumerazione di Bagehot degli effettivi diritti di un monarca costituzionale, che sono tre: «the right to be consulted, the right to encourage, the right to warn» (p. 67). Il diritto di essere consultato, il diritto di incoraggiare e il diritto di ammonire — questo in fondo non è altro che una specifica delineazione dell'autorità.

hanno fatto scuola e determinato conseguenze storiche, siano esse da intendere derivate da disperazione, da opposizione o da mania innovatrice o anche da nausea per la debolezza decisionale della prima repubblica tedesca. Rientra tra esse innanzi tutto la dottrina del primato della decisione, il «decisionismo» di Carl Schmitt[8]. Questa dottrina è evidentemente orientata sul fenomeno, anzi sull'ideale dello stato di emergenza. Essa ritiene di riconoscere e fondare l'autorità, ma in verità la sostituisce con l'arbitrio (del dittatore) scisso e necessariamente tendente all'imbarbarimento. Appunto per questa ragione questa dottrina non è capace né di dare un fondamento alla comprensione dello Stato nella sua completezza né di istituire un criterio di misura per la distinzione del durevole dall'episodico, del normale dall'eccezionale, anzi del legittimo dall'illegittimo. In questa questione dobbiamo prendere le distanze anche da Max Weber[9], il quale

[8] L'assolutizzazione della decisione, da parte di Carl Schmitt, come si incontra correntemente nei suoi scritti, ha propriamente il suo vangelo in quella frase di Thomas Hobbes che egli cita anche con approvazione a p. 54 di *Geistesgeschichtlichen Lage des heutigen Parlamentarismus*, München-Leipzig, Duncker und Humblot, 1926² «Law is not Counsell, but Command». In quanto l'autorità però si sviluppa proprio dal consiglio e dalla buona consultazione, deve conseguirne quindi o che il fenomeno dell'autorità svanisce dall'orizzonte di un simile pensiero o che esso viene disconosciuto e collocato a lato del potere di comando. Schmitt sembra essere caduto vittima di entrambe le conseguenze nello stesso tempo. Chi mira ad acquisire una veduta fenomenologica completa degli atti politici, anche dell'atto della legislazione, percepirà immediatamente che *counsell* e *command* sono strettamente collegati o che la decisione non è pensabile senza consiglio e consultazione. La ricerca oltremodo scrupolosa che Peter Schneider ha dedicato alla dottrina del diritto di Carl Schmitt (*Ausnahmezustand und Norm*, Stuttgart, 1957), ne scolpisce incisivamente le conseguenze in ultimo nichilistiche: «la decisione si rende libera da ogni legame normativo e diventa assoluta in senso proprio» (p. 262), e: «il pensiero di Carl Schmitt è orientato sullo stato di emergenza» (p. 264). Il conte Christian Graf von Krokow (nella sua ricerca su Ernst Jünger, Carl Schmitt e Martin Heidegger, che porta direttamente il titolo *Die Entscheidung* [La decisione], Stuttgart, 1958) ha riassunto ancora un po' più aspramente questo modo di pensare con le frasi: «Il nulla normativo dello stato di emergenza esige la dittatura. Per conseguenza unicamente la dittatura (secondo Schmitt) rende giustizia all'essenza della politica» (p. 61).

[9] In luogo di molte citazioni da Max Weber, ne riportiamo una unica, che si trova nel secondo volume di *Wirtschaft und Gesellschaft* e precisamente nella prima sezione dedicata alla sociologia del potere, laddove l'autore intraprende ad ordinare sistematicamente i tipi di potere. Ivi (p. 542 dell'edizione di Joh. Winckelmann, Tübingen, 1966; cfr. Max Weber, *Economia e società*, trad. it. coordinata da Pietro Rossi, Milano, Comunità, 1968², vol. 2, p. 247) egli

nel suo scettico, nel suo disperato anelito per un realismo «avalutativo», ritiene addirittura di dover definire l'autorità come potere di comando e dovere d'ubbidienza, e per il quale perciò il rapporto tra padrone e schiavo, dunque un rapporto di dipendenza indissolubile, si trasformò nel prototipo di un rapporto d'autorità. Il suo furioso e nello stesso tempo malinconico fervore lo condusse in fondo alla persuasione che un ordinamento liberale e democratico-costituzionale dello Stato non si accordi con l'autorità.

Nel frattempo sarà necessario uno sforzo ancora più approfondito per smantellare quello strato più antico di rappresentazioni dell'autorità, che ha una lunga e vasta storia nell'ambito cattolico-ecclesiale, ed ha anche contribuito alla giustificazione della monarchia assoluta, e da allora fino ad oggi è rimasto come caratteristico modo di pensare conservatore: intendo l'orientamento sull'autorità paterna nella famiglia, l'apparentamento del concetto d'autorità con il ruolo paterno e la costruzione di ogni possibile rapporto sociale e politico d'autorità secondo questo modello: tutto ciò di cui ho parlato all'inizio. Per la critica di queste vedute patriarcali, rallegra il cuore ciò che il grande John Locke ha scritto (nel XVII secolo) nel suo saggio polemico contro Filmer, un ideologo della monarchia assoluta: con la Bibbia e con i dieci comandamenti al riguardo non si può operare bene, egli osserva, poiché in essi non si dice «onora tuo padre», bensì: «onora il padre e la madre, affinché tu viva a lungo nella terra che il Signore tuo Dio ti concede»[10]. Resta anche sempre singolare

---

distingue «da una parte il "potere" costituito in virtù di una costellazione di interessi (...), e dall'altra il "potere" costituito in virtù dell'autorità (potere di comando e dovere di obbedienza)». Nel primo tipo annovera in particolare il potere monopolistico sul mercato, ma nel secondo il «"potere" del padre di famiglia o il "potere" di ufficio o il "potere" del principe». La domanda che cosa sia propriamente ora quell'autorità sulla quale il dominio potrà fondarsi, ottiene da Weber una risposta — o si dovrà dire: viene liquidata? — laconica e propriamente tautologica, con la celebre espressione del diritto al «dovere d'obbedienza assoluta». Anche la definizione di autorità che segue un paio di righe dopo, non va oltre: essa è ancora una volta intesa soltanto come «un diritto all'obbedienza, indipendente da ogni interesse, nei confronti di coloro che sono di fatto dominati». Questo tipo di potere poggia sull'autorità, così sentiamo; ma questa autorità poggia su nient'altro che potere.

[10] L'osservazione di John Locke si trova nel primo dei *Two Treatises on Civil Government*, che è intitolato *An Essay concerning certain false principles*, e precisamente nel secondo capitolo, il quale tratta del potere paterno e del potere regale. Oggi questo primo trattato è assai meno conosciuto del secondo,

che l'immagine di culto della sacra famiglia, questo intimo scenario della devozione ma anche dell'imitazione, non offra assolutamente alcun appiglio per il patriarcalismo. Anzi è la cara madre che qui regna completamente, e il padre Giuseppe figura in questa casa soltanto come fedele luogotenente, non come padrone[11].

Per chiarire ulteriori fraintendimenti, posso appena accennare che davvero le grandi liberazioni o processi di emancipazione dell'età moderna nell'insieme si trovarono in lotta con le autorità stabilite ma tuttavia contemporaneamente, talvolta senza volerlo e per lo più senza saperlo, hanno anche fondato nuove autorità. La riforma rigettò l'autorità dottrinale della Chiesa ma fondò l'autorità della Sacra scrittura. Gli umanisti rigettarono l'autorità della tradizione filosofica medievale ma fondarono l'autorità dei

---

che certo contiene lo sviluppo positivo e sistematico dei suoi pensieri su costituzione e governo e che ha fatto storia. Considerato come scritto polemico, anche il primo comunque sostiene senz'altro il suo rango. Della mordacità e dello scherno che qui colpiscono il malcapitato Filmer, può dare un'idea il tenore originale di quella frase che ho citato sopra nel testo: «I hope it is no injury to call an half-quotation an half-reason, for God says, "Honour thy father and mother", but our author contents himself with half, leaves out "thy mother" quite, as little serviceable to his purpose» (cfr. John Locke, *Due trattati sul governo*, col *Patriarca* di Robert Filmer, a cura di Luigi Pareyson, Torino, Utet, 1960, 2ª ed. riveduta, p. 72).

[11] In tempi recentissimi la dottrina paternalistica dell'autorità nel senso cattolico, che si richiama a Tommaso d'Aquino, ha trovato un portavoce perspicace e ricco di pensiero in Richard Hauser: *Autorität und Macht*, Heidelberg, 1949. «In qualche modo ogni autorità partecipa dell'ufficio paterno», vi si dice (p. 373), e: «Tutte le autorità naturali nella loro posizione di preminenza e nel loro operare sono immagini del potere divino di guida» (p. 374). L'intenzione del libro è dimostrare che, in base ai suoi presupposti, l'etica protestante non è in grado di sviluppare una propria dottrina dell'autorità, che essa deve invece equiparare l'autorità con il potere. La dottrina riformata, in misura acuita la teologia dialettica, a questo riguardo coincidono addirittura con la rappresentazione moderna dello stato autoritario, inaugurata da Machiavelli. Questa parte dell'analisi di Hauser ha una grande forza di persuasione: quanto più radicalmente il mondo peccaminoso viene staccato dall'*analogia entis* e messo di fronte al Dio «totalmente altro», tanto più difficilmente riuscirà il riconoscimento di quell'autorità che poggia sull'*analogia entis* o ad essa si richiama, in particolare sull'analogia della paternità. E tuttavia di questa autorità soltanto e non di ogni autorità. La tradizione romana classica è del resto rimasta operante anche nel nord protestante, sebbene possa esserci in effetti una propensione specificamente protestante a sentire e a mostrare il potere nudo e crudo; ma per quella ragione può d'altra parte esserci anche una specifica disposizione alla resistenza contro tale potere.

testi classici emendati. L'illuminismo rigettò l'autorità dei dogmi e dei precetti morali riguardo al loro contenuto, ma fondò l'autorità della ragione pura, del giudizio, dell'imperativo categorico. Il liberalismo politico, infine, completò la demolizione di ogni dominio tradizionale ma — e ciò d'altronde sempre nel ricordo di quei quiriti, di quel popolo della repubblica romana —, fondò l'autorità della virtù civile come quintessenza dei comandamenti dell'umanità. I portavoce del terzo stato abbatterono l'autorità monarchica, ma fondarono l'autorità della costituzione e delle sue istituzioni. E se pur non l'hanno fondata direttamente, l'hanno comunque resa possibile. Anche il crollo dell'autorità paterna nell'ordinamento della famiglia, frutto dell'emancipazione delle donne che oggi da noi viene definito con l'espressione giuridica un po' arida, prepotente e scostante della «equiparazione dei diritti», ha iniziato davvero a dissolvere questo legame dell'autorità con il ruolo paterno, ma non per questo ha tuttavia abolito in alcun modo l'autorità in quanto tale, bensì ha messo allo scoperto la strada per una nuova autorità, che forse può essere più difficile da raggiungere di quella tradizionale, ma che è tuttavia necessaria e che certo si formerà.

L'autorità è il mandato di potere in base al quale si agisce. L'autorità si forma specialmente dal consiglio e dalla consultazione, i quali, ammesso che sia una decisione ben ponderata e ben deliberata, precedono ogni volta la decisione. Per il resto, questo potere consultivo e consulente può ora risultare visibile nello Stato come un organo peculiare, come un corpo a parte, come nel caso del senato romano e, in altro modo, anche nel caso dei moderni corpi parlamentari, oppure esso può presentarsi collegato più strettamente con il forte potere di comando e con il suo titolare; in una qualche maniera, nella vita costituzionale e nel mondo degli Stati l'autorità inerisce sempre a uffici e a istituzioni. Alle persone individuali, soltanto nella misura in cui esse interpretano bene il loro ruolo, adempiono il loro ufficio, gli concedono carne e sangue, gli danno un'impronta di durevole effetto. La costituzione libera certamente non conosce soltanto un'unica autorità, ma molte. L'autorità non risiede soltanto sui troni né risiede soltanto presso singole persone. Il fraintendimento più grande, pesante e fatale dell'autorità è proprio quello conservatore, nella misura in cui qui, come tanto spesso abbiamo udito, l'autorità è sempre saldata, in analogia con l'unico Dio, con l'unico re e con l'unico padre della casa, è dunque posta sotto sequestro dal dominio esercitato da un unico. Come se costituzioni con i poteri divisi dovessero fare a meno dell'autorità già solo per questo! (Il pensiero dell'autorità deriva anzi, come già accennato, dalla repubblica romana in cui popolo e senato e cariche erano divisi nel mondo politico.) In alto tra le molte autorità sta l'autorità della costituzione stessa, non solo del diritto scritto bensì della costituzione come essa si presenta nell'attività degli organi dello Stato, come si presenta nella vita. L'autorità neppure risiede soltanto in coloro che detengono il potere attuale di governo. Anche un'opposizione può conquistare la sua peculiare autorità, se essa percepisce giustamente il suo ufficio. Anche la critica indipendente dell'opinione pubblica può conquistare la sua peculiare autorità, se essa percepisce giustamente il suo ufficio.

Ma se il governo, se la poltrona ministeriale si trasformano nel «posto» che si conquista per desiderio di arricchirsi personalmente o anche soltanto di soddisfare la propria ambizione di potere, l'autorità specifica di questa istituzione viene così dissipata, per quanto grande possa essere l'esercizio del potere di questo governante, anzi il fascino della sua persona. Il presidente di un corpo parlamentare agisce con parzialità, si immischia, favorisce una parte, falsifica intenzionalmente il risultato di una votazione o simili: l'autorità in gioco specifica di questo ufficio è così perduta. Il funzionario diventa corruttibile — in ciò non deve esserci necessariamente denaro in gioco —, si trasforma nello strumento dell'intrigo e rovina così l'autorità del suo ruolo nell'insieme delle funzioni dello Stato. Nella legiferazione il deputato dimentica che le leggi sono fatte per la nazione intera, intenzionalmente o inavvertitamente scivola nel ruolo di un difensore di interessi particolari, mettendo così in pericolo l'autorità di deputato e dell'intero parlamento. L'opposizione parlamentare decade in demagogia, accantonando la preoccupazione delle conseguenze dei suoi discorsi e della realizzabilità delle sue richieste, perde di vista quindi la responsabilità nazionale: essa fallisce così l'«ufficio» dell'opposizione e mette in pericolo l'autorità che ad esso può e deve inerire. Il quotidiano si trasforma nello strumento dell'ambizione personale o l'editorialista nel «pennivendolo», ed essi mandano così in rovina l'autorità che deve contrassegnare gli organi della pubblica opinione. E infine: il cittadino dello Stato diventa pauroso, magari strisciante per desiderio di vantaggi momentanei, e tradisce la suprema virtù civile e il primo vero dovere del cittadino, ossia la pacata franchezza (di cui la litigiosità e la querimonia sono soltanto le immagini deformate); oppure il cittadino crede all'opposto di dovere dispensarsi da ogni seria partecipazione agli affari dello Stato, assume una posizione politica da «senza-di-me», come se né governo né opposizione né opinione pubblica lo riguardassero in qualche cosa; il cittadino degenera dunque o nel lacché o nel piccolo coboldo — crolla così anche questa autorità che sta a fondamento di una comunità democratica, l'autorità del cittadino e dell'insieme dei cittadini stessi. Ci renderemo così completamente conto che confondere l'autorità con il potere di ordinare, comandare, giudicare, punire e graziare era in effetti un fraintendimento. E ci renderemo conto così che era un fraintendimento vedere l'autorità all'opera soltanto nel dominio indiviso, illimitato, del capo di famiglia classico o del moderno monarca assoluto. Che era un fraintendimento cercare l'autorità nello Stato solo in un unico luogo, ossia in alto, al vertice. Che era un fraintendimento, certamente assai gravido di conseguenze, opporre e contrapporre l'autorità alle istituzioni democratiche — un fraintendimento anche dei democratici volere o dovere tenere lontana l'autorità dall'immagine costituzionale e dalla vita costituzionale loro proprie. Un fraintendimento abbandonare la richiesta dell'autorità e la formazione dell'autorità alle tendenze conservatrici, restauratrici, fasciste. Un fraintendimento ritenere che la libertà possa fare a meno dell'autorità o che l'autorità sia ostile e pericolosa per la libertà e per la costituzione liberale dello Stato. In verità autorità e libertà non sono assolutamente princìpi opposti, ostili. L'autorità ha bisogno della libertà, ossia della libertà di coloro che la riconoscono di loro libera iniziativa, poiché essa cade altrimenti in rovina, degenera nel potere coercitivo e nel dispotismo. Ma la libertà ha bisogno dell'autorità, ossia dell'autorità di tutte quelle istituzioni e forze che garantiscono la libertà[12]. Se queste autorità vengono a mancare, anche la libertà stessa corre così in ogni momento il pericolo di ribaltarsi in anarchia, guerra civile, terrorismo da strada e tirannia.

---

[12] Con molta semplicità Karl Jaspers ha formulato così l'interdipendenza: «La libertà è sostanziale soltanto tramite l'autorità che essa segue. L'autorità è vera soltanto tramite il risveglio della libertà». Così nella conferenza *Freiheit und Autorität* [Libertà e autorità] che è pubblicata nella raccolta di saggi *Philosophie und Welt*, München, 1958, p. 45.

10. Il vocabolo politica e il concetto del politico

Le parole comportano significati, tuttavia non necessariamente concetti. Se fosse diversamente, verrebbe meno la ragione del sarcastico insegnamento di Mefistofele nel *Faust*: «dove i concetti mancano, ecco che al punto giusto compare una parola». Non esiste parola senza significato, fuorché per lo straniero, per il barbaro di turno che non comprende la lingua. Il significato è l'anima della parola. E parlare del vocabolo «politica», vuol dire perciò immancabilmente interrogare il significato, i significati, la storia del suo significato, di cui voglio subito esporre un breve compendio. Ma occupandoci di scienza, per esempio di scienza politica, non ci accontenteremo dell'uso delle parole, dell'uso del vocabolo «politica» e del vocabolo «politico» nelle sue accezioni abituali, quotidiane. Noi intendiamo trovare un concetto della politica, un concetto del politico, oppure, se esso poi non si trova di per sé, né si lascia derivare dall'osservazione dei fenomeni che si chiamano «politici», allora prenderemo una decisione a discrezione e stabiliremo il concetto stesso in base al potere e delega di potere dell'uomo di denominare, che certo include anche il potere e la delega di potere di definizione.

In questo secondo caso, in quanto uomini di scienza abitualmente non diciamo che la politica è questo e quello ma che abbiamo nominato «politica» questo e quello, e risolviamo di procedere in seguito ad una tale determinazione soggettiva. A tale norma si è attenuto il grande Max Weber, come tutti sanno, il quale è stato un impositore di nomi e un definitore addirittura ossessionato, e in base a tali concetti definiti ha edificato o composto un'intera scienza, in un'ebbrezza autentica di denominazione e di nominalismo. Sono note queste caratteristiche formulazioni, e voglio offrirne un esempio in stretta connessione con il nostro argomento; cito Max Weber: «Per "potere" si deve intendere... la possibilità per specifici comandi di trovare obbedienza da parte di un determinato gruppo di uomini». Questo è un concetto con il quale si può lavorare. Un concetto come uno strumento (bisturi) lucente che consente operazioni, che invita alle operazioni. E anche il procedimento logico e metodico appare del tutto inconfutabile. L'autore stesso ha indicato che cosa intende e cosa vuole sia inteso con «dominio». E tuttavia un tale concetto stabilito intenzionalmente — ad esempio questo concetto weberiano di dominio — comporta l'impatto con grandi difficoltà e confusioni. Non solo esso entra in conflitto con l'accezione tradizionale di dominio, che così tanto ha accolto e ripreso dal *dominium* medievale e dunque significa molto di più che semplice potere di comando, ossia potere di discrezionale disposizione, dominio su servi: ciò sarebbe ancora accettabile; il nuovo concetto deve appunto sbarazzarsi del vecchio significato. Ma ci sono anche difficoltà fenomeniche: il superiore militare supponiamo, il maresciallo, che certo in effetti ha di norma la possibilità di essere ubbidito da persone specificabili, ossia dalla sua unità, dovrà infatti chiamarsi «dominatore» dei suoi uomini? Un ministro esercita dominio sui funzionari, cui egli ha facoltà di impartire ordini? L'esercita il parlamento, che legifera nell'attesa di trovare ubbidienza presso persone specificabili, ossia presso l'intera comunità statale — esso esercita per questo il dominio sul popolo? Un tribunale esercita dominio, poiché la sua decisione viene osservata dalle parti? Oppure: tutto ciò, questo potere militare di comando, questa facoltà amministrativa di ordinare, questa funzione parlamentare di legislazione, questa delega di potere decisionale giudiziario, detto alla Max Weber, dovrà realmente chiamarsi «dominio»? Il concetto qui evidenzia una gran quantità di fenomeni, ma con lo stesso tratto altrettanti sembra oscurarne quanti ne illumina. E per di più il concetto conduce anche un gioco pericoloso, poiché il nominatore non può già impedire che, malgrado le incisive definizioni, determinazioni e riduzioni che ha intrapreso, nell'uso linguistico generale la parola continui a racchiudere anche l'intero carico del significato o dei significati tradizionali. E la scienza non può impedire che la gente che ha ubbidito a questo comando del superiore, ha eseguito degli ordini del capo dell'ufficio, ha seguito queste leggi e riconosciuto questi provvedimenti giudiziari, un giorno fiuti in tutto ciò l'elemento del dominio nel significato tradizionale della parola e si rivolti contro tutti questi «dominatori» e rifiuti loro obbedienza, poiché essa non vuole più essere dominata, cioè oppressa. Se si impone comunque, il concetto che utilizza la parola senza fare doverosamente attenzione ai suoi significati, nel loro contenuto e nel loro peso, può provocare un gravissimo danno nella realtà sociale.

Ma ciò era soltanto un esempio e un preludio. Un esempio, come ho già detto, che è assai direttamente connesso con il nostro lemma principale «politica», purtroppo connesso assai strettamente per la ragione che questo concetto di dominio occupa un posto centrale nella politologia di Weber, nella sua sistematica delle associazioni politiche: la sua politologia anzi fu progettata come sociologia del dominio. Dalla discussione di questo esempio vorrei trarre una conclusione, ricavare una regola di principio. È la regola per cui anche il concetto definito, nella misura in cui non possiamo rinunziare ad esso, non deve distanziarsi troppo dalla storia semantica della parola alla quale resta assegnato o, detto meglio, il concetto deve accordarsi con il significato, deve porsi con esso in un rapporto pacifico il più possibile favorevole. Il linguaggio della scienza, del resto, non consiste affatto soltanto in concetti definiti. Qui ed ora abbiamo a che fare con scienze umanistiche: esse possono continuare a prendere le parole come esse vengono, ossia con i loro significati tradizionali e anche con il carico della loro rispettiva storia semantica. Non è necessario definire continuamente ma talvolta è necessario. E neppure soltanto per l'interesse tecnico-scientifico all'esattezza, bensì anche per un interesse superiore, non solo per l'interesse ai mezzi ma anche e ancor più per l'interesse ai fini. Definire concetti diventa espressamente urgente allorquando e laddove vogliamo riconoscere quali siano propriamente l'oggetto e lo scopo dei nostri sforzi scientifici. Così nel nostro caso: che cosa sia davvero la «politica» o il «politico». Qualcuno può forse ritenere che questa sia non una questione scientifica ma filosofica. E io non intendo contestare del tutto tale opinione. Ma una scienza singola, che non voglia degenerare in un cieco rovistare tra i dati di fatto e decadere così ad una specie di esistenza da talpa, deve tuttavia tentare di rendersi conto del suo senso, essa stessa deve anche filosofare. Deve filosofare almeno tanto da acquisire un concetto della sua stessa materia. Per parte mia non vorrei sedere al banco dei puri metodologi e nominalisti, che degradano il concetto a strumento e della parola fanno soltanto uso; a questo riguardo, vorrei piuttosto stare dalla parte di Platone, che nel *Fedone* ha formulato l'immensa certezza di fede logica — cito secondo la traduzione di Schleiermacher, «che il concetto vuole appropriarsi del suo nome per tutti i tempi». Certamente non ci risulta affatto facile ricomprendere un'espressione così grande e una pretesa così alta né metterle di nuovo in opera. E qui possiamo in tranquillità fare le nostre riduzioni. Ma nondimeno nel fondo del nostro cuore ciò che innanzi ci aleggia è proprio questo e non altro, se cerchiamo un concetto. Esso deve appropriarsi del suo nome, cioè, deve amalgamarsi con la parola pertinente e con il suo significato, e precisamente per tutti i tempi esso deve portare valore con sé o conseguire validità. Questo è ciò che ci attendiamo, ciò che desideriamo attenderci e osiamo attenderci, anche da un concetto del politico.

Ma prima di cercare il concetto vogliamo ricapitolare il vocabolo «politica» e la storia del suo significato, per lo meno in qualche tratto. Vogliamo comunque conoscere il nome di cui il concetto deve appropriarsi, secondo l'espressione di Platone. La storia del vocabolo «politica» è una storia avventurosa, piena di casi strani e di svolte sorprendenti. Nell'altro Medioevo il vocabolo è comparso in Europa come una parola straniera, si potrebbe quasi dire come un disguido. La sua trionfale carriera moderna, che lo ha inserito in tutte le lingue dell'occidente, inizia con il ritorno della *Politica* di Aristotele e con la sua traduzione in latino, compiuta intorno all'anno 1260 dal domenicano fiammingo Wilhelm von Moerbeke, probabilmente su ispirazione di Tommaso d'Aquino. I grandi commentari di Alberto Magno, di Tommaso d'Aquino e di altri dottori, si basano completamente sulla traduzione di questo Wilhelm, il quale possedeva la conoscenza allora relativamente rara della lingua greca. Nel suo testo di traduzione, per il resto totalmente latino, Wilhelm ha conservato appunto queste parole straniere, in forma leggermente latinizzata: *politicus, politica, politicum*. Non in tutti i casi, certo, talvolta le ha anche tradotte. Il celebre *zoon politikon*, per esempio, qui suona *animal civile*. Di regola, il vocabolo di base *polis* ricorre soltanto in latino come *civitas*, il *polites* come *civis*. Per questo è vero che nelle lingue moderne abbiamo la *city* e i *citizen*, il *citoyen* e la *cité*, la *città* e il *cittadino*, ma gli affari di questi *citizens* e *citoyens*, gli affari, le istituzioni e le aspirazioni, ciò che li riguarda e che essi esercitano, ciò non si chiama *Zivik* (la «*civiltà*») come avrebbe anche potuto chiamarsi e avrebbe potuto svilupparsi, bensì *Politik, Politics, politica*. Il traduttore medievale sembra aver provato una certa timidezza di fronte a questi vocaboli aggettivali del suo originale greco. Forse talvolta non era neanche del tutto sicuro di ciò che i vocaboli volevano dire propriamente e così per precauzione li lasciò stare come vocaboli stranieri. Questo è il primo caso, la prima curiosità in questa storia del vocabolo, gravido al massimo di conseguenze, tra l'altro perché in questa maniera il legame linguistico tra lo Stato, i cittadini e gli affari e le istituzioni statali-civili — *polis, polites* e *ta politika* — nella versione latina e in tutte le lingue europee senza eccezione era ora spezzato: la politica, il politico, l'uomo politico rimasero greci, lo Stato e i cittadini diventarono latini e in questo modo anche inglesi, francesi, italiani, spagnoli. Il tedesco fa eccezione, noi non abbiamo derivato i nostri concetti corrispondenti da questa radice romana, latina, bensì il *Bürger* (cittadino) da *Burg* (rocca, cittadella), e lo *Staat* (Stato) da *status*. Ciò significa che linguisticamente non era più immediata l'origine civile o di cittadinanza della politica; non era più distinta né percettibile e sono convinto che questa separazione della politica dalla sua originaria famiglia di vocaboli abbia contribuito moltissimo al fatto che la storia semantica del vocabolo politica presenti salti così fantastici, che la «politica» assuma significati che non mostrano più la minima connessione con il suo mondo originario, vale a dire della *polis* e della sua *politeia*, della sua costituzione nell'intendimento aristotelico. Nella tradizione scolastica, fintantoché come orientamento si tenne ancora a mente il testo di Aristotele o comunque alcune sue singole formulazioni e i correlativi autorevoli commentari, specialmente quello di San Tommaso, al nome di politico si era pur sempre collegato un concetto di governo moderato, anzi, in certo senso di forma costituzionale.

In ogni caso restò valida una netta distinzione tra il dispotico e il politico o, come anche si potrebbe dire, tra la politica e la dispotica. «Non est idem principatus, despotica et politica», si diceva nel commentario di Tommaso, e questa è la traduzione della contrapposizione aristotelica di *arche despotike* e *arche politike*. Essa si mantenne per circa trecento anni: è ancora riconoscibile nella stessa opera di Niccolò Machiavelli. Solo dopo essa andò perduta. Al giorno d'oggi si parla di dominio dispotico come di un fenomeno politico, di una sorta di politica, e il concetto di «governo politico», come di una specie decisamente non dispotica, è evidentemente estinto. Si chiamano sistemi politici tutti i sistemi, anche quelli dispotici e quelli tirannici, persino nelle loro moderne configurazioni ed estremizzazioni totalitarie. Nell'insieme dei loro significati istituzionali, i vocaboli «politica» e «politico» da allora hanno perso sensibilmente in qualità differenziale, perciò anche in forza normativa e in colore, poiché ancora Tommaso d'Aquino con fermezza assoluta aveva spiegato nel senso aristotelico, che il governo politico è *praeeminentior*, sta più in alto del dispotico. Il vocabolo «politica» ha quindi perduto tanto profilo quanto rango, rispetto all'antico il suo significato odierno è indifferente, non specifico e per così dire di poche pretese, se non senza pretese e senza criterio di misura.

Tuttavia la sfera istituzionale non è l'unica in cui semanticamente il vocabolo «politica» è di casa. C'è un secondo ambito di significati, un secondo troncone della storia del significato. Vorrei denominarlo l'intenzionale. Non si tratta qui di fenomeni politici che si verificano, bensì della politica che viene fatta, per la quale ci vuole un soggetto, un ente, un ente personale o collettivo che pratica questa o quella politica. Anche questo gruppo di significati, che fino a questi giorni ineriscono in primo luogo al vocabolo principale «politica» in tutte le lingue europee, sembra risalire ad Aristotele, all'Aristotele latinizzato, non tuttavia ai libri della politica bensì all'*Etica Nicomachea*. Qui c'è una frase che nei commentari scolastici è pervenuta ad alto onore ed in cui la *politica* — che è la radice autentica del nostro vocabolo principale «politica», ma che nel testo originario era un aggettivo ed era da completare con *scientia*, dunque: *scientia politica*, in greco *episteme politike* — in cui dunque la scienza politica o il sapere politico sono definiti come una specie di prudenza. «Est autem et politica et prudentia idem quidem habitus», sebbene in se stesse esse non siano nella loro essenza la stessa cosa. Come sapete, per San Tommaso d'Aquino, il Doctor angelicus, la prudenza era una virtù. Egli non poteva presagire che in seguito un Doctor diabolicus sarebbe stato non veramente responsabile ma reso responsabile dalla trasformazione del significato dalla prudenza all'astuzia, dalla scienza virtuosa alla tecnica del potere al di là del bene e del male: alludo alla fama e alle conseguenze semantiche di Niccolò Machiavelli, il quale ad ogni modo non ha affatto proposto i suoi personali consigli come politica o scienza politica, bensì come «arte dello stato», il che forse si può rendere nel modo migliore in tedesco con *Herrschaftskunstlehre* (tecnologia del dominio). Anche a questo improvviso mutamento storico-semantico si è addivenuti attraverso casi strani, grovigli storici e confusioni, sui quali però ora non intendo diffondermi ampiamente.

Dobbiamo però tenere ben presente che questa linea intenzionale o etica della storia del significato di «politica» è quella che ha favorito l'applicazione incredibilmente diffusa e molteplice propria a questo vocabolo. Vi rientrano tutti quei nomi sotto i quali vengono compresi i diversi rami della moderna attività di governo, la politica estera, la politica interna, la politica finanziaria, la politica monetaria, la politica tributaria, la politica culturale, la politica del lavoro e dell'occupazione e così via. Ma vi rientrano anche i nomi di regole di azione del tutto definite, quali per esempio la politica d'integrazione come un *habitus* della politica interna per quanto riguarda il problema degli stranieri o la politica di distensione come un *habitus* della politica estera nel rapporto con le dittature di partito dell'est. In tutti questi casi, s'intende come politica un comportamento o un agire secondo piani o comunque la direttiva di un siffatto agire, e nel nome di questo comportamento, pianificare e agire, sembra risuonare dappertutto anche la supposizione o per lo meno una reminiscenza semantica che ciò sia in quanto tale anche accorto. Infine, l'uso del vocabolo è giunto a significare come risultato di accorte considerazioni anche ogni qualsivoglia «course of action», come l'Oxford-Dictionary ha definito questa versione moderna dell'*habitus*; è indifferente se la relativa azione pianificata sia utile o dannosa, buona o cattiva o addirittura criminale, a condizione che sia un governo o una direzione, dunque un'autorità politica nel senso istituzionale, che persegue e realizza il relativo piano. Leggiamo così trattazioni che, pur guidate da irreprensibile intenzione, dal punto di vista linguistico sono cadute vittima di una tremenda ingenuità, quando con il titolo *La politica razziale di Hitler* o addirittura *La politica giudaica di Hitler* discutono nient'altro che degradazione umana e sterminio di massa. L'evoluzione semantica arriva qui ad un punto in cui l'uso della parola sembra sconfessare tutti i suoi significati originari e del passato, in cui diventa tangibile che il linguaggio è in grado di perpetrare il tradimento delle tradizioni sue proprie.

Recentemente ho trovato in Goethe una profonda osservazione, che illumina questo contesto. La cito letteralmente: «E tuttavia ogni tradizione di parole è così dubbia, che ci si deve attenere non alla parola ma allo spirito. Di solito però lo spirito annienta la parola o comunque la trasforma in modo tale che ad essa resta ben poco della sua forma e del suo significato precedenti». Questo è esattamente il nostro caso. Troviamo queste frasi sorprendenti nell'opera più vasta di Goethe, ossia nella *Teoria dei colori*, nella parte storica. Solo in un punto le potremmo completare, in base alle esperienze fatte: può essere anche l'assenza di spirito, non soltanto lo spirito, che annienta la parola o la trasforma in modo tale che ad essa resta ben poco della sua forma e del suo significato precedenti.

Da questa avventurosa, confusa e davvero piuttosto rattristante storia della parola e del suo significato, dobbiamo ora trovare la via per la determinazione del concetto, per una specie di concetto, inoltre, che deve essere contrassegnato dall'intimo collegamento con la parola, dalla duratura «appropriazione del nome», secondo l'espressione di Platone. Naturalmente i concetti, concetti se non proprio definiti comunque definibili in tal modo, sono sempre stati presenti nella storia di questo nome, nella storia semantica dei vocaboli che sono derivati da *polis*. Potremmo senz'altro scoprire un paio di simili elementi costitutivi più stabili nella fluidità, che configura questa storia nel suo complesso. Potremmo isolarli e quindi esaminare se essi sono adatti per tutti i tempi. Incutere un salutare spavento allo spirito moderno, ai contemporanei, rendere loro tangibile e cosciente la degenerazione cui i vocaboli soggiacciono, mediante il ricorso al significato più antico, classico, addirittura arcaico, s'è comunque molto spesso dimostrato un procedimento proficuo, proprio in filosofia. E anche noi possiamo invero resistere a questa tentazione solo a fatica, proprio nel caso che stiamo esaminando. Anch'io ero e sono tentato di deplorare il decadimento, di deprecare l'impoverimento, la perdita di incisività e forza di misura, che inevitabilmente percepiamo sentendo che i dotti dell'alto medioevo conoscevano ancora la differenza tra politica e dispotica che a noi è sfuggita, che per essi il comportamento politico, che con questo nome essi avevano scoperto proprio in quel momento per così dire, rappresentava una categoria etica, una parte costruttiva della dottrina della virtù. Noi neppure vogliamo e dobbiamo dimenticare questi elementi concettuali del passato. Ma essi non possono tuttavia risparmiarci il nostro proprio sforzo. Evidenziare i concetti antichi ed elevarli nuovamente come tali, per così dire, è una nobile aspirazione ma essa condivide con ogni romanticismo la debolezza di rendere difficile la conoscenza dei fenomeni contemporanei, che un concetto deve pur essere capace di comprendere, e di ostacolare perciò anche l'intervento che i buoni concetti rendono possibile. Ma, d'altra parte, non vogliamo costruire il nostro concetto con una pura decisione arbitraria, né edificarlo, al di là di ogni traccia storica della parola e del suo significato, in un freddo deserto dello spirito come in un paesaggio lunare, come a suo tempo ha fatto Carl Schmitt con la sua fondazione del politico sul rapporto amico-nemico. Preferiamo ricercare una sintesi che nello stesso tempo conservi un elemento fondamentale della tradizione, che conservi non l'intera tradizione ma un suo elemento fondamentale.

Il nostro concetto innanzi tutto dovrà permettere di collegare l'una con l'altra le due sfere semantiche che abbiamo rinvenuto nella storia del vocabolo e che, del resto, si ritrovano anche in tutte le principali lingue europee, le sfere del significato intenzionale e di quello istituzionale. Il concetto deve collegarle poiché, come si rivela in termini incalcolabili nella comunanza del nome «politica», esse sono strettamente connesse. Esiste una quantità di definizioni che hanno di mira unicamente il lato intenzionale, ed esse godono persino di alta popolarità. Intendo tutte quelle che hanno a che fare con il potere e il dominio, con l'acquisizione, la difesa e l'impiego del potere, e simili. O quelle che in genere s'accontentano di ripetere tre volte, per così dire, abbaiando la parola «potere», come a suo tempo ha fatto Heinrich von Treitschke. Il potere è in gioco in tutte le relazioni umane. Resta la domanda a che cosa servono tale potere e tale dominio, dove essi conducono, che cosa ne debba scaturire. Nessun detentore di potere è solo al mondo. Ognuno si trova tra una pluralità o molteplicità di detentori di potere. Così tra detentori di potere scoppiano conflitti. I conflitti, sentiamo dire, devono essere risolti al meglio politicamente. Sentiamo questa espressione quotidianamente; dal lato del significato quotidiano, essa offre una buona indicazione per la determinazione del concetto. Un conflitto deve essere risolto «politicamente», il che evidentemente vuol dire non militarmente, con il negoziato, non con l'eliminazione reciproca. «Politicamente», in questa accezione vuol dire e-videntemente: pacificamente, non con la guerra. Il negoziato deve condurre ad un accordo e il trattato, l'*agreement*, il patto che stanno alla fine del processo, devono diventare in questo caso un elemento del sistema internazionale, dunque acquistare un carattere istituzionale. Il negoziato, l'accordo, la pace: questi sono concetti specificamente politici. «Politico» è quell'agire che rappresenta esso stesso un negoziare o lo rende in ogni caso possibile.

La stessa guerra deve condurre alla pace, nella misura in cui e fintantoché essa resta un mezzo politico, secondo l'espressione di Klausewitz. Senza dubbio la guerra difficilmente è determinata solo dalle intenzioni e dai piani di una sola parte, bensì da quelli di più parti belligeranti, se essa è in grado di rendersi autonoma il fine della pace può essere perso di vista; la guerra perderà così ogni residuo di carattere politico. Una guerra di annientamento, non è un fenomeno politico bensì un fenomeno criminale. La guerra può restare politica soltanto fino a quando gli avversari in guerra, i nemici, si accordano reciprocamente un diritto fondamentale, un diritto all'esistenza e alla libertà: senza di ciò non è possibile alcuna vera pace. Alcuni sapranno che una volta ho già avanzato questa tesi e questa determinazione del concetto, più di venti anni fa, anche se allora con altre motivazioni e metodi. «L'oggetto e il fine della politica è la pace», dicevo allora, e non vedo perché oggi dovremmo desistervi. Ma la pace non è il risultato di una disposizione pacifica, la pace è invece il risultato di prudenza politica, come si ricorderà: «est autem et politica et prudentia idem quidem habitus». Effettivamente i due concetti si definiscono reciprocamente; se anche ciò è contrario alle regole della logica, aiuta nondimeno la conoscenza. L'essenza della politica è la pace, ma è altrettanto valido: l'essenza della pace è la politica. Per dire il minimo, l'espressione «politica di pace» è un pleonasmo.

In un concetto siffatto sono conservati in effetti nuclei della storia della parola e del suo significato. La *Politica* di Aristotele, da cui proviene tutto quest'uso della parola, tratta della città o dello stato in quanto comunità cittadina, delle costituzioni, della migliore costituzione, e la costituzione è un accordo. In Aristotele tutto è indirizzato al giusto equilibrio delle classi, alla pace interna, e questa formazione, la *polis* con la sua *politica*, rappresenta per così dire un'isola della pace nel mare della storia. Attraverso i secoli molti lettori della *Politica* di Aristotele si sono meravigliati che in questo libro non si faccia parola di guerra e di conquista né, per esempio, dell'impero del suo discepolo Alessandro il grande: e non se ne fa parola per la ragione che questi, per Aristotele, non sono fenomeni «politici». Aristotele ha considerato lo Stato come una pluralità. «Secondo la sua essenza lo stato è una pluralità», suona una celebre frase. Il mondo internazionale degli stati nell'insieme è anche e più che mai una pluralità. Il nostro concetto permette di legare il più recente al più antico. Ancora non scorgiamo le efficaci istituzioni vitali, in cui le intenzioni politiche di questi molti si dispongono sulla via del libero accordo, analogamente a quelle dei singoli, dei gruppi, delle classi e dei partiti nella costituzione dello Stato. Lo esemplificheremo nella materia più riottosa: anche il conflitto permanente del mondo occidentale e dell'orientale, dunque degli stati costituzionali più o meno liberali da una parte, dei domini totalitari di partito dall'altra, esige per parte sua una soluzione «politica» o comunque un contenimento, nella misura in cui questi diseguali gruppi di stati sono organizzati in alleanze differentemente strutturate. Nell'idea della limitazione paritetica degli armamenti con controllo reciproco, abbiamo un esempio significativo di come la «politica» intenzionale o etica, il procedimento dei prudenti negoziati sullo sfondo della potenza minacciosa del potenziale di armi, può tramutarsi e deve tramutarsi nella «politica» istituzionale: il risultato, cui si deve mirare, può essere soltanto una specie di sistema internazionale concordato, una specie di costituzione in certa misura bipolare, per quanto sempre minacciata, un sistema di pace sulla base della minaccia di guerra e dell'intimidazione di guerra reciproche. Se si dice, come spesso si ribadisce che le armi atomiche sono armi «politiche», ciò vuol dire di nuovo che esse hanno prodotto la pace, anche se soltanto con l'intimidazione della belligeranza. D'altronde ciò in fondo è valso da sempre e per ogni specie di armi, solo che le armi più antiche non erano collegate con la minaccia dell'annientamento e con il pericolo dell'autoannientamento. Il paradosso nella faccenda è che le armi, anche le armi atomiche, possono essere armi «politiche» soltanto se sono un mezzo militare credibile, dunque se sono potenzialmente efficaci per la guerra. Espresso in modo diverso: se la guerra atomica in fase acuta significa la fine della politica, come dobbiamo temere, si può dire che appunto per questo la potenziale guerra atomica è un fattore della pace. L'obiezione che una tale pace armata è una pace imperfetta è giusta. Una pace perfetta, assoluta, può esserci però unicamente nel regno di Dio. La pace assoluta è un concetto escatologico. Ma noi abbiamo cercato un concetto politico o il concetto del politico. La pace della redenzione non può essere prodotta da uomini. Agli uomini è possibile e certamente anche rimessa soltanto la pace mediante l'accordo: la pace politica.

[Trad. it. consultate: J.W. Goethe, *Faust*, a cura di F. Fortini, Milano, Mondadori, 1976; Max Weber, *Economia e società*, a cura di Pietro Rossi, Milano, Comunità, 1968²; Schleiermacher, *Opere complete*, a cura di M. Valgimigli, Bari, Laterza, 1971; Aristotele, *Politica*, in *Opere*, IV, a cura di Renato Laurenti, Bari, Laterza, 1973].

11. L'antica controversia sull'origine del dominio

L'antica controversia di cui vorrei riferire è propriamente una controversia teologica e nella sua forma medievale può apparire al primo sguardo singolare ed estranea. Essa riguarda la domanda «se l'uomo nello stato di innocenza abbia dominato sull'uomo» — «Utrum homo in stato innocentiae homini dominabatur»: questa, in un latino un po' chiesastico, è la formulazione di Tommaso d'Aquino, e questa formula si trova nel primo libro della sua *Summa theologica*, al numero 96, articolo 4. Ciò che questa domanda vuol dire è se il dominio dell'uomo sull'uomo ci sia già stato nello stato di innocenza o nello stato di natura, oppure, si deve completare, assente nello stato di natura, si sia manifestato solo nello stato di peccato, dopo il peccato originale e appunto a causa del peccato. Se semplifichiamo ancora un poco la domanda, essa si può formulare anche così: se il dominio dell'uomo sull'uomo abbia origine dalla corruzione umana oppure sia già caratteristico della pura natura dell'uomo. Esprimendo la domanda in alternativa, sono già accennate anche due possibili risposte. Esse sono radicalmente opposte. La prima risposta dice che il dominio appartiene soltanto allo stato del peccato, alla condizione di corruzione o del corrompimento dell'autentica natura umana, e perciò l'uomo nella sua costituzione naturale e creaturalità deve essere stato libero da dominio e lo stato di natura dell'uomo e dell'umanità deve essere stato una condizione libera da dominio. Da ciò poi sarebbe anche deducibile che unicamente una convivenza priva di dominio, una forma di società libera da dominio sarebbe conforme all'incorrotta natura dell'uomo. L'altra risposta dice: già nello stato dell'innocenza e non solo in seguito al peccato, è caratteristico dell'uomo che egli eserciti dominio sui suoi simili. Dal che di nuovo si potrebbe dedurre che l'esercizio di dominio dell'uomo sui suoi simili sarebbe naturale e perciò anche ineliminabile; una condizione libera da dominio sarebbe allora completamente impensabile, umanamente impossibile in senso letterale. Esponendo così queste due possibili risposte in maniera radicalmente contrapposta, diventa già tangibile, come spero, quanto questa antica controversia sull'origine del dominio possa davvero significare per noi uomini d'oggi comprendere quale decisione difficile e di vasta portata c'è qui da prendere, e quali conseguenze eminentemente pratiche devono scaturire dall'una come dall'altra di queste due risposte antitetiche.

Storicamente d'altronde entrambe le risposte in effetti sono state date, la prima da Agostino, il grande padre della Chiesa latina del quarto e quinto secolo, la seconda — anche se soltanto in una certa maniera, con un'accentuazione particolare, come vedremo oltre — da Tommaso d'Aquino, il Doctor angelicus, il grande pensatore sistematico del tredicesimo secolo. Tommaso risponde ad Agostino oltre i secoli. Qui abbiamo a che fare con gli spiriti più degni, entrambi elevati dalla chiesa al rango della santità. In modo sommamente sorprendente, entrambe le voci possono divenire percettibili anche per noi uomini d'oggi, anzi non soltanto percettibili, bensì addirittura comprensibili. In tutta la singolarità di immagini e concetti fissati biblicamente e miticamente, in tutta l'estraneità di una scienza che entro i dati della rivelazione mette in movimento un commento rigorosamente logico, all'improvviso ci colpisce una luce che è in grado di illuminare la nostra situazione problematica.

Tanto sia detto per il momento, e assai provvisoriamente, sull'antica controversia. Ma sulla questione del dominio c'è anche una nuova controversia — e lo sappiamo, tutti possiamo percepirla tanto come una dotta controversia nella cerchia accademica quanto anche come una lotta per le strade — ed è in ragione di questa nuova controversia, in ultima istanza, che ho proposto di discuterne qui l'antica.

Con la nuova controversia non intendo la lunga serie di rovesciamenti, riforme e movimenti di emancipazione che dalla fine del diciottesimo secolo hanno riempito il mondo occidentale e i cui esiti hanno contribuito all'abbattimento del dominio: non la decapitazione di sovrani né lo spodestamento di monarchi né il distacco delle colonie americane dal dominio della corona inglese, né la fondazione della prima repubblica in un grande stato dell'età moderna; neppure la rivoluzionaria trasformazione degli *Etats généraux* in una rappresentativa assemblea nazionale, in cui si mostra il dissolvimento in generale dell'ordinamento per stati e la fine del predominio di nobiltà e clero; non l'abolizione del commercio di schiavi né l'eliminazione della schiavitù nella casa padronale e nella piantagione nel corso del diciannovesimo secolo, che nel segno dell'eguaglianza creaturale e dei diritti naturali dell'uomo nel Nuovo mondo ha inferto il colpo decisivo al dominio del padrone di piantagione e signore della casa; neppure la liberazione dei contadini, cioè l'abolizione della servitù personale e reale della gleba, le quali di nuovo colpirono nella loro essenza e consistenza il dominio fondiario e il dominio patrimoniale; non l'autoorganizzazione dei lavoratori, che ha decretato la fine del dominio dei padroni di fabbriche; e con la nuova controversia non intendo neppure i processi che sono ancora in corso, l'emancipazione delle donne, la realizzazione dell'equiparazione dei diritti delle donne e cioè la rottura dell'antichissimo dominio del padre nella casa e del cittadino maschio nella comunità, la fine del patriarcato: questa controversia in fondo è decisa al pari di quella intorno al dominio dei bianchi sui popoli di colore, la decolonizzazione è pressoché conclusa. Tutte queste erano e sono davvero lotte intorno al dominio, il dominio di più recente o più vecchia o antichissima origine ha perduto senza eccezione la lotta; tutte queste forme di dominio sono crollate nel corso degli ultimi duecento anni e cioè sotto l'assalto irresistibile del movimento per i diritti dell'uomo: si tratta realmente come di un unico rovesciamento coerente, sebbene ci siano stati spaventosi contraccolpi nel cuore dell'Europa, specialmente in Germania, e sebbene questo rovesciamento abbia provocato anche capovolgimenti sommamente paradossali, addirittura sulla via rivoluzionaria, nella forma del fenomeno di nuovo tipo dei domini totalitari di partito, che ora si trovano esposti di nuovo per parte loro alla critica dei diritti umani, alla richiesta dei diritti umani.

Ma quella nuova controversia sulla questione del dominio, cui vorrei riferirmi, non è divampata laddove sul terreno di vecchie autocrazie fu eretto tale nuovo dominio mostruoso, bensì al contrario qui da noi in occidente, proprio su questi spianati campi di rovine di vecchie forme di dominio, dove dovremmo darci un gran da fare — almeno così si potrebbe pensare — per rinvenire ancora residui del passato dominio, sia del dominio domestico che del dominio sulla vita pubblica. Proprio qui, nell'ambito degli stati costituzionali, da circa dieci anni è in corso una specie di rivolta, che per vie molteplici sembra mirare a produrre un'assoluta «libertà dal dominio» e che, con una sospettosità stranamente insaziabile, se non può scoprire nessun dominatore in carne ed ossa, sotto il nome del «sistema» o delle «strutture» fiuta e riscontra un impersonale dominio anonimo. Nel medesimo contesto può essere posto anche quel plurale, minacciosamente indeterminato per specie e numero, così come esso compare nello stridulo discorso su «i dominanti». Simili cose le abbiamo sentite per la prima volta dagli inquieti studenti del 1968-70, dichiarate sui loro innumerevoli volantini. Tali espressioni suscitano un brivido d'orrore, in esse sembra esprimersi una furia lampeggiante. Non ci si è comunque limitati alla loro mera espressione. Gli oggetti della ribellione violenta sono cambiati. Lo scià di Persia era ancora in certa misura un caso antiquato, ossia un reale dominatore personale, anche se esotico — non si disponeva di esemplari autoctoni. Incendiare grandi magazzini, era al contrario un atto della scelta arbitraria di un simbolo del «dominio del sistema»; nel caso dell'assassinio di un alto funzionario dello stato, coloro che con una lettera all'opinione pubblica se ne sono riconosciuti responsabili, hanno dichiarato che qui doveva essere colpito non un uomo con questo nome né la persona di un tiranno, bensì il «sistema» in una sua incarnazione concentrata o «un agente del sistema», come in essa si diceva testualmente. Il terrore intende in tal modo, se non annientare un fantomatico dominio, in ogni caso terrorizzarlo e scuoterlo. Ed esso intende istituire alla lettera la libertà dal dominio per la via più breve, con la violenza. Il terrore mira evidentemente a produrre un punto zero sociale, una fine del dominio in generale, come esso lo intende. La domanda sulle intenzioni costruttive, che spesso viene posta, è veramente fuorviante. Essa resterà senza risposta, anche se in qualche occasione si può produrre un qualche confuso richiamno al socialismo e al sistema consiliare. Questo recentissimo utopismo è essenzialmente distruttivo. I terroristi stessi intanto considerano i loro misfatti come opere giuste e meritorie. Reputarli criminali, provoca l'indignazione loro e dei loro seguaci: per questa ragione da anni essi lottano contro la «criminalizzazione» che si compie verso di loro, quasi che i loro movimenti e fini fossero falsati proprio da quei «dominanti» che essi intendono eliminare.

Il terrore è per così dire una maligna, cattiva escrescenza, la forma estrema di un modo di pensare che, come ho già accennato, compare anche in versioni teoretiche, astratte e giocose, ben strutturate, per esempio nella cerchia accademica. Ma adesso mi accontento della caratterizzazione di quest'unico sintomo, il più vistoso.

La distruzione del dominio o di posizioni e istituzioni che vengono considerate e spacciate come dominanti: questo è il tentativo di ristabilire con la violenza uno stato sociale per così dire primordiale, lo stato di natura. Al riguardo la nuova controversia è in relazione con l'antica controversia. La prima posizione, quella che ha di mira la libertà dal dominio, poggia in certa misura sulla risposta che conosciamo da Agostino: nello stato di innocenza l'uomo non ha dominato l'uomo, il dominio dell'uomo sull'uomo è caratteristico solo dello stato del peccato. I nostri odierni costruttori della libertà dal dominio, prendono sul serio certamente solo una metà di questa duplice figura del pensiero. Per ciò che riguarda l'altra metà e dunque il peccato, la prospettiva in tal modo si è considerevolmente spostata: il dominio ora non è decretato a causa del peccato, come ha insegnato Agostino, bensì il dominio stesso è ritenuto illegittimo, cioè come peccato, il dominio è peccato. Solo in ragione dell'abolizione o del tramonto della dottrina cristiana del peccato e della peccaminosità originali, solo perché si «è abolito il peccato», come dice Kierkegaard, solo su questo sfondo si è potuta sviluppare la volontà di ristabilire lo stato di natura. O, in altre parole: ciò che nel teologico concetto simbolico della nostra antica controversia si diceva *status innocentiae* ed era appena di più che un malinconico ricordo, il ricordo appunto del paradiso perduto, ciò poté trasformarsi nel fine utopico dell'aspirazione propria dell'uomo, costruttiva come distruttiva, solo quando storicamente si allentò lo sbarramento costituito dalla dottrina del peccato e dal dogma del peccato originale. Soltanto se il peccato decade, lo stato di natura appare come utopicamente realizzabile; allora da ricordo esso si fa speranza. Se teniamo in mente questa modificazione, certamente capitale, possiamo allora collegare perfettamente la nuova controversia con l'antica controversia: nello stato di natura non c'è alcun dominio dell'uomo sull'uomo, la condizione di libertà dal dominio è quella naturale dell'uomo. Questa è la prima posizione.

L'altra risposta alla domanda sull'origine del dominio suonava esattamente al contrario: il dominio era già presente anche nello stato di natura ed è parte costitutiva imprescindibile della natura dell'uomo. Così, comunque temporaneamente e provvisoriamente avevo formulato la seconda risposta. Ed anche nella nuova, nell'attuale controversia intorno alla questione del dominio, sentiamo esattamente questa risposta: il dominio è inevitabile, la libertà dal dominio un fine insensato e innaturale, una follia.

Ma la risposta di Tommaso d'Aquino non è in verità così liscia e semplice. Essa è più fine e più acuta di quanto sia apparsa fino ad ora in una esposizione, che intendeva appunto essere provvisoria. «Utrum homo in statu innocentiae homini dominabatur» — se l'uomo nello stato di innocenza abbia dominato sull'uomo: così suonava la sua questione. Dopo avere addotto gli argomenti *pro* e *contra* nella sua consueta maniera dialettica, valutando appunto in tal modo anche la forte autorità di Agostino, formula infine la sua personale risoluzione: «Respondeo», rispondo, «quod dominium accipitur dupliciter», che il dominio viene inteso in duplice senso; e voglio ora riprodurre testualmente l'intero paragrafo per rendere distintamente percepibile la voce autentica di questo grande pensatore: «Il dominio viene inteso in duplice senso: in primo luogo come opposto della servitù. In questo senso, si chiama dominatore colui cui un altro è sottoposto come servo. In secondo luogo, il dominio va inteso in quanto si definisce del tutto universalmente la relazione con chi è in qualche modo sottoposto, *et sic etiam ille qui habet officium gubernandi et dirigendi liberos, dominus dici potest*, ovvero: e così può essere chiamato un dominatore anche colui che detiene l'ufficio di condurre e di guidare uomini liberi. Nel senso citato per primo, dunque, l'uomo nello stato dell'innocenza non avrebbe avuto alcun potere di dominare sull'uomo. Ma nel secondo senso l'uomo nello stato dell'innocenza avrebbe potuto dominare sull'uomo».

Questa è la decisiva indicazione del grande Tommaso. Una indicazione enigmatica; come dobbiamo infatti immaginare quanto afferma? Che cosa può aver pensato il santo filosofo affermando che nello stato di innocenza — conformemente alla storia biblica vale a dire nel paradiso — un tale ufficio di direzione e di guida deve essere stato esercitato o comunque avrebbe potuto essere esercitato? Chi sono poi questi liberi e chi è la loro guida? L'indicazione diventa e resta assolutamente singolare, se constatiamo da dove derivano questi concetti, ossia che essi derivano dalla *Politica* di Aristotele, questo libro catastale della teoria occidentale dello stato, che proprio a quell'epoca era appena ritornato in Europa dall'oriente ed era stato tradotto in latino probabilmente su suggerimento del Doctor angelicus. Tommaso stesso, citando ripetutamente l'autorità di Aristotele a sostegno della sua tesi del dominio in forma d'ufficio su liberi, indica il Filosofo — come viene chiamato nella sua unicità — come sua fonte tra l'altro anche citando quella frase che è la più celebre dell'intera opera sulla politica, e che ancora oggi tutti conoscono, la frase dello *zoon politikon* o, com'è resa in latino, dell'*animal sociale*: poiché l'uomo per natura è un essere comunitario, come il filosofo insegna, e poiché gli uomini di conseguenza devono aver vissuto in comunità già nello stato di natura, è evidente che un qualcuno li abbia anche «presieduti» — «nisi aliquis praesideret» — qualcuno cioè, che sovraintende al bene comune di questi esseri uniti. Dico che la cosa resta o addirittura solo ora diventa davvero singolare, come ha potuto Aristotele smarrirsi nella storia biblica! Davvero ora è quasi come se i cittadini di Atene — i quali sono appunto quei liberi — circolassero nel giardino dell'Eden insieme con i loro uomini di stato, come se il paradiso fosse popolato da una moltitudine che forma in tal modo qualcosa come uno stato. Con una perplessità perfettamente legittima, quindi, anche il commentatore della grande edizione tedesco-latina della *Summa theologica*, a cui i domenicani del chiostro di Walberberg lavorano da anni, constata che non c'è assolutamente alcuna ragione biblica o dogmatica per supporre una comunità statale o civile per lo stato originario dell'uomo. Ciò resta singolare, ma il risultato nondimeno ha una caratteristica grandezza, una grandezza del genere di quelle basiliche cristiane nelle quali sono inserite antiche colonne classiche e altri reperti, come si possono vedere in molteplici architetture nell'area mediterranea: ciò che abbiamo davanti a noi è per così dire una architettura filosofica di spoglie. D'un colpo il paradiso biblico si trasforma qui nella *polis* greca — oppure: la *polis* si ritrova in paradiso.

Ma, comunque sia, è proprio questa l'indicazione da cui può provenire improvvisamente una luce che ci colpisce e che illumina la nostra propria situazione. Che cos'è infatti questo ufficio di direzione e di guida di liberi? Questo «officium gubernandi et dirigendi liberos»? Le espressioni latine appaiono facilmente traducibili, anzi si possono comodamente trasporre o estendere nelle moderne lingue nazionali: *gubernare* diventa *gouverner* e *govern*, *government*; e *dirigere* si trasforma nel *Dirigieren*, nella

Direktion o (senza prefisso) nel *Regieren* (reggere, governare), nella *Regierung* (reggimento, governo). Evidentemente, il discorso non riguarda nient'altro che l'ufficio del governo. E di questo si dice che era caratteristico dell'uomo anche nello stato di natura, nello stato dell'innocenza. L'ufficio di governo è una specie di dominio che è impresso nell'uomo e nell'umanità e ad essi dato in dote dai primordi: questo si dice. E si dice anche certamente — il che per noi risulta davvero meno facile da comprendere — che tale «ufficium gubernandi et dirigendi» rappresenta la parte innocente e senza colpa del dominio, quella conforme alla natura creata pura, al di qua della corruzione del peccato originale. Ma, ancora una volta, anche questo pensiero può divenirci chiaro se soltanto prendiamo in considerazione abbastanza da vicino la distinzione che qui viene introdotta: «dominium accipitur dupliciter», il dominio è un concetto duplice. Ciò che Tommaso espone con le mosse dello scompositore logico, o dell'analitico del linguaggio — come si dice oggi — sono in verità due fenomeni primariamente differenti: da una parte il dominio su servi, dall'altra il governo su liberi. O, come egli formula in altro luogo (92,1), con alta pregnanza terminologica e semplicità: da una parte la *subjectio servilis*, l'assoggettamento servile, dall'altra la *subjectio civilis*, la sottomissione civile. E anche qui sentiamo di nuovo Aristotele, il quale ha detto che il cittadino deve sapere le due cose, governare e lasciarsi governare, ciò che include anche comandare e ubbidire.

Senz'altro sentiamo questo solo lievemente, il tono è come velato, la voce cambiata, come non potrebbe essere diversamente: cambiata nel medievale. Anche colui che detiene un ufficio di direzione e di guida di liberi, si dice, può essere chiamato dominatore — «dominus dici potest». No, davvero questo non è né greco né romano. Un detentore di ufficio della repubblica non sarebbe stato mai designato né chiamato con il titolo di «dominatore». Ancora Cesare, con assoluta decisione, non aveva permesso che gli adulatori si rivolgessero a lui con il titolo di *dominus*, dominatore. Certamente egli aveva riunito in sé una grande quantità di potere, fino ad allora inusitata, ma ciò era ancora pur sempre potere di ufficio, non dominio. Quale *dictator* egli aveva una potestà di decisione d'ufficio, quale *imperator* deteneva l'*imperium*, cioè potere di comando, nell'insieme persino la più alta potestà di decisione e il più alto potere di comando nella repubblica, non però tuttavia il dominio. *Dominus* viene da *domus*, la casa, e il *dominus* è il padrone della casa, il *pater familias* con il suo illimitato potere di disposizione sulla famiglia, cioè sugli occupanti, donne, bambini e schiavi. Il suo potere non è potere d'ufficio, bensì un dominio primigenio. Esattamente corrispondente è la distinzione greca, specialmente aristotelica, tra il *despotēs*, cioè di nuovo il padrone della casa — e nella casa la *despotie* è considerata legittima — e il *politikos*, cioè il detentore di ufficio nella *polis*, nella comunità, la quale è contemporaneamente lo stato. Questo per l'intelletto medievale è perduto o nascosto, l'autore medievale — sia pure un pensatore della circospezione e energia incomparabili di Tommaso d'Aquino — conosce per le due sfere soltanto una parola: *dominium*. E soltanto una parola per le due figure: *dominus*. Da qui la frase che anche un detentore di ufficio «dominus dici potest». Ad eccezione che nei tardi tempi corrotti, quando il cerimoniale e il protocollo degli imperatori aveva assunto forme dello stile del dispotismo orientale, nel mondo greco e romano del detentore di un ufficio pubblico vale proprio che «dominus dici non potuit», che in nessuna circostanza egli possa esser chiamato dominatore.

Tommaso resta pertanto rinchiuso nelle barriere del vocabolario e delle rappresentazioni del latino medievale, non è stato in grado di abbandonare o addirittura spezzare la categoria del dominio. Ciò nonostante, dobbiamo però osservare, e possiamo fortunatamente constatare, che all'interno di queste barriere categoriali egli è pervenuto al confine estremo. L'idea di un *dominiun* senza *subjectio servilis*, dunque di un dominio senza servitù così come egli l'ha attribuita al suo stato di natura, come una condizione certo non libera da dominio ma libera tuttavia da servitù, questa è davvero un'idea in sé paradossale, e sembra esserci bisogno ormai solo di un piccolo sforzo, di una spinta minima, perché si apra per così dire la medievale *capsula* concettuale e il nócciolo o il frutto fuoriesca: *communicatio civilis*, la comunità civile, lo stato. A Tommaso dobbiamo lasciar passare l'aver ancora denominato questo un *dominium*, un dominio. Al contrario, persino nella prospettiva comparata sull'uso del vocabolo della moderna scienza sociale, inclusa una buona parte della teoria politica e anche del diritto pubblico, dobbiamo rendergli grande merito per aver nettamente distinto due significati nel concetto del dominio — «dominium accipitur dupliciter»! —, poiché malauguratamente nella nostra moderna scienza sociale, specialmente sotto il potente influsso di Max

Weber, il vocabolo *Herrschaft* (dominio) è rimasto ambivalente esattamente come lo era nel Medioevo, ma senza che mai i due significati fossero stati o fossero tenuti distinti in modo così luminosamente chiaro come ha fatto il Doctor angelicus. Autocrazia e repubblica, totalitarismo e democrazia, potere dispotico di disposizione e potere di comando dell'ufficio, tirannia e stato costituzionale — tutto qui si chiama nella stessa misura «dominio», senza distinzione dei due significati. E questo vale della scienza conservatrice, che insiste sul carattere di dominio dello stato, come della scienza rivoluzionaria o progressista, che tende all'assoluta libertà dal dominio. Se poniamo le posizioni moderne in relazione con quelle della nostra antica controversia sull'origine del dominio, nell'insieme tutte quelle scienze stanno dal lato agostiniano, non dal lato tomistico. Dal lato agostiniano: il che equivale a dire che conoscono soltanto o lo stato peccaminoso con il dominio in assoluto o lo stato di innocenza senza il dominio in assoluto; i conservatori approvano il primo, i rivoluzionari aspirano al secondo.

Cercheremo ora di illustrare un poco in dettaglio la sua dottrina com'essa è esattamente sviluppata nel XIX libro della sua monumentale opera sullo stato teocratico, *De civitate Dei*; — Agostino non conobbe due significati, ne conobbe soltanto un unico, il dominio servile, il dominio su schiavi; in nessun luogo si fa parola di un dominio su liberi, fuorché naturalmente nell'escatologico stato teocratico stesso, nella città di Dio, nella Gerusalemme celeste, ove Dio regna sui santi, che lo contemplano e lo lodano. Per il momento, nel mondo e *for the time being*, noi viviamo nello stato del peccato e perciò anche nella schiavitù, che è la mercede del peccato, ed anche gli stessi «dominanti», dobbiamo supporre, non sono esclusi né dal peccato né dal castigo, essi sono gli schiavi delle loro bramosie, specialmente appunto della loro bramosia di dominio. È celebre quel giudizio di condanna mostruosa degli stati temporali: «Quid sunt regna nisi magna latrocinia?»: che cos'altro sono i regni se non grandi bande di ladroni? — un giudizio con il quale né Marx né Lenin possono competere in violenta radicalità. La limitativa espressione «remota iustitia» — «se viene meno la giustizia» — non rende la cosa né diversa né migliore, poiché il senso testuale è appunto che ove non regna Dio stesso la giustizia non ha luogo. Questo il mondo, dunque, nello stato del peccato è radicalmente organizzato in dominio e schiavitù, altrettanto radicalmente l'uomo e l'umanità sono liberi da dominio e schiavitù nello stato dell'innocenza. Come si dice letteralmente: «Dio l'ha provvisto di ragione e fatto a sua immagine e ha voluto che egli dominasse soltanto su esseri privi di ragione, non come uomo sull'uomo bensì come uomo sull'animale (non hominem homini, sed hominem pecori)». Dalla creazione fino al peccato originale c'era libertà e nient'altro che libertà. Da allora c'è dominio e nient'altro che dominio o, ciò che è lo stesso, schiavitù e nient'altro che schiavitù. Qui non c'è altro significato, qui non c'è nessun ufficio del governare e dell'amministrare, qui non c'è nessun *animal sociale vel politicum*, nessun ordinamento naturale della società né *subjectio civilis*, nessuna subordinazione civile data necessariamente in dote per natura e creazione come innocente o senza peccato. Proprio questa posizione agostiniana nell'antica controversia, lo vediamo, *mutatis mutandis* è la posizione degli odierni partiti nella nuova controversia sulla questione del dominio. Di entrambi i partiti beninteso, soltanto che gli uni, chiamiamoli alla buon'ora i conservatori, sostengono la ineliminabilità dello stato del peccato, gli altri, i progressisti, la eliminabilità dello stato del peccato e la istituibilità dello stato dell'innocenza, con la sua libertà assoluta o con la sua armonica anarchia. Intendo dire che l'antica controversia è stata appianata da Tommaso. In questo senso: nello stato di natura non c'era certamente nessuna schiavitù, ma probabilmente governo e amministrazione. L'abbiamo sentito con le sue autentiche parole, che suonano così magnificamente semplici. La nuova controversia sulla questione del dominio dovrebbe potersi appianare in modo corrispondente. Voglio tentare di farlo con un paio di brevi frasi, e queste frasi si allacciano a tutto ciò che in precedenza è risultato chiaro e distinto dalle dichiarazioni di Tommaso e anche di Aristotele come del mondo romano.

Governo non è dominio

Lo stato — e con questo vocabolo intendo sempre lo stato dei liberi, che noi chiamiamo lo stato costituzionale — questo stato può certo essere considerato come un «sistema», ma è un sistema di uffici. Anche il cittadino dello stato, d'altronde, detiene un potenziale ufficio, egli non è obbligato ad esercitarlo ma è predisposto che possa prenderne possesso in ogni momento. Gli uffici nell'insieme, specialmente quelli del governo e dell'amministrazione — *officia gubernandi et dirigendi* — si basano sull'affidamento. Non sull'usurpazione e sull'impossessamento per il dominio o sull'*Appropriation*, con l'espressione di Max Weber, bensì sull'affidamento.

In modo volta a volta definito, il potere di decisione e il potere di comando sono certamente altrettanto proprî agli uffici quanto sono generalmente presenti nel dominio. Senza potere di decisione e potere di comando, in effetti, non c'è dominio. Ma si dà benissimo potere di decisione e potere di comando senza dominio e al di là del dominio, ossia appunto negli uffici dati in affidamento. Detto alla romana: *imperium non est dominium*. E neppure perciò è affatto necessario risalire al concetto di dominio, con il suo tono altisonante, quando si tratta di giustificare azioni statali nella loro severità e durezza o di richiedere, come qualche volta è necessario, tali azioni severe e dure.

Il dominio nel senso di dominio su servi è *de facto* largamente abbattuto o comunque sulla via dell'abbattimento. Escluse certo quelle nuove forme di dominio che, con un catastrofico capovolgimento, sono sorte proprio nel corso dei processi di emancipazione. Al presente nell'occidente non c'è in ogni caso nessun *dominium servile*. La schiavitù è abolita, anche la schiavitù salariale. Certamente, lo sappiamo solo troppo bene, questi «sistemi» precari, gli stati costituzionali, vivono sempre sull'orlo del pericolo di rovesciarsi o di ricaduta.

Il terrore finalmente, per riprendere anche questo filo, ha per così dire disconosciuto, cancellato ed è in procinto di annientare la distinzione tra il *dominium servile* e il *dominium civile* o, come vogliamo dire modernamente, il confine fra dominio e stato. Il terrore può senz'altro colpire lo stato, questa formazione unica che per sua essenza è libera dal peccato del dominio.

Se oggi dunque viene posta la domanda della nuova controversia intorno al dominio — la domanda: «utrum dominium hominis supra hominem destruendum sit», se il dominio dell'uomo sull'uomo sia da abbattere — voglio dire allora nello stile di Tommaso d'Aquino, del santo aristotelico, e inoltre, in certo senso anche seguendo la traccia del suo pensiero: «Respondeo, quod dominium hominis supra hominem, si non destructum, destruendum sit»: «rispondo che il dominio dell'uomo sull'uomo se non è già abbattuto è da abbattere», «sed civitas liberorum vel res publica semper est restituenda atque praeservanda», ovvero: «ma lo stato dei liberi o la comunità dovrà essere sempre ristabilita e preservata».

12. Dominio e accordo.
Una lezione sulla legittimità civile

Fintantoché pensiamo ai regni della storia, la legittimità sembra aderire pressoché esclusivamente agli ordinamenti monarchici. È questo ciò che ci viene in mente con l'espressione e con il concetto del dominio legittimo. Tradizionalmente, la questione della legittimità sembra porsi soltanto qui. Un principe è o un legittimo principe o un usurpatore. E se egli rivendica la legittimità, fondamento e fonte di questa sono sempre di specie religiosa o numinosa. Ciò vale dai faraoni fino ai Borboni. L'antico faraone egizio era egli stesso dio. Il re tedesco e romano imperatore del Medioevo era nominato da Dio, era anche un rappresentante di Dio sulla terra, non molto diversamente dal vescovo di Roma e Papa, suo antagonista nella lotta per il primato. Anche il cosiddetto legittimismo del XIX secolo — la dottrina politica dominante del Congresso di Vienna e della Santa alleanza, escogitata da Talleyrand — si nutre di tale numinosa eredità: la rivendicazione di queste case regnanti d'Europa si richiamava in definitiva all'elezione divina appunto di queste famiglie alla carica di re, Borboni, Romanov, Asburgo ed anche gli Hohenzollern in Prussia.

L'affermazione e diffusione dell'idea di una legittimità repubblicana o democratica nell'uso del linguaggio politico internazionale è, prima di tutto, un fenomeno d'assoluta novità e degno della massima considerazione. Come all'inizio del XIX secolo il legittimismo realista s'è formato nella resistenza contro Napoleone Bonaparte, il grande usurpatore cesarista, così evidentemente il legittimismo democratico dei giorni nostri è progredito alla coscienza di se stesso nella resistenza contro i domini totalitari di partito, soprattutto quelli bolscevichi. Il nocciolo di questo legittimismo democratico sta nel semplice principio che possono pretendere ad una legittimità autentica soltanto quei governi che risultano da elezioni in una qualche maniera costituzionalmente regolata. Il principio vige pressoché incontestato nell'intero mondo costituzionale d'occidente e la larga diffusione della dottrina rappresenta certamente una significativa innovazione storica. Nuovo non è tanto il pensiero quanto invece la sua diffusa validità, e fino a un certo grado anche la sua formulazione, quella cioè che lo definisce un principio di legittimità servendosi di questa venerata parola «legittimità», comunemente europea, che tanto a lungo era stata per così dire occupata dal modo di pensare monarchico e realista. Mi affretto senz'altro ad aggiungere che questo stesso uso della parola, e dunque l'esplicita caratterizzazione appunto di un sistema repubblicano, anzi democratico, come l'unico e autenticamente legittimo, nella storia della teoria politica più antica ha almeno un precedente significativo: a metà del XVIII secolo, Jean-Jacques Rousseau ha in effetti definito con questa stessa parola quel modello politico che egli progettò nel celebre libro del *Contratto sociale*, come «legittimo», l'unico ordinamento assolutamente legittimo della convivenza umana, e questo era un modello di autogoverno democratico[1]. Ma per il resto, nelle vaste regioni della storia, in cui formazioni costituzionali di specie repubblicana vissero e furono potenti, e perciò furono guidate anche da idee repubblicane e accompagnate da teorie politiche repubblicane, è vero che non ci imbattiamo quasi mai in questa parola, ma certo continuamente in una coscienza di legittimità decisamente formata, e non vedo perciò ragione alcuna per rifiutare il titolo di legittimità a quel tipo di Stato che si basa su umana istituzione e su umano governo, secondo regole e leggi umanamente concordate. Ciò ha fatto per l'appunto quel dotto autore al quale dobbiamo veramente la constatazione che non c'è un'unica legittimità, bensì una pluralità di specie, fonti e ragioni di legittimità: intendo Max Weber, il fondatore della sociologia

---

[1] «Tout gouvernement légitime est républicain», si dice nel sesto capitolo del secondo libro; la relativa nota in calce di Rousseau discute il concetto di repubblica, affinché con esso sia inteso «non solo» un'aristocrazia, bensì «in genere, qualunque governo guidato dalla volontà generale, che è la legge». In questo senso, anche una monarchia potrebbe essere una repubblica, in quanto il governo non si scambi con il sovrano bensì sia piuttosto suo ministro (*ministre*). In seguito si dimostra tuttavia che è proprio la civile repubblica cittadina dell'antichità classica che Rousseau ha in mente come modello. Quanto a quei monarchi di amministrazione, egli può avere pensato probabilmente a fenomeni simili al regno spartano. Rousseau, *Du contrat social* (1762), in *Oeuvres complètes*, vol. 3, Paris, Gallimard, 1964 (cfr. *Contratto sociale*, in *Scritti politici*, trad. it. di Maria Garin, Bari, Laterza, 1971, vol. 2, p. 113 e n. 55, p. 211).

empirica. Nessuno dei tre celebri tipi duri di dominio legittimo, che egli distilla dalla grande riserva della storia universale, coglie la ragione di legittimità di tali formazioni statali, le quali si basano sull'accordo tra eguali; la stessa democrazia — cui Weber durante la prima guerra mondiale ha in certo modo aspirato per la stessa Germania — compare nel suo sistema di tipi soltanto a margine: come dittatura con fondamento plebiscitario. Egli osservò e descrisse il dominio patriarcale, il dominio burocratico e la dittatura carismatica e indicò le ragioni della loro rispettiva legittimità. Ma non ha osservato, o non ha ritenuto degno d'osservazione, il fenomeno della formazione dello Stato e della direzione dello Stato in base ad un accordo umano, civile. Incidentalmente, egli menziona certo la differenza tra soggezione e consenso o tra imposizione e accordo ma questi per lui sono soltanto fenomeni soggettivi, in definitiva irrilevanti per l'analisi sociologica[2]. Agli occhi di Weber lo Stato, l'unione politica in genere, possono essere compresi soltanto come dominio e a partire dal dominio. Tutti i suoi tipi di legittimità sono tipi di dominio legittimo, egli li denomina così.

C'è però una specie di legittimità, differente da quella che inerisce al dominio, sia esso monarchico, amministrativo o carismatico. Quest'altra specie di legittimità, davvero fondamentalmente diversa da quella, la denomino civile. E in ciò che segue, vorrei portare all'attenzione alcune poche classiche forme che improntano la legittimità civile, anzi tentare di dare, se possibile, una rappresentazione della grande e antica tradizione, specificamente occidentale, di questa idea di legittimità civile, come anche dell'effettivo Stato dei cittadini, che essa accompagna, esplica e rafforza.

[2] Subito nel primo capitolo di *Economia e società*, nella sua concisa enumerazione dei «fondamenti di validità dell'ordinamento lettigimo» — e cioè nella discussione della fiducia nella «legalità» della statuizione positiva — Weber adotta invero la precisa distinzione tra la legittimazione mediante «accordo degli interessati» e un'altra «in virtù di un'imposizione fondata su un "potere" legittimo di uomini su altri uomini, e su una corrispondente disposizione ad obbedire». Ma un po' più avanti egli discute la distinzione nel modo seguente: «l'antitesi tra ordinamenti in base a patti e ordinamenti imposti è perciò soltanto relativa. Infatti, dopo che la validità di un ordinamento pattuito non poggia più su unanime accordo, (...) allora di fatto c'è un'imposizione nei riguardi della minoranza». *Wirtschaft und Gesellschaft*, nuova edizione di J. Winckelmann, Tübingen, 1956, pp. 19-20; cfr. *Economia e società*, ed. it. cit., vol. I, pp. 34-35.

All'inzio di questa tradizione sta la città, la città autonoma dell'antichità classica greca, la *polis*. La parola «polis» è a tutt'oggi viva in tutto l'occidente; da essa derivano tutti i lemmi di «politica», «politico» e «(uomo) politico», tanto comuni per noi tutti. Se lo consideriamo seriamente e nel senso letterale greco, il termine "politica" indica ciò che pertiene alla città, ossia all'autogoverno civile della città autonoma. Certo oggi è pressoché impossibile rintracciare ancora questo significato originario, molto preciso ed incisivo; le molte tonalità intermedie, alte e basse, affluite nel corso dei secoli, rendono quasi impossibile riaccordare per così dire questa alta parola nell'unico tono, puro e chiaro che un tempo le era proprio[3]. Furono i Greci con la loro *polis* a stabilire il modello dello Stato basato sull'accordo umano e a fondare una volta per tutte la tradizione della legittimità civile. E fu Aristotele a determinare l'essenza della *polis* nel modo più degno, si può dire anzi in modo intramontabile. Brevemente vorrei qui rammentare i semplici, basilari segni distintivi che Aristotele ha descritto specialmente nel primo e nel terzo libro della sua opera sulla *Politica*. Egli non l'ha descritta secondo fantasie e postulati né certo come un'utopia, una terra di nessuno, ma al contrario secondo solida esperienza e osservazione, come un empirico, che nondimeno non perse di vista in nessun caso le norme, lo scopo e il senso insiti nelle istituzioni, restando appunto per questo, fino ai nostri giorni, il grande prototipo di filosofo dello Stato.

La *polis* o l'effettiva società politica per Aristotele rappresenta il più alto e il più completo di tutti gli ordinamenti sociali. La natura della *polis* si può comprendere soltanto se si risale alla natura di quegli esseri dai quali essa è formata, cioè: dei *politais* ovvero dei cittadini. Nel senso rigoroso della parola — e questo è appunto il senso politico — il cittadino è definibile (cito le sue stesse parole) nel modo migliore in base a quest'unico segno distintivo: «egli deve essere capace di partecipare a ciò che appartiene alle funzioni di governo» (III,1)[4]. In altre parole: il cittadino è un uomo di Stato potenziale, se mi è lecito tradurre

---

[3] In seguito ho indagato ed esposto più esattamente i significati dei vocaboli che derivano da *polis* e la loro storia nel libro *Drei Wurzeln der Politik* [Tre radici della politica], uscito nel 1978 come vol. II delle *Schriften*.

[4] Secondo la numerazione filologica, si tratta del passo 1275 a 32 (cfr. *Politica*, a cura di Renato Laurenti, in Aristotele, *Opere*, vol. IV, Roma-Bari, Laterza, 1973, p. 72).

così il vocabolo greco *politikos*. Perciò, inversamente, l'uomo di Stato o *politikos* è «uno che è a vicenda ora governante ora governato» (I,1)[5]. D'altra parte, quindi, la particolare autorità di questo uomo di stato «politico» è esercitata su uomini che sono per «natura liberi» all'opposto cioè dell'autorità di un dominatore o sovrano che viene invece esercitata su coloro che sono schiavi: «poiché il governo si esercita su uomini per natura liberi; il potere di dominare solo su coloro che sono schiavi per natura» (I,7)[6]. Ultima citazione — e questo è forse il punto più rilevante: «Ma la giustizia è l'anima della comunità statale. Poiché il diritto è l'ordinamento della comunità politica; ma il diritto è anche la decisione su ciò che è giusto» (I,2)[7]. Non intendo addentrarmi in un più dettagliato commento, ma solamente richiamare ancora una volta l'attenzione sul fatto che, in tutt'intera questa descrizione o determinazione dell'essenza, non si trova un unico ricorso agli dèi, al divino o al sacro. A questo riguardo, più di tutto ci stupirà la frase sulla giustizia e sulla giurisprudenza citata per ultima. Aristotele è ben lontano dall'ammettere arbitrio nella legislazione o nella giurisdizione. La tesi dell'origine puramente umana o civile della giustizia, non significa che l'uomo sia giusto in assoluto e per sua natura; essa è possibile soltanto perché la *polis* è costruita per la giustizia, ed è costruita per la giustizia perché è un'associazione di cittadini liberi ed eguali.

Tutti questi segni distintivi — il cittadino come partecipe alla magistratura e al governo, l'avvicendamento del governare e dell'essere governato, l'eguaglianza dei liberi e il rendere possibile la giustizia per la loro associazione — tutti questi segni distintivi si trovano riuniti come in un guscio in quella celebre formula di Aristotele, l'uomo è uno *zoon politikon*, cioè un essere che tende all'associazione cittadina, o più semplicemente: un essere cittadino. E la *polis*, in quanto rappresenta la forma di vita in assoluto adeguata, anzi originariamente comune agli uomini liberi, è in se stessa evidentemente anche legittima. Nulla può essere più legittimo di ciò che scaturisce dall'essenza.

E qui va inserita ancora un'osservazione su Max Weber! Un classico è anche il suo trattato su *La città*, in cui Weber descrive l'antica città classica, insieme anche la medievale. Nel trattato di

---

[5] 1252 a 16 (*Politica*, cit., p. 4).
[6] 1255 b 16 (*Politica*, cit., p. 14).
[7] 1253 a 37-38 (*Politica*, cit., p. 7).

Weber il nome del più grande interprete, dell'autentico teorico della città antica, di Aristotele appunto, non è menzionato. Naturalmente Weber discute la qualità di cittadino e l'autogoverno cittadino, ma gli sfugge completamente che essi si basano su una forma di legittimità loro propria. Anche qui il suo interesse riguarda il dominio che i cittadini esercitano in comune, più che l'unione che lo rende possibile. Non a torto, il più recente curatore[8] ha dato perciò al trattato il titolo *Il dominio non-legittimo*. Ciò concorda con il modo di pensare di Max Weber. Nel frattempo l'inversione m'è parsa più conforme all'oggetto stesso: *la legittimità non basata sul dominio*. In ogni caso, questo è ciò su cui vorrei richiamare l'attenzione.

Ma per ritornare ad Aristotele: la sua filosofica esaltazione della *polis* è stata intonata in un momento storico nel quale le effettive città-stato greche erano sulla via del tramonto e avevano già perduto la loro autonomia. Aristotele ha sostenuto la causa dello Stato dei cittadini di fronte alla formazione dell'impero e del sovrano dominio imperiale, ma nella sua propria epoca si trovava dalla parte dei perdenti. Tuttavia la *polis* e la legittimità civile non decaddero definitivamente. Attraverso i secoli la *Politica* di Aristotele, cioè la sua dottrina della *polis*, ha continuamente favorito la causa dello Stato dei cittadini, sia che ci si richiamasse espressamente ad essa o che, senza ben osservarlo, si fosse per così dire assorbita la sua eredità spirituale; ciò si verificò nonostante le mutazioni assolutamente inattese che la *polis* attraversò nella realtà delle istituzioni e nonostante le forme in seguito assunte, che all'antichità sarebbero apparse del tutto incomprensibili. Seguendo le riscoperte di Aristotele e le rinascite dei suoi concetti fondamentali, scopriremo così effettivamente quella tradizione di legittimità civile, di cui qui seguiamo le tracce. Qui si illustrerà solo un unico esempio significativo di un tale rinascimento artistotelico — un rinascimento che nello stesso tempo equivale ad un'autentica rivoluzione: Marsilio da Padova[9].

Marsilio è stato senza dubbio il piu radicale pensatore politico aristotelico del Medioevo, forse anzi di ogni periodo di questa tradizione occidentale. Anche Tommaso d'Aquino, nei suoi scritti politici, fu in certa misura un aristotelico, ma dal punto di vista politico il suo aristotelismo si limita propriamente alla

---

[8] Johannes Winckelmann nella sua già menzionata edizione di *Wirtschaft und Gesellschaft*.
[9] Si veda il *Difensore della pace*, a cura di C. Vasoli, Torino, Utet, 1975².

distinzione tra regno e tirannide, e questa distinzione coincide con le generali opinioni e modi di comportamento medievali. Marsilio andò molto oltre. Egli fondò il regno come in genere ogni specie di reggimento principesco unicamente ed esclusivamente sulla natura della società umana e sul *consensus* dei soci dello Stato, dunque sul consenso civile, e nell'essenziale sostenne le sue tesi con una gran quantità di citazioni da Aristotele, la cui autorità in quell'epoca valeva pressoché quanto quella di una fonte biblica. Marsilio lesse la *Politica* di Aristotele nella trasposizione latina. In luogo della greca *polis*, sta la latina *civitas*, anche *civilitas*, in luogo del *polites* il *civis*, il cittadino in latino, dal quale poi sono discesi più tardi l'inglese e l'americano *citizen* e il francese *citoyen*. Secondo Marsilio, l'autorità regale non si giustifica più in base alla divina vocazione e alla sacerdotale consacrazione — com'era stata fino ad allora la prevalente dottrina medievale — bensì in base al consenso del popolo (*consensus populi*). Ciò è già abbastanza sorprendente. Ma può destare un'impressione ancora più sorprendente il suo prediligere il re eletto al regno ereditario, e innanzitutto la ragione che indica per questa preferenza. «Electi vero magis voluntariis presunt»[10]: i re eletti trovano più libera volontà tra coloro cui sono a capo. Egli vuole affidare la legislazione al popolo, e definisce il popolo come *universitas civium*, dunque letteralmente: come la totalità dei cittadini. Parla perciò correntemente del *legislator humanus*, del legislatore umano, e sviluppa da questo concetto una specie di schema di costituzione. Alla Chiesa e al Papa egli nega ogni diritto di dominio. I preti formano soltanto una tra le molteplici classi di cittadini della sua astratta comunità. Nessuna meraviglia che Marsilio abbia dovuto fuggire dall'Università parigina, quando divenne noto che specie di libro qui egli aveva scritto.

Questo libro, il *Defensor pacis*, che fu concluso nell'anno 1324, è dedicato all'imperatore Lodovico di Baviera, e l'autore lo portò con sé quando di lì a poco si presentò a Monaco alla sua corte. La sua dottrina aiutò senza dubbio la causa imperiale contro il Papa. In precedenza, molti altri scrittori avevano già preso partito nello stesso senso, tra essi uno spirito politico così appassionato come Dante Alighieri[11]. Ma Marsilio argomentò in modo sostanzialmente differente. Dante

---

[10] Parte I, cap. IX, § 6.
[11] La teoria di Dante è esposta nel *De Monarchia*, che precede di circa dodici anni il *Defensor pacis* di Marsilio.

cercò di dimostrare il primato e l'indipendenza del diritto imperiale in ultima istanza a partire dalla volontà di Dio, come s'è rivelata nella storia, ossia nella storia dell'eterno, ecumenico Romano Impero. Marsilio al contrario dimostrò la stessa cosa solo ed unicamente partendo dalla natura della *civitas*, dall'essenza dello Stato e cioè dalla volontà dell'insieme dei cittadini — e in ciò (se posso esprimermi così crudamente) né Dio né il suo vicario avevano qualcosa in cui interloquire. Questo era rivoluzionario. Certo non una rivoluzione in senso fisico, ma una rivoluzione nei fondamenti della legittimità. E intendo dire che ciò è sempre stato la forma decisiva di rivoluzione, anche se alla superficie degli avvenimenti non si vede scorrere sangue.

Ora però la domanda più stimolante nella lettura e nell'interpretazione di questo notevole libro è questa: quando questo pensatore nei suoi concetti aristotelici latinizzati ha parlato del cittadino e della cittadinanza, chi aveva davvero in mente? Dov'erano mai rinvenibili quegli «uomini liberi ed eguali» della *polis* artistotelica, in questa Europa del quattordicesimo secolo? Anche per il dotto lettore odierno di Marsilio ciò è un vero enigma. Nell'aristotelismo politico di Marsilio alcuni non vogliono vedere nient'altro che un esempio dell'inclinazione scolastica a citare e a compilare fonti autorevoli, senza un qualche riferimento alle realtà sociali e politiche contemporanee. Ma anche se fosse così, come si spiega che l'autore alla corte del re Lodovico è divenuto una specie di uomo di Stato, temporaneamente un consigliere influente? Come si spiega che, in questa qualità, egli ha effettivamente tentato di tradurre nella realtà la sua teoria, per esempio adottando in occasione del corteo di Lodovico a Roma le misure opportune affinché questi fosse eletto e acclamato imperatore dal popolo romano — si noti bene: senza attendere come legittimazione l'incoronazione e la consacrazione papali! Con eccellente intuito, altri interpreti hanno posto le caratteristiche del contemporaneo governo delle città italiane in relazione con la dottrina del padovano, e certo in ciò c'è qualcosa di vero. Solo che anche questo, da capo, non spiega i suoi sforzi per applicare in pratica i concetti aristotelici alla realtà del Sacro Romano Impero, il quale agli occhi di Marsilio non poteva più davvero considerarsi come sacro. Vorrei ipotizzare un'altra soluzione. A me sembra che in realtà egli abbia concepito l'impero stesso come *civitas* o *polis*, come città o insieme di cittadini. Questo è appunto un tale caso tipico del mutamento di figura o della mutazione dell'idea — o meglio: del modello — di comunità del quale prima ho parlato per accenni. A me sembra che a Marsilio non sia riuscito troppo difficile ritrovare in questo suo scenario contemporaneo gli aristotelici *politais*, i cittadini dello Stato dei cittadini: essi sono (nel suo modo di esprimersi) i: «principes, communitates, collegia et singuli subjecti»[12], cioè i conti o i principi o, in altre parole, i signori d'ogni specie e le comunità corporative, ossia le libere città — i *Lords* e i *Commons*, i signori e i comuni — e insieme con ciò, sorprendentemente, anche i *singuli subjecti*, i singoli sudditi, che sono tutti insieme uniti gli uni agli altri non tanto (come ci si potrebbe attendere) dall'autorità del re e imperatore, quanto piuttosto da un basilare «giuramento reciproco di fedeltà», che Marsilio designa anche con il concetto ciceroniano della *fides — fides*, cioè originariamente l'attendibile fedeltà ai patti, l'elemento morale che domina tutti i rapporti giuridici.

In questo esempio particolare e storicamente un po' remoto della ricorrente tradizione di perdurante effetto della legittimità civile, ho indugiato un po' più a lungo di quanto forse avrei dovuto fare. Posso comunque addurre ragioni a mia giustificazione. In primo luogo, Marsilio offre un esempio di come il pensiero aristotelico assuma comunque validità in un medio sociale di genere del tutto diverso e permetta una comprensione di nuovo tipo di questa struttura sociale. In secondo luogo, proprio questa comprensione e questa interpretazione di nuovo tipo che l'aristotelico Marsilio almeno *implicite* dà all'impero medievale con l'aiuto dei concetti di cittadino e di cittadinanza (del *civis* e della *civitas*), offrono un esempio di come l'idea che continua a vivere della *polis* e dello Stato dei cittadini assuma nel corso della storia figure completamente diverse. In questo caso è la strana figura dell'impero tedesco, gigantesca secondo i criteri di misura dell'antichità, di questo aggregato relativamente malfermo di principati e città, il quale anche per parte sua con gli occhi di Marsilio ha potuto essere nondimeno riguardato e compreso come una specie di *civitas*. E, in terzo luogo, alcuni elementi della teoria di Marsilio preludono agli sviluppi della legittimità civile in tempi moderni.

---

[12] Una simile enumerazione delle specie dei componenti dell'impero si trova per esempio nella parte I, cap. XIX, § 9, di nuovo nel § 11 e nella parte II, cap. XXVI, § 8 *passim*.

Nel suo libro troviamo innanzi tutto l'idea fondamentale del *consensus*, dell'intesa civile quale fondamento di ogni governo legittimo, e in stretta connessione ad essa, la categoria della fiducia[13], che ha assunto un significato così decisivo per le moderne costituzioni parlamentari. Troviamo addirittura il concetto della rappresentanza, anche se in una caratterizzazione che suona assai strana per le nostre orecchie. Il vocabolo ricorre in contesti differenti, temporali e spirituali. Di quella «totalità dei cittadini» che, secondo la teoria universale dello Stato della prima parte del *Defensor pacis*, costituisce il fondamento dell'ordinamento politico, si sostiene in un primo senso che essa viene «rappresentata» dalla «parte più significativa» (*valencior pars*) dei suoi membri, che dunque i ceti dirigenti di una comunità «impersonano» per numero e specie la società intera[14]. D'altro canto, dei componenti di un Concilio universale nominati per ordine si dice che essi hanno «rappresentato», dunque impersonato, la totalità dei credenti (*universitas fidelium*)[15]. Come si vede, questo primitivo concetto di rappresentanza ha solo ben poco a che fare con i procedimenti elettorali e per nulla poi con il suffragio universale. Un altro autore del quattordicesimo secolo, il vescovo Lupold von Bebenburg, il quale probabilmente per primo ha descritto in modo coerente il «diritto pubblico» dell'impero romano, andò addirittura tanto lontano da designare i sette principi elettori come rappresentanti della totalità dei cittadini[16], e ciò doveva evidentemente significare che i sette, con l'arcivescovo di Magonza al vertice, provvedendo al loro ufficio dell'elezione del re agivano anche per il popolo intero e in suo luogo.

---

[13] Essa è contenuta evidentemente anche nel concetto fondamentale dell'ubbidienza volontaria, che Marsilio, andando oltre Aristotele, ha costituito nel criterio ultimo della sua suddivisione delle specie di governo: «omnis principatus vel est voluntariis subditis vel involuntariis»: ogni governo consiste o nella libera volontà o nella volontà non libera dei sudditi (I, IX, § 5).
[14] I, XII, § 15.
[15] II, XX, § 2.
[16] «Et principes Electores (...) habeant eligere regem seu Imperatorem, repraesentantes in hoc omnes principes et populum Germaniae, Italiae et aliarum provinciarum et terrarum regni et imperii, quasi vice omnium eligendo (...)»: e i principi elettori che hanno da eleggere il re o imperatore, rappresentano in ciò tutti i principi e il popolo di Germania, d'Italia e dei restanti paesi e territori del regno e dell'impero e nell'elezione agiscono quasi in luogo di tutti (...). (Lupold von Bebenburg, *Tractatus de juribus regni et imperii Romanorum*, ed. Matthias Bernegger, Heidelberg, 1664, p. 55).

Ho l'impressione che se Marsilio parla della parte più significativa della cittadinanza, di nuovo pensi anch'egli anzitutto ai magnati, principi, vescovi e notabili cittadini. Quanto a loro, i principi, tra essi in primo luogo i principi elettori, non erano anzi assolutamente eletti: la particolare qualità rappresentativa dei principi elettori e del loro collegio, si basava invero sulla fiducia da parte delle restanti città del regno, che riguardo a ciò furono pensate come ad essi parimenti ordinate, ma dall'altra decisamente sul dominio, in quanto prendiamo in considerazione i *singuli subjecti*, i singoli sudditi. A ben vedere, però, lo stesso vale generalmente e per lungo tempo per le prime idee di rappresentanza in genere, persino in Inghilterra, la patria dei moderni sistemi di governo rappresentativo. Prima della grande ribellione, anche il parlamento inglese fu considerato dai contemporanei come «rappresentativo» perché «nel parlamento ogni Inglese (il che significa: ogni uomo libero) in certo senso è presente o in persona o mediante un sostituto e procuratore». La succitata formula è di Sir Thomas Smyth, un autore dell'epoca elisabettiana[17]. Qui rappresentanza non significa dunque nient'altro che la supposizione che i cittadini stessi siano presenti in questo corpo o che la loro totalità sia rappresentata in esso — o in persona (ossia come i *Lords*, i signori) o in via sostitutiva (come, nel caso inglese, la maggioranza della nobiltà di campagna e degli abitanti delle città, i comuni). Ciò è estremamente significativo. Poiché comprendiamo così, che il parlamento quale assemblea del regno in questo intendimento non era affatto così infinitamente diverso da un'antica assemblea cittadina. E questo paragone non è frutto di mie fantasticherie tratte dalle testimonianze, bensì l'ha stabilito del tutto univocamente e del tutto inequivocabilmente espresso proprio il succitato Sir Thomas Smyth, nel momento in cui pone esplicitamente in parallelo i *Lords* e i *Commons* inglesi con l'antica figura costituzionale del *Senatus Populusque Romanus*[18]. Così nel cuore dell'epoca della prima Elisabetta, nell'età di Shakespeare, ci imbattiamo ancora una volta in una mutata configurazione dello

---

[17] «For everie Englishman is entended to bee there present, either in person or by procuration and attorneis, of What preheminence, state, dignitie or qualitie soever he be, from the Prince (be the King or the Queene) to the lowest person of Englande. And the consent of Parliament is taken to be everie mans consent» (Sir Thomas Smyth, *De Republica Anglorum*, London, 1583, ed. L. Alston, Cambridge, 1906, p. 49).

[18] *Ibid.*, p. 34.

Stato dei cittadini e della legittimità civile. Lo spirito della *polis* pare presente, ma esso è entrato per così dire nel corpo di quella assemblea degli Stati che porta il nome di *High Court of Parliament*.

So bene che con questa interpretazione sconvolgo e getto all'aria distinzioni a lungo sedimentate della dottrina dello Stato e della costituzione. Siamo comunemente persuasi che i corpi rappresentativi siano fenomeni specificamente moderni e non abbiano nulla o pressoché nulla a che fare con le assemblee popolari di Atene e di Roma. Riportiamo comunemente le seconde sotto il concetto scolastico della democrazia «diretta», le prime sotto quello della democrazia «indiretta», e non può scambiare queste due cose l'una con l'altra, chi ha imparato la sua sentenziola giuridica. Tuttavia anche il grande John Locke, che alla fine del diciottesimo secolo ha definitivamente distrutto la dottrina legittimistica del «diritto divino del re», non ha voluto stabilire una grande differenza fra la cosiddetta democrazia diretta di tipo classico e il modo rappresentativo di governo. Che le leggi fossero stabilite dal popolo o dai suoi rappresentanti, a lui, Locke, era sinceramente indifferente. Egli considerava le due cose nella stessa misura come *civil governement*, governo civile, stato dei cittadini, legittimo ordinamento civile[19].

Certamente questo mutò con la nascita del diritto universale dell'uomo e con il trionfo irto di conflitti della sua conseguenza politica: l'universale ed uguale diritto di voto, il quale incomincia, come ognuno sa, con le due rivoluzioni del diciottesimo secolo, l'americana e la francese e in Occidente è pervenuto all'obiettivo solo nel nostro secolo. Da allora la differenza e anche l'opporsi di democrazia e governo rappresentativo ci danno certo continuamente un considerevole da fare. Da allora, sovranità del popolo e sovranità del parlamento cadono continuamente in concorrenza, anzi in violento contrasto tra loro. Lo attesta in particolare la storia costituzionale francese. Ancora il movimento gollista, iniziò

---

[19] Nel secondo dei suoi celebri *Two Treatises on Civil Governement*, John Locke caratterizza con validità universale il fondamentale consenso civile, il *consent of the people*, con la formula che esso viene dato «either by themselve or their Representatives chose by them». Così egli argomenta già nel § 88, dove si parla dell'originaria costituzione della «società civile», di nuovo nel § 140, dove si tratta della basilare esigenza del consenso per la riscossione delle imposte. (La migliore edizione è di Peter Laslett, Cambridge, 1967; cfr. *Due trattati sul governo*, ed. it., cit. pp. 305-306, 356).

con un attacco alla «dictature d'une seule assemblée», dunque al dominio parlamentare, e più d'una volta il generale ha teso a legittimare le sue decisioni fondamentali con i mezzi della democrazia diretta, con plebisciti o referendum popolari, come anche la costituzione riveduta della quinta Repubblica prescrive di nominare lo stesso capo dello Stato mediante un suffragio universale diretto.

Anche la nostra storia costituzionale tedesca conosce l'opposizione tra democrazia e rappresentanza o, come s'usa dire abitualmente, anche se non proprio felicemente, tra elementi plebiscitari e rappresentativi. La Repubblica di Weimar volle unire i due elementi ed è naufragata. La Repubblica di Bonn imparò la lezione e rimise al popolo un compito pressoché unico, eleggere il parlamento. Questo parlamento è per di più un parlamento di partiti e così l'ereditata opposizione tra democrazia e rappresentanza si esprime oggi prevalentemente nel diffuso astio contro il dominio dei partiti e, qualora ciò pervenga a positive parole d'ordine, nell'invito invero un po' debole alla compartecipazione civile alla decisione. Comunque la costituzione, come del resto la maggior parte delle costituzioni occidentali, ha effettivamente collegato indissolubilmente tra loro i due princìpi, forze e sovranità concorrenti: appunto con la semplice disposizione, secondo la quale a dati intervalli di tempo il parlamento è nuovamente eletto dal corpo elettorale universale, dunque dal «popolo». Perciò il sistema porta il nome di «democrazia parlamentare»; esso è tanto parlamentare quanto democratico, o solleva comunque la pretesa di tale sintesi, e certamente offre anche la viva possibilità di tale sintesi, e in se stesso contiene in ogni caso sempre percepibile e sempre attiva la richiesta di tale sintesi.

Così in realtà si può esitare nello stabilire dove alla fin fine sia da cercare la forza legittimante in questi moderni Stati costituzionali, nelle assemblee rappresentative in quanto tali o nel corpo elettorale universale. Tuttavia, su un punto non può esserci alcun dubbio: questi Stati costituzionali, con i loro parlamenti e i loro corpi elettorali universali, rappresentano evidentemente proprio l'odierna, la recentissima vera e propria metamorfosi dello spirito della *polis* ed essi non sono fondati su nessun'altra legittimità che la civile. Vale o deve valere, anche se in modo trasformato, la determinazione di Aristotele che i cittadini partecipano al governo; vale o deve valere la determinazione di Aristotele che gli uomini di Stato esercitano la loro autorità su liberi ed eguali; e vale o deve valere la fondamentale determinazione di Aristotele che le cariche sono amministrate in base a temporaneo affidamento e non in base a dominio.

Ogni abuso della carica data in affidamento, nel senso di una stabilizzazione in durata, produce perciò una perdita di legittimità. Anche un governo dell'intesa civile e dell'affidamento civile impartisce ordini ed usa coercizione, ma esso lo fa in virtù di un accordo fondamentale che noi denominiamo costituzione. Essa non domina sugli uomini. Governo non è dominio. Dovunque esso si converta in dominio — cosa che non accade necessariamente nel clamore del colpo di Stato, ma anche impercettibilmente e gradualmente, non necessariamente di notte dunque, ma parimenti alla luce del giorno, nella poco appariscente vita quotidiana — ivi esso perde fatalmente la sua legittimità civile. Poiché questa aderisce appunto non al dominio, bensì all'accordo, alla convenzione.

13. Machiavelli, machiavellismo e politica

Questa serie di conferenze tratta di potere e diritto, e il mio colloquio deve inserirsi in questo tema generale. Come vi si inserisca è assai facile da stabilire, almeno al primo sguardo: se con i mezzi di questa coppia concettuale di potere e diritto tentiamo di comprendere l'uso e il significato correnti del vocabolo, «machiavellismo» è uno sforzarsi di acquisire il potere e di mantenere il potere da parte di persone, gruppi, consorterie e stati interi, senza scrupolo per il diritto, senza altro riguardo per i motivi del diritto, per la legalità e la legittimità della propria posizione e della propria pretesa, come del resto della posizione e delle pretese degli altri, dei *partners* dell'azione e della trattativa, senza altro riguardo, dico, che quello tutt'al più della finzione apparente e temporanea, oppure, detto in modo più semplice e ancora più antiquato: il machiavellismo è un metodo della conquista del potere che si serve anche della simulazione giuridica fin dove ciò è utile per questo scopo primario e principale.

Chiedendosi quali ne siano gli esempi rappresentativi, non è affatto necessario reimmergersi nell'epoca dell'epònimo di questa dottrina, nell'età del Rinascimento italiano con i suoi piccoli anche se sfarzosi arrampicatori che si ornavano del mantello ducale. Il sedicesimo secolo è remoto, il ventesimo secolo, la nostra propria storica esperienza di vita offre esempi di incomparabile drasticità e insieme di proporzioni di gran lunga più ragguardevoli. Non sono passati ancora quarant'anni da che un altro, un perfetto esemplare di arrampicatore plebeo — il quale per dirla con le espressioni autentiche di Machiavelli aveva fondato il suo dominio (il dominio sulla Germania) con virtute (*Geschicklichkeit*) e l'aveva consolidato per scelera (*durch Verbrechen*) — ha in primo luogo iniziato ad espandere la sua potenza verso l'est europeo con la simulazione giuridica della realizzazione di quella «Grande Germania», che era lo struggente anelito nazionale del diciannovesimo secolo, irrealizzato dalla fondazione di Bismarck, nel secondo passo poi con la simulazione giuridica che ai Boemi e ai Moravi tedeschi, i cosiddetti tedeschi dei Sudeti, dovesse spettare quella stessa «autodeterminazione» che le potenze democratiche occidentali, le artefici della pace di Versailles e fondatrici della Società delle Nazioni, avevano elevato ad assioma, e nel terzo passo, sempre incruento, con la simulazione giuridica ormai già chiaramente pretestuosa, sostenuta da pressione militare e minaccia di guerra, schieramenti di truppe e notizie di atrocità, che lo stesso Presidente cecoslovacco — si chiamava Hacha, per loro fortuna molti non possono più ricordarsene — avesse posto fiduciosamente nelle mani del *Führer* del *Reich* tedesco il destino della parte restante del suo paese e del suo popolo. E così fu ancora con Danzica, con il grosso colpo del patto con Stalin, fino a che egli ebbe la guerra che voleva, fino a che fu revocato il «Congresso di partito della pace», anch'esso parte della simulazione. E anche la nuda e cruda guerra era ancora tappezzata con vuote formule di spazio vitale e di «siamo obbligati» e di recitato rivoltarsi disperato contro l'accerchiamento o era ricoperta come di stracci di simulati motivi giuridici, che ora non all'esterno bensì solo o ormai quasi solo all'interno potevano ottenere una calcolata considerazione.

Ciò era e resta un esempio di machiavellismo, un monumentale esempio di «moderno» machiavellismo, come si è detto, ma, a prescindere dalle proporzioni, non è poi così moderno, nei tratti fondamentali del disegno assomiglia molto all'antico e originale machiavellismo.

In quello smilzo libriccino *De principatibus* o *Il principe* dell'ex segretario dello stato fiorentino Niccolò Machiavelli — scritto intorno al 1512-13 e stampato per la prima volta nel 1532, cinque anni dopo la sua morte e che al suo autore ha procurato da una parte fama di essere uno strumento del demonio e alla sua opera «digito satanae scriptum», e dall'altra, ora davvero in forma moderna, fama di essere il vero scopritore dell'essenza pura della politica e l'autentico fondatore di una filosofia della politica (questo non l'ha detto un tedesco bensì uno spirito potente, conterraneo di Machiavelli: Benedetto Croce) — all'inizio del XVIII capitolo così sta scritto[1]:

---

[1] Si vedano le *Opere* di N. Machiavelli, a cura di M. Bonfantini, Napoli, Ricciardi, 1954.

Quanto sia laudabile in uno principe mantenere la fede e vivere con integrità e non con astuzia, ciascuno lo intende; nondimanco si vede per esperienza ne' nostri tempi quelli principi avere fatto gran cose, che della fede hanno tenuto poco conto, e che hanno saputo con l'astuzia aggirare e cervelli delli uomini; e alla fine hanno superato quelli che si sono fondati in sulla lealtà.

E segue ora la massima universale che in certo modo ha direttamente relazione con il tema generale del presente convegno. Essa è espressa nella forma di un'allegoria:

Dovete adunque sapere come sono dua generazione di combattere: l'uno, con le leggi; l'altro, con la forza; quel primo è proprio dello uomo, quel secondo è delle bestie; ma perché il primo molte volte non basta, conviene ricorrere al secondo. Pertanto a uno principe è necessario sapere bene usare la bestia *e* l'uomo... e l'una sanza l'altra non è durabile.
Sendo dunque uno principe necessitato sapere bene usare la bestia, debbe di quelle pigliare la golpe e il lione; perché il lione non si defende da' lacci, la golpe non si defende da' lupi. Bisogna adunque essere golpe a conoscere e lacci, e lione a sbigottire e' lupi.

È uno dei passi più celebri, maggiormente citato, più pregnante e anche letterariamente suggestivo del libro, ed esso apporta anche una correzione completamente definita a quella coppia concettuale e a quella terribile alternativa dalle quali siamo partiti: il discorso non è di potere e diritto bensì di potere e forza. Vale a dire che il potere è in gioco in tutte le relazioni umane, nelle private come nelle pubbliche, nelle fisiche come nelle spirituali, nelle giuridiche o legali come nelle estranee al diritto e alla legge, nelle ordinate normativamente, per esempio costituzionali, come nelle non ordinate o debolmente ordinate, come per esempio nelle relazioni dei popoli tra di loro, che al presente assomigliano a quelle del leggendario o costruito stato di natura, in cui l'uomo è lupo per l'uomo (*homo homini lupus*), per citare un'altra celebre allegoria. Ma l'opposto specifico del diritto è la forza, in questo dobbiamo approvare Machiavelli, ancora più precisamente: l'arbitro senza regole dell'impiego della forza e dell'esercizio della forza al servizio del proprio interesse del momento, certamente dell'interesse di potere.

Ma la questione che vorrei sollevare, mira a chiedere se questa massima allegorica di Machiavelli, la quale alla fin fine sta alla base di tutto ciò che è stato ed è denominato machiavellismo, abbia qualcosa a che fare con la politica. Da ciò il titolo di questa conferenza: Machiavelli, machiavellismo e politica. Nessuno oggi dubita, lo so, che forza e astuzia nell'interesse del mantenimento o dell'allargamento del potere o dell'autoaffermazione di persone, gruppi, stati, specialmente nell'interesse nazionale (il quale come «national interest» nella formulazione americana ha conosciuto una reviviscenza, una resurrezione in tempi recentissimi, viene considerato cioè di nuovo come un legittimo motivo politico), che questa raccomandazione machiavellica e questa prassi machiavellistica appartengono ovviamente allo strumentario completo della politica. E che appunto per questo Machiavelli è stato un grande pensatore politico classico, anzi addirittura il fondatore della politica pura, come ha detto appunto Croce[2]. Comunque la questione che intendo sollevare non è solo relativa al fatto se Machiavelli abbia progettato e consigliato l'intera politica, generalmente valida (questo dubbio è già stato formulato spesso), bensì soprattutto se ciò sia politica, se soprattutto queste sue discussioni *De principatibus* portino con diritto questo nome, se esse possano essere assegnate alla «scientia politica» o anche alla «filosofia della politica». Ma non voglio approfondire questa questione controversa con i mezzi e gli argomenti dell'arsenale dell'antimachiavellismo né con gli spirituali, teologico-morali, né con gli etici, né con i postulati del dovere né con le fantasticherie del desiderio, bensì con i concetti di Machiavelli stesso. Neppure oserei sollevare una simile questione, mettere in discussione un'ovvietà tanto penetrata nello spirito, incorporata, se non potessi confidare sul suo personale appoggio. Poiché Machiavelli stesso *non* ha parlato di politica; egli non ha usato questa parola quando voleva esprimere quale specie di scienza o dottrina o raccomandazione avesse in mente di presentare e quale genere di fenomeni o modi di comportamento avesse in mente di descrivere. Anzi, ancora di più: nell'intero libro *De principatibus* o *Il principe*, i vocaboli «politica», «politico» e «(uomo) politico» non compaiono neppure un'unica volta. Questa è una circostanza assai semplice e tangibile, anche facilmente controllabile, la quale nondimeno è stata finora poco o punto osservata, come ho potuto riscontrare nella letteratura che lo riguarda. Se essa debba significare qualcosa, che cosa debba più o meno significare, resta

---

[2] Negli *Elementi di politica* del 1925 (Bari, Laterza, 1974[8]).

certamente da indagare. In ogni caso, è una circostanza strana, un enigma filologico. Ora dobbiamo occuparci della soluzione di questo enigma. Il mio invito è rivolto innanzitutto e in buona parte ad una ricerca storico-semantica.

Nel *Principe* dunque il vocabolo «politico» non compare, neppure una derivazione da esso. Nei *Discorsi sopra la prima deca di Tito Livio*, l'altra sua opera principale assai più estesa, l'ho trovato al contrario quattro volte, tre volte nel primo libro, una volta nel «Proemio» del secondo libro, e precisamente sempre come attributo e sempre nella medesima attribuzione: il sostantivo è «vivere». «Uno vivere politico», un concetto non proprio spesso ricorrente ma evidentemente stabilmente coniato, un termine, non del tutto facile da tradurre. Voglio citare uno o l'altro di questi passi, affinché il significato risulti comprensibile dal contesto[3]. Il XXV capitolo del primo libro dei *Discorsi* tratta di forme di costituzione e di stato, e dai provvedimenti dei Romani in occasione dell'abrogazione del regno originario e dell'introduzione del consolato e delle restanti magistrature repubblicane, trae la massima universale che in occasione di tali cambiamenti si fa bene a ritenere sempre almeno un'ombra delle precedenti istituzioni; «chi vuole riformare uno stato anticato in una città libera, retenga almeno l'ombra de' modi antichi», così suona il titolo di questo capitolo. A questo appunto, la frase di chiusura riassume così in forma di validità generale, deve badare colui «che vuole ordinare *uno vivere politico*, o per via di repubblica o di regno»[4], dunque: che vuole istituire «uno vivere politico», (forse) un ordinamento della vita statale per la via o della repubblica o del regno. Evidentemente, di un tale «vivere politico» si danno dunque due specie differenti, due tipi di costituzione, il repubblicano e il monarchico, che rappresentano tuttavia solo due vie ad un unico e medesimo scopo, o che coincidono nell'unico carattere di fondo: rendere possibile un «vivere politico». Che cosa ora ciò sia realmente, risulta più chiaro dall'opposizione che poi Machiavelli, secondo la sua consuetudine, offre subito in supplemento per distinguere fenomenologicamente. La frase finisce esattamente nel modo seguente: «ma quello che vuole fare una *potestà assoluta*, la quale dagli autori è chiamata *tirannide*, debbe rinnovare ogni cosa...». Al «vivere

---

[3] Seguo sempre le *Opere*, a cura di Mario Bonfantini, cit.
[4] *Ibidem*, p. 152.

politico» è dunque contrapposta la «potestà assoluta» — ciò che «gli autori», vale a dire i classici, gli autori antichi, avrebbero chiamato «tirannide»; così come verrà esposta, e in realtà viene esposta nel capitolo seguente, il quale di nuovo definisce in un'altra maniera il dittatore assoluto: «Uno principe nuovo... (debbe fare ogni cosa nuova)» — e questi è precisamente l'argomento principale di cui tratta l'altro libro di Machiavelli, poiché *Il Principe* non è nient'altro che il «principe nuovo», e perciò ritroviamo anche nel *Principe* la stessa massima, ad esempio nel settimo capitolo, proprio là dove il procedimento di Cesare Borgia viene descritto con così esplicita ed energica approvazione — «innovare con nuovi modi gli ordini antiqui»[5] o, propriamente: porre nuovi usi al posto degli antichi. Questo è ciò che il tiranno, il «principe nuovo», il «dittatore assoluto» fa e deve fare — nettamente al contrario di colui che voglia fondare o riformare un «vivere politico». È il tiranno di vecchia conoscenza ma tirato a lucido, staccato dalla sua immagine speculare, il buon re, divenuto autonomo dopo un verdetto millenario, che riemerge dall'oscurità dell'antico anatema, per così dire fatto risalire dal suo inferno e innalzato al trionfo come il tipo del «principe nuovo»: questo è il significato dell'audace mossa e del concetto di Machiavelli, ciò che egli storicamente ha portato a compimento.

Nel capitolo LV del primo libro dei *Discorsi*, incontriamo di nuovo l'espressione e subito due volte l'una di seguito all'altra, in un contesto del tutto diverso. Il capitolo tratta specialmente della repubblica e della condizione dell'eguaglianza dei cittadini: dove essa non sia presente, neppure alcuna repubblica può essere «fatta», dunque introdotta. Sempre e dovunque, e niente affatto solo nel caso del «principe nuovo», in Machiavelli si tratta del fondare, istituire, ordinare, fare, stabilire, solo al margine della tradizione, e questa poi con uno sguardo da lontano talvolta lievemente malinconico, nel complesso audacemente risoluto, che la mira come un qualcosa di irrecuperabile; il fare sta nella luce, l'essere e l'essere divenuto stanno nell'ombra, e la stessa repubblica viene considerata e valutata in primo luogo come l'opera di un singolo che agisce, di un fondatore e legislatore, di un «ordinatore», nella cui figura vediamo facilmente trasparire il nomotèta dell'antichità, il «legislator» della letteratura tardome-

[5] *Ibidem*, p. 27.

dievale, anche le figure archetipe di Solone e Licurgo. Senza eguaglianza civile niente repubblica, dunque. E qui segue quella violenta esplosione contro il «gentiluomo», l'ozioso feudale che vive della rendita dei suoi terreni, senza essere minimamente preoccupato della loro lavorazione e amministrazione, o anche contro il castellano che conosce soltanto ricevitori di ordini e sudditi[6]. Sono pieni di questa gente il regno di Napoli, la Terra di Roma, la Romagna e la Lombardia: «di qui nasce che in quelle provincie non è mai surta alcuna republica né alcuno vivere politico» (ecco di nuovo l'espressione). E la motivazione: «perché tali generazioni di uomini sono al tutto inimici d'ogni civiltà». Lasciamo stare così com'è la tesi che in tali province non si può introdurre alcuna repubblica. In ogni caso, risulta che il «vivere politico» ha qualcosa a che fare con l'eguaglianza (l'espressione è «una pari equalità» e precisamente tra i cittadini, non naturalmente tra gli uomini) e con la «civiltà», perlomeno finché si tratta della via repubblicana o della varietà repubblicana.

Tutti i segni distintivi dell'ordinamento «politico» o «civile» del vivere — libertà, legalità, un certo grado di eguaglianza civile (in ogni caso nelle repubbliche, le quali naturalmente sono sempre repubbliche cittadine) e un governo moderato — si congiungono però con il concetto di una costituzione o di un ordinamento costituzionale. Un «vivere politico» è un ordinamento costituzionale del vivere o anche un ordinamento del vivere di qualità cittadina, se si pensa questa idea di *politeia* anche nel senso aristotelico.

Il nome di Aristotele è caduto. Io non credo che Machiavelli sia stato un buon lettore e conoscitore del testo originale della *Politica* di Aristotele. La sua conoscenza sembra evidentemente piuttosto di tradizione tardomedievale, di quell'aristotelismo politico rinnovato, che è incominciato nell'ultimo terzo del tredicesimo secolo, con le traduzioni latine e con gli scritti relativi di Tommaso d'Aquino e dei suoi allievi, e che con forza e diffusione sempre crescenti ha determinato il moderno pensiero della costituzione, l'ha anzi innalzato spiritualmente. Da ciò deriva anche il «vivere politico», da ciò la formazione alternativa come *regnum* e come *res publica*, da ciò la *civilitas* e da ciò prima di tutto la caratteristica contrapposizione di ordinamento «politico» e potere «tirannico» (o assoluto). Questa è una storia lunga, e sul

[6] *Ibidem*, p. 205.

suo sfondo le formule di Machiavelli appaiono già piuttosto consunte e sbiadite. La traccia è comunque chiaramente riconoscibile, come senza dubbio la linea di successione. Voglio adesso citare solo un'unica testimonianza, certamente anche la più interessante dal punto di vista storico e spirituale, quella che per così dire in nuce demarca la svolta dalla teoria teologica della regalità del Medioevo alla teoria «politica» della costituzione. Intendo lo scritto *De regimine principum*, che san Tommaso ha iniziato e che il suo allievo Tolomeo da Lucca ha portato a termine. E intendo in particolare la dottrina — qui sviluppata per la prima volta dai tempi dell'antichità classica — del *regimen politicum* o anche *principatus politicus* e la distinzione fondamentale qui fondata, o meglio riscoperta, tra questo *regimen politicum* e il *regimen despoticum*. L'esistenza di questo dualismo, e non solo dell'unico ed esclusivo *regimen regale* (nell'ambito temporale) insieme con la sua degenerazione nella tirannia, come finora s'era ritenuto, è la scoperta e l'innovazione autentica: un capitolo del secondo libro del *De regimine principum* tratta «de duplici dominio, politico et despotico»[7].

In breve, il concetto del politico di Machiavelli è l'aristotelico o l'aristotelistico. Detto modernamente: è il concetto dell'ordinamento costituzionale. Di fronte ad esso nettamente opposta si staglia la «potestà assoluta, la quale dagli autori è chiamata tirannide» (lo scolastico «regimen despoticum»), così com'essa spetta necessariamente e tipicamente soprattutto al «principe nuovo». Ma lo scritto *Il principe* non tratta di nient'altro che di questo tipo del «principe nuovo», dell'*homo novus*, del *parvenu* del potere, del tiranno, di colui che conquista, detiene e mantiene un potere assoluto, che ha a che fare soltanto con sudditi, non con cittadini liberi e eguali. Il «vivere politico» in questo scritto non ha alcun posto. È questa la ragione per la quale il vocabolo «politico» qui manca completamente. Che il vocabolo manchi, testimonia soltanto della coerenza logica di Machiavelli e della sua risoluta presa sui fenomeni. Secondo i concetti suoi proprî, il *Principe* non aveva a che fare con il politico. Tanto poco, quanto secondo i concetti di Aristotele la tirannide aveva qualcosa a che fare con la *politeia*.

Resta da discutere come poi Machiavelli per parte sua abbia denominato l'oggetto che egli tratta nel *Principe* e a quale genere

---

[7] *Da regimine principum ad regem Cypri*, ed. Jos. Mathis, Torino, 1924, II, 8.

letterario o scientifico egli stesso abbia poi assegnato queste esposizioni. Voglio brevemente citare le indicazioni principali che egli stesso fornisce, ossia i passi dove con espressioni in certa misura generali annuncia il suo intento, una prima volta dunque nella prefazione dedicatoria che è indirizzata a Lorenzo de' Medici, e una seconda volta nella lettera spesso citata del 10 dicembre 1513 al suo amico Francesco Vettori, in cui gli riferisce del contenuto, del senso e dello scopo del libro che ha appena concluso. Queste formulazioni sono in effetti molto ricche di informazioni.

Tra le cose in suo possesso, scrive nella sua prefazione, egli non trova nulla che gli sia più caro della «cognizione delle azioni delli uomini grandi», che egli ha acquisito con una lunga esperienza delle cose «moderne» e con una continua lettura delle «antiche».

Da questa prima, assai semplice indicazione possiamo dedurre tre cose: il suo preminente, anzi esclusivo interesse per l'agire, la sua concentrazione sui grandi uomini, dunque sugli individui che agiscono, e infine il suo metodo di attingere da due fonti, dalla storia antica e dalla moderna osservazione contemporanea, e certamente anche, si può dedurre, di confrontare di volta in volta le due sfere l'una con l'altra. Ciò è forse ancora più chiaramente comprensibile *e contrario*. Qui l'interesse di Machiavelli verte sull'agire e non o non molto sugli ordinamenti, sulle forme, sui sistemi di uffici, sulle costituzioni e sulle leggi. Egli si concentra sui singoli eminenti e non sui popoli, sui costumi, sulle società e sui regni. Ed infine egli utilizza la storia antica e la cronaca moderna insieme con la personale osservazione non per se stesse, per il racconto storico in quanto tale, né per la incomparabilità degli eventi storici, bensì proprio per desiderio di comparabilità, in quanto le «azioni» dei grandi uomini, ritagliate per così dire in forma di novella, presentano appunto somiglianze e rappresentano sicuramente anche modelli.

Il secondo passo della dedica che ci interessa è racchiuso in una retorica giustificazione della sua impresa: egli non vuole sia considerata presunzione se un uomo di basso e infimo stato ardisce «discorrere e regolare i governi de' principi», e segue quel paragone drastico ed ingegnoso con i cartografi, i quali hanno potuto riconoscere nel modo migliore la natura dei monti da una posizione nella pianura. Proprio questo paragone dimostra che qui egli caratterizza esattamente e positivamente il suo proposito e schiva il rimprovero di presunzione per niente affatto servilmente e timidamente. Il suo proposito consiste effettivamente nel «discorrere e regolare i governi de' principi», ed è effettivamente un proposito audace, deve esserlo e vuole esserlo, non soltanto «discorrere» ma anche «regolare»: il che vuol dire derivarne regole; e certamente in entrambi i sensi della parola: nel senso del riconoscimento di regolarità fattuali e nel senso della formulazione di prescrizioni applicabili tanto a ciò che dovrebbe meritare imitazione quanto anche a ciò che dovrebbe essere evitato.

Con ogni desiderabile chiarezza, Machiavelli nella menzionata lettera a Vettori ha però indicato per nome a quale genere di disciplina o a quale «specialità» appartengano simili discussioni. I Medici, scrive, devono vedere ciò che egli ha fatto nel corso di quindici anni — durante il periodo della sua attività diplomatica — che non ha né dormito né scherzato: «...che io sono stato a studio dell'arte dello stato»[8].

Questa è dunque la disciplina, così si chiama dunque la specialità, in cui sono nel loro elemento le osservazioni delle azioni dei grandi uomini dell'antichità e del presente, le discussioni dei provvedimenti dei principi insieme con la deduzione e la formulazione di regole di condotta e dell'agire: «il studio dell'arte dello stato», ovvero dell'arte-mestiere dello stato. Ciò è qualcosa di diverso dalla «scienza politica» o dalla *philosophia politica*, che secondo il modello di perdurante effetto di Aristotele hanno a che fare con le forme di stato, le specie di governo, gli uffici, le costituzioni e le leggi. L'«Arte dello stato» è una dottrina tecnica, una speciale scienza d'esperienza, un manuale e una cassetta portautensili per l'uso pratico, una tecnologia empirica, in realtà più una *technae* che una *epistaemae*. Il *Principe*, in quanto un'«arte dello stato», è stato scritto interamente nella medesima maniera di pensare e intenzione di utilità dell'*Arte della guerra* dello stesso autore.

Resta certamente il fastidioso problema, tanto discusso e tuttavia pur sempre ancora non risolto in modo completamente soddisfacente, di cosa significhi propriamente «stato». L'«arte dello stato» è senza dubbio passata come *Staatskunst* nei vocabolari tedeschi del diciassettesimo secolo e dell'epoca successiva, questo tuttavia non dovrebbe sbarrarci la via al significato autentico o ai significati autentici. Qui non posso

---

[8] *Opere*, cit. p. 1112.

riferire questo dibattito, voglio soltanto accennare che lo studioso Francesco Ercole[9] ha isolato circa sette significati — da «situazione» e «condizione» fino a «governo», «modo di governo», «influenza», «moda», «autorità», «fama e considerazione» e al moderno significato giuridico di «stato», con l'inclusione di territorio dello stato e popolazione dello stato. Probabilmente c'è qualcosa di giusto in tutte queste spiegazioni, e sicuramente l'espressione è così polivalente che in una lingua quale che sia non possiamo rendere il suo senso con un unico vocabolo moderno che sia dappertutto corrispondente. Un aspetto comunque mi sembra finora notevolmente ridotto: quello cioè di «dominio» (*Herrschaft*). Unicamente Ercole accenna a ciò con l'italiano «signoria». Si risolve una serie di difficoltà di comprensione, anche se certo non tutte, se si riflette su questo significato e si considera questa traduzione, in cui nessun difetto si costituisce, bensì il vantaggio che anche il nostro vocabolo «Herrschaft», oggi largamente coperto e seppellito nella sua pienezza storica, è un vocabolo appena meno polivalente. Vorrei dire, in breve, che l'«arte dello Stato» di Machiavelli può essere intesa assai adeguatamente come «arte del dominio» (*Herrschaftskunst*), e il *Principe*, cui anzi questa osservazione epistolare era diretta, inteso sensatamente quindi come prova di una «dottrina dell'arte del dominio» (*Herrschaftskunstlehre*). Quelle interpretazioni moderne accentrate sulla «natura demoniaca del potere» (come Gerhard Ritter ha intitolato il suo celebre libro), sul «problema del potere» in genere, si accostano in questo modo di gran lunga al significato autentico dell'impresa di Machiavelli.

Ma volendosi stabilire comunque una relazione con le discipline filosofiche classiche o scolastiche, si dovrebbe allora pensare, come mi sembra, comunque ancora all'*Ethica* o *Philosophia moralis* piuttosto che alla *Politica*. Il *Principe*, infatti, descrive modi di comportamento e raccomanda determinati modi di comportamento, e si rivolge all'indirizzo di singole persone, a principi appunto o a coloro che lo vogliono diventare, affinché essi tengano gran conto di queste raccomandazioni e seguano queste regole. Ma questo è il procedimento di un'etica casuistica. Non per niente al centro sta il concetto di «virtù»: il *Principe* può anche essere letto come una paradossale, una ricalcitrante dottrina della virtù, come un profano manuale-specchio per principi o uno specchio deformante per principi.

[9] *La politica di Machiavelli*, Roma, 1926.

Ma il soggetto di questa nuova virtù, il «principe nuovo» e «virtuoso», l'illegittimo, l'arrampicatore che non ha bisogno di alcuna legittimità, il cavaliere di ventura e dominatore della fortuna, il maestro di questa «arte dello stato», che intende il mestiere della conquista e della conservazione del dominio, comprese la forza, l'astuzia e la simulazione, è concepito e costruito come una specie di dèmone innocente, un essere a malapena umano, anzi superumano nell'esatto senso (nietzscheano) della parola, che dispone secondo i suoi scopi della restante e autentica umanità; egli conosce perciò soltanto o sottomessi o concorrenti o temporanei alleati, soltanto una cosa non conosce: cittadini, concittadini. Ma lo *zoon politikon* era ed è proprio l'«essere cittadino», anch'esso nell'esatto senso della parola.

Il concetto del politico, dunque, dopo e a partire da Machiavelli deve avere attraversato una fondamentale trasformazione di significato, addirittura un capovolgimento di senso; diversamente non sarebbe spiegabile la curiosa circostanza che noi uomini d'oggi siamo abituati a concepire come «politica» proprio quell'arte di dominatori o tiranni e che l'autore della loro dottrina poté essere designato come un classico della politica, anzi come lo scopritore della «pura» politica, come il «Galilei della politica» (Prezzolini). Questa trasformazione di significato o questo capovolgimento semantico diventano ancora più enigmatici se nei vocabolari scopriamo che appunto a partire dai secoli sedicesimo e diciassettesimo nei vocaboli «politica» e «politico» accanto al tradizionale è cresciuto un nuovo gruppo, un secondo intreccio di significati che odorano e sanno del tutto inconfondibilmente di Machiavelli o di machiavellismo. Questo vale nella stessa misura per tutte le principali lingue europee. Da una parte troviamo dappertutto i significati classico-scolastici, aristotelici, com'essi erano ancora validi per Machiavelli stesso — *öffentliche Ordnung* (ordine pubblico), *Verfassung* (costituzione), *Verwaltung* (amministrazione), *constitution*, *government* o la scienza di queste cose (in tedesco anche *Polizey* e *Polizeywissenschaft*: amministratore della città e scienza dell'amministrazione) —, dall'altra quei significati machiavellici o machiavelleggianti, specialmente riguardo all'aggettivo *politisch*, *politique* e *politic*: come per esempio nel Grimm *weltkundig*, *staatskundig*, *auch schlau*, *verschlagen*, *listing*, *pfiffig* (esperto del mondo, esperto di cose di stato, anche scaltrito, scaltro, astuto, furbo), ancora *fin*, *adroit, prudent, réservé, hypocrite, dissimulé* (nel Larousse e Warburg) e *prudent, judicious*, anche *cunning, diplomatic, artfully contrived* (Oxford Dictionary e New English Dictionary) — come poi anche nell'inno nazionale inglese si canta a riguardo dei cattivi nemici e si prega Dio stesso: «confound their politics, frustrate their knavish tricks»! A prescindere dal fatto che li conosciamo dalla letteratura, noi comprendiamo ancora esattamente questi significati, ma a partire dal nostro secolo, se non erro, in ogni caso dall'ultima guerra, essi stanno scomparendo. In piena fioritura si trovarono evidentemente nei secoli diciassettesimo e diciottesimo, in cui tuttavia gli osservatori attenti ebbero senz'altro una viva e critica coscienza della fatale duplicità di tracciato del contenuto concettuale o della convergenza del senso «antico» e del «moderno» in un'unica e medesima parola. Nella grande *Encycopédie* francese (nel volume apparso nel 1765) si dice così: sebbene «in questo secolo corrotto (si dia) lo stesso nome», ossia appunto il nome *politique*, alla *prudence* e alla *mauvaise foi* — dunque alla prudenza e alla mala fede —, il saggio tuttavia le può facilmente distinguere; «le crime est toujours crime».

Resta la nostra questione: come mai l'arte machiavellica ottenne il nome «politica» o, per parlare con le parole dell'enciclopedista, s'è dato lo stesso nome alla *prudence* e alla *mauvaise foi*, meglio ancora: alla *politeia* e alla *tyrannis*, alla costituzione e al dominio? Di ciò anzi, come abbiamo visto, Machiavelli stesso può non avere colpa. Ma se per caso, come queste spiegazioni lessicali lasciano supporre, sono gli antimachiavellisti coloro cui spetta la responsabilità per questa contaminazione ricca e gravida di conseguenze, come può esser venuto loro in mente di inserire in un unico e medesimo fronte avverso il *Principe* e il concetto del politico, i quali hanno davvero un'origine così differente, anzi opposta, di portare avanti per così dire i loro attacchi nello stesso tempo contro Machiavelli e contro Aristotele?

Come Machiavelli fu una potenza europea, così anche la polemica antimachiavellistica fu un evento europeo. *Dramatis personae* sono tra gli altri un cardinale inglese (Reginald Pole), un calvinista francese (Innocent Gentillet), un vescovo portoghese (Hieronymus Osorius), un gesuita italiano e uno spagnolo (Antonio Possevino e Pedro de Ribadeneyra), dotti olandesi, francesi e tedeschi, tra i quali puri filosofi dello stato come Bodin e Duplessis-Mornay, quale ultimo arrivato anche un principe prussiano. Le date di pubblicazione di questi scritti abbracciano uno spazio di tempo di quasi due secoli. Non si tratta solo di controversie, bensì di guerre e guerre civili. A lungo dopo la morte del suo autore, il *Principe* di Machiavelli figura nei grandi conflitti europei, libro e nome sono intrecciati alla storia della dissoluzione dell'Europa cattolica, del distacco dell'Inghilterra dalla Chiesa romana, della Riforma e della Controriforma, delle guerre di religione francesi, ma anche della crisi della regalità tra assolutismo e repubblica degli stati, della teoria e della prassi della resistenza, dei regicidi. In questo nome e in questo libro contemporanei hanno ravvisato i responsabili dei misfatti di Enrico VIII d'Inghilterra e di quella segreta azione notturna di Carlo IX di Francia e di Caterina de' Medici o dei loro consiglieri, che sotto il nome di San Bartolomeo è rimasta sinonimo dell'orrore, fino a che non è stata oltrepassata nel nostro secolo.

Se si considerano più da vicino le posizioni, i modi di dire, gli argomenti e i verdetti degli autori antimachiavellistici, e qui mi voglio limitare agli scritti più importanti del sedicesimo secolo, risulta che la polemica cattolica combatte in Machiavelli essenzialmente lo strumento di Satana, quella riformata l'ateista, quella teorico-politica invece il consigliere dei tiranni. Ho trovato una prima traccia della politica e del politico unicamente nel compendioso, dedicato esclusivamente all'argomentazione antimachiavellistica *Discours sur les moyens de bien gouverner et maintenir en bonne paix un Royaume ou autre Principauté - contre Nicholas Machiavel Florentin* dello scrittore calvinista Innocent Gentillet, il quale tra nuove edizioni e traduzioni ha trovato una considerevole diffusione. Questo libro uscì nel 1576, sotto il governo di Enrico III, quattro anni dopo la notte di San Bartolomeo, nell'anno della fondazione della Lega santa in Francia e della nomina di Guglielmo d'Orange a capo degli insorti nei Paesi bassi. In questo libro del resto s'incontra già l'espressione «machiavellisti»; ad essi Gentillet ha dato la colpa della disgrazia della Francia, essendo stato il paese governato dopo la morte di Enrico III non più *à la française*, bensì *à l'italienne* o *à la florentine*; naturalmente si riferisce alla corte di Caterina de' Medici, la madre di tre re; i suoi cortigiani, egli dice, hanno letto il *Principe* come i pagani i libri delle Sibille. Si vede, questa polemica ha un tenore non solo patriottico, ma decisamente nazionalistico, violentemente avverso agli stranieri. La sua filosofia dello stato è in linea generale aristotelico-tradizionale. Ritroviamo in pregnante formulazione la distinzione classica tra *politeia* e *tyrannis*, quando di Machiavelli si dice «qu'il a pris des maximes toutes méchantes, et bati sur icelles *non une Science Politique mais Tyrannique*». Un cambiamento ciò nonostante si annunzia: vale a dire c'è anche l'espressione *art politique*, ed essa sta nel luogo ove fino ad ora abbiamo letto *ars gubernandi* o appunto anche «arte dello stato», nello stesso Machiavelli; la parola ha intanto un carattere di valore neutro, non porta alcun accento critico.

Si affaccia l'ipotesi che questo uso nuovo della parola si colleghi con il nome del partito dei *Politiques*, diffusosi appunto intorno all'epoca della notte di San Bartolomeo. Esso designava il gruppo, comunque fluido, che si andava ordinando intorno a Condé e Montmorency, di quegli «uomini di stato» — cioè nell'Aristotele latino i «*politici*» — che cercavano di salvare la regalità e il regno in quanto tali, se non di mettere in disparte comunque di allentare il loro legame e vincolo religioso — e ciò ora vuol dire: confessionale — e di por fine mediante trattati di tolleranza alla micidiale guerra civile di religione. D'un colpo, la parola «politique» acquistò qui un grande significato vitale nel consonante uso sostantivale e aggettivale, ed è la stessa disperata costellazione storica che le conferì o le richiese anche un nuovo senso, un senso del quale i filologi umanisti e conoscitori di Aristotele finora non avevano potuto ancora avere molto sentore: essa si trasformò nella parola di riconoscimento di una terza forza tra o sopra i partiti religiosi in lotta, si potrebbe quasi dire: di un *pouvoir neutre* che sembrava chiamato, in ogni caso si sentiva chiamato a trarre fuori dalla guerra religiosa il paese, la Francia, e le sue istituzioni tradizionali, per lo meno quelle della regalità. Come già espresso dal grande cancelliere L'Hôpital, con illuminante pregnanza: la questione non è «de constituenda religione, sed de constituenda respublica»[10]. Finora necessariamente e per così dire per ragione originaria e d'ufficio, la monarchia era sempre stata il partito del «re cristianissimo». Il re, o chi altri conduceva i suoi affari, a seconda della situazione militare oscillava tra durezza e condiscendenza, forza e disponibilità a trattare, e i vecchi cosiddetti editti di tolleranza erano stati piuttosto armistizi che leggi fondamentali.

È comunque curioso, che in questa situazione di lacerazione senza speranza e di esaurimento della cristianità sia comparso un

---

[10] Michel L'Hôpital, *Oeuvres complètes*, Paris, 1824-1825, reprint Genève, 1968, t. I, p. 452.

concetto antico, classico, un concetto pagano — quello del *politikos* — e che esso si sia trasformato nel segnale della salvezza. Nella storia dell'Europa cristiana, se non m'inganno, è questa la prima volta che il concetto del politico è per così dire uscito dai libri ed ha assunto un significato pratico, attuale, un significato «politico».

Tuttavia la politica dei *politiques* non aveva nulla a che fare con Machiavelli e con il machiavellismo. Al contrario invece aveva agito proprio il partito cattolico della regina madre e dei Guisa, cui Gentillet e gli Ugonotti in generale, presto i protestanti in tutta Europa rimproverarono l'avvelenamento machiavellistico — il «gouvernement à la florentine» —, culminato nella notte di San Bartolomeo, come un ritorno, un ritorno o un'imitazione in misura considerevolmente ingrandita, di quel caso esemplare del colpo di mano omicida di Cesare Borgia a Sinigaglia, che Machiavelli aveva descritto con freddo, artistico compiacimento. Ed è senz'altro credibile, anzi altamente probabile che lo studio del *Principe* abbia contribuito essenzialmente a questa oscura decisione così terribilmente inutile della corte francese.

La cosa si presenta del tutto diversamente agli occhi dei propugnatori fanatici della supremazia ecclesiale e della regalità cattolica, specialmente dei Gesuiti. Dal loro angolo visuale i «Politici», appunto perché essi volevano innanzi tutto costituire la *respublica* e non tanto la religione, erano dei traditori della causa cristiana, disertori del grande fronte ecclesiale di difesa, esattamente come gli ateisti e dunque non meglio di lui: Nicolò Machiavelli. L'attacco più furioso (tra quelli rinvenuti durante lo studio degli scritti antimachiavellistici) provenne dalla Spagna, dal regno di Filippo II e del duca d'Alba. L'autore è Pedro de Ribadeneyra de la Companèia de Jesus. Il suo *Trattato sulla religione e le virtù che il principe cristiano deve dimostrare nella guida e nel mantenimento dei suoi stati*, apparso a Madrid nel 1595, nomina già nel titolo non uno soltanto bensì due avversari: «...contro lo que Niccolas Machiavello y los Politicos deste tiempo ensenèan» (contro ciò che insegnano Niccolò Machiavelli e i Politici di quest'opera). Qui finalmente il *Principe* di Machiavelli e il concetto del politico o dell'(uomo) politico si avvicinano strettamente tra loro, così strettamente che l'arciere spagnolo può sperare di colpirli e trafiggerli entrambi con una freccia. Qui finalmente Machiavelli ricade tra i politici, e i politici ricadono tra i machiavellisti. «Los politicos y discipulos de Machavello non tienen religion alguna».

Le truppe erano schierate ed erano avanzate contro Machiavelli da tutte le parti, dalle spirituali come dalle temporali, le prime lo avevano attaccato come demonio e strumento del demonio, le seconde come istruttore dei tiranni, egli appariva completamente circondato e intrappolato e tuttavia è sfuggito all'annientamento, ed evidentemente insieme con i «politici», egli stesso improvvisamente avanzò come il pensatore del politico.

L'odio di cui tanto a lungo era rimasto impregnato questo nuovo, secondo concetto quasi machiavellistico del politico sembra oggi ritirato. E con il concetto del politico anche Machiavelli e il suo *Principe* sembrano essere ampiamente liberati dal verdetto religioso-morale che tanto a lungo aveva gravato su di lui. Ciò è assai degno di nota — tanto più degno di nota in quanto noi nel nostro secolo e addirittura nel mio paese, come già osservato inizialmente, abbiamo sperimentato un «machiavellismo moderno» che supera di gran larga gli antichi casi esemplari di Cesare Borgia e di Caterina de' Medici, e che, dopo che esso è naufragato allo stesso modo in cui sono naufragati quegli antichi maestri dell'«arte dello stato», pressoché più nessuno è pronto a difendere come modello «politico». La ripristinata fama di Machiavelli, la fama profondamente anacronistica che egli sia un pensatore politico, anzi lo scopritore della pura politica, il Galilei della politica, non sembra essere stata danneggiata. Sembra, detto in breve e aristotelicamente, debba restar fermo che anche il tiranno è considerato come un politico. La storia di questo allentamento e di questa definitiva abolizione del bando nel mondo accademico occidentale e dell'impallidire di quei concetti machiavellistici del politico, che può essere osservata nell'uso generale del linguaggio, costituisce un nuovo capitolo che non mi è dato qui affrontare. Non so se le *malae artes* sono ormai alle nostre spalle, se i consigli del *Principe* sono caduti nell'oblio perché lo stato odierno e l'odierno mondo degli stati sono governati meglio, ossia davvero «politicamente», o soltanto perché l'odierna arte del dominio ha a che fare con altri ordini di grandezze. Per parte mia, volentieri seguirei la frase con cui recentemente un autore inglese ha concluso il suo saggio su Machiavelli: «the point is approaching where we can no longer afford his little bag of tricks»[11].

---

[11] Conor Cruise O'Brein, *The Suspecting Glance*, London, 1972, p. 31.

Finito di stampare nel mese di marzo 1991
dalle Grafiche Galeati di Imola

Collezione di testi e di studi

Storiografia

Maurice Agulhon, *La Repubblica nel villaggio. Una comunità francese tra Rivoluzione e Seconda Repubblica*
Paul Alphandéry - Alphonse Dupront, *La cristianità e l'idea di crociata*
Alberto Aquarone, *L'Italia giolittiana*
Herman Bengtson, *Storia greca*
   I. *La Grecia arcaica e classica*
   II. *La Grecia ellenistica e romana*
Peter Blickle, *La riforma luterana e la guerra dei contadini. La rivoluzione del 1525*
Karl Bosl, *Il risveglio dell'Europa: l'Italia dei Comuni*
Robert Boutruche, *Signoria e feudalesimo*
   I. *Ordinamento curtense e clientele vassallatiche*
   II. *Signoria rurale e feudo*
William M. Bowsky, *Un comune italiano nel Medioevo. Siena sotto il regime dei Nove, 1287-1335*
Otto Brunner, *Vita nobiliare e cultura europea*
Carlo M. Cipolla, *Le tre rivoluzioni e altri saggi di storia economica e sociale*
Philippe Contamine, *La guerra nel Medioevo*
Furio Diaz, *Dal movimento dei lumi al movimento dei popoli. L'Europa tra illuminismo e rivoluzione*
Georges Duby, *Una società francese nel Medioevo. La regione di Mâcon nei secoli XI e XII*
Wallace K. Ferguson, *Il Rinascimento nella critica storica*
Robert Fossier, *L'infanzia dell'Europa. Economia e società dal X al XII secolo*
Charles H. Haskins, *La rinascita del dodicesimo secolo*
David Herlihy - Christiane Klapisch-Zuber, *I toscani e le loro famiglie. Uno studio sul catasto fiorentino del 1427*
Reinhart Koselleck, *La Prussia tra riforma e rivoluzione (1791-1848)*
Peter Kriedte - Hans Medick - Jürgen Schlumbohm, *L'industrializzazione prima dell'industrializzazione*

Gabriel Le Bras, *La Chiesa del diritto. Introduzione allo studio delle istituzioni ecclesiastiche*
Henri-Irénée Marrou, *La conoscenza storica*
John McManners, *Morte e illuminismo. Il senso della morte nella Francia del XVIII secolo*
Christian Meier, *La nascita della categoria del politico in Grecia*
Arnaldo Momigliano, *Storia e storiografia antica*
Heiko A. Oberman, *I maestri della Riforma. La formazione di un nuovo clima intellettuale in Europa*
John G.A. Pocock, *Il momento machiavelliano*
    I. *Il pensiero politico fiorentino*
    II. *La «repubblica» nel pensiero politico anglosassone*
Giovanni Pugliese Carratelli, *Tra Cadmo e Orfeo. Contributi alla storia civile e religiosa dei Greci d'Occidente*
Mario Romani, *Storia economica d'Italia nel secolo XIX (1815-1882)*
Gennaro Sasso, *Niccolò Machiavelli. Storia del suo pensiero politico*
Gerhard Schneider, *Il libertino. Per una storia sociale della cultura borghese nel XVI e XVII secolo*
Rudolf Stadelmann, *Il declino del Medioevo. Una crisi di valori*
Lawrence Stone - Jeanne C. Fawtier Stone, *Una élite aperta? L'Inghilterra fra 1540 e 1880*
Walter Ullmann, *Principi di governo e politica nel medioevo*
André Vauchez, *La santità nel Medioevo*
Roberto Vivarelli, *Storia delle origini del fascismo. L'Italia dalla grande guerra alla marcia su Roma*
Immanuel Wallerstein, *Il sistema mondiale dell'economia moderna*
    I. *L'agricoltura capitalistica e le origini dell'economia-mondo europea*
    II. *Il mercantilismo e il consolidamento dell'economia-mondo europea*
Eugen Weber, *Da contadini a francesi. La modernizzazione della Francia rurale. 1870-1914*
Basil Willey, *La cultura inglese del seicento e del settecento*

Filosofia

Hans Albert, *Per un razionalismo critico*
Hannah Arendt, *La vita della mente*
Harold C. Baldry, *L'unità del genere umano nel pensiero greco*
Werner Beierwaltes, *Platonismo e idealismo*
Günther Bien, *La filosofia politica di Aristotele*
Ernst Bloch, *Soggetto-Oggetto. Commento a Hegel*
Hans Blumenberg, *La leggibilità del mondo*
Franz Borkenau, *La transizione dall'immagine feudale all'immagine borghese del mondo. La filosofia del periodo della manifattura*
Charlie D. Broad, *Lettura di Kant*
Rudolf Carnap, *Analiticità, significanza, induzione*
Henry Chadwick, *Boezio. La consolazione della musica, della logica, della teologia e della filosofia*
Augusto Del Noce, *Il problema dell'ateismo*
Kurt Flasch, *Agostino d'Ippona. Introduzione all'opera filosofica*
Nelson Goodman, *La struttura dell'apparenza*
Richard Hare, *Il pensiero morale. Livelli, metodi, scopi*
Agnes Heller, *Oltre la giustizia*
Ludwig Landgrebe, *Fenomenologia e storia*
Wolfgang von Leyden, *Hobbes e Locke. Libertà e obbligazione politica*
Frank Manuel, *I profeti di Parigi. La cultura filosofica francese dall'illuminismo al positivismo*
Michael Oakeshott, *La condotta umana*
Karl R. Popper, *Congetture e confutazioni*
Manfred Riedel, *Metafisica e metapolitica. Studi su Aristotele e sul linguaggio politico della filosofia moderna*
Franz Rosenzweig, *Hegel e lo stato*
Moritz Schlick, *Tra realismo e neo-positivismo*
Alfred Schütz, *La fenomenologia del mondo sociale*
Walter H. Simon, *Il positivismo europeo nel XIX secolo*
Quentin Skinner, *Le origini del pensiero politico moderno*
    I. *Il Rinascimento*
    II. *L'età della Riforma*
Jean Starobinski, *Montaigne. Il paradosso dell'apparenza*

Dolf Sternberger, *Immagini enigmatiche dell'uomo. Saggi di filosofia e politica*
Eric Voegelin, *Ordine e storia. La filosofia politica di Platone*
Georg H. von Wright, *Spiegazione e comprensione*
Georg H. von Wright, *Norma e azione. Un'analisi logica*

Storia e critica della scienza

Stillman Drake, *Galileo. Una biografia scientifica*
Pierre Duhem, *La teoria fisica*
Philipp Frank, *La scienza moderna e la sua filosofia*
Robert G. Frank Jr., *Harvey e i fisiologi di Oxford. Idee scientifiche e relazioni sociali*
Kurt von Fritz, *Le origini della scienza in Grecia*
Michael T. Ghiselin, *Il trionfo del metodo darwiniano*
Charles C. Gillispie, *Il criterio dell'oggettività. Un'interpretazione della storia del pensiero scientifico*
Charles C. Gillispie, *Scienza e potere in Francia alla fine dell'ancien régime*
Mirko D. Grmek, *Le malattie all'alba della civiltà occidentale. Ricerche sulla realtà patologica nel mondo greco preistorico, arcaico e classico*
Rupert Hall, *Filosofi in guerra. La polemica tra Newton e Leibniz*
John L. Heilbron, *Alle origini della fisica moderna. Il caso dell'elettricità*
Richard Foster Jones, *Antichi e moderni. La nascita del movimento scientifico nell'Inghilterra del XVII secolo*
Robert H. Kargon, *L'atomismo in Inghilterra da Hariot a Newton*
Thomas Kuhn, *Alle origini della fisica contemporanea. La teoria del corpo nero e la discontinuità quantica*
Richard Olson, *Filosofia scozzese e fisica inglese 1750-1880. Alle origini dello stile scientifico dell'età vittoriana*
Arnold Thackray, *Atomi e forze. Studio sulla teoria della materia in Newton*
Richard S. Westfall, *Newton e la dinamica del XVII secolo*

Linguistica e critica letteraria

Meyer H. Abrams, *Lo specchio e la lampada. La teoria romantica e la tradizione critica*
Sergej Averincev, *L'anima e lo specchio. L'universo della poetica bizantina*
Patrick Boyde, *L'uomo nel cosmo. Filosofia della natura e poesia in Dante*
Francesco Bruni, *Boccaccio. L'invenzione della letteratura mezzana*
Ernst Robert Curtius, *Letteratura della letteratura. Saggi critici*, a cura di Lea Ritter Santini
Charles T. Davis, *L'Italia di Dante*
Teun A. van Dijk, *Testo e contesto. Studi di semantica e pragmatica del discorso*
Carlo Dionisotti, *Appunti sui moderni. Foscolo, Leopardi, Manzoni e altri*
John Freccero, *Dante. La poetica della conversione*
Michael A.K. Halliday, *Sistema e funzione nel linguaggio*
Luigi Heilmann, *Linguistica e umanismo*
Eric D. Hirsch, *Teoria dell'interpretazione e critica letteraria*
Norman N. Holland, *La dinamica della risposta letteraria*
Wolfgang Iser, *L'atto della lettura. Una teoria della risposta estetica*
Hans Robert Jauss, *Esperienza estetica ed ermeneutica letteraria*
   I.   *Teoria e storia dell'esperienza estetica*
   II. *Domanda e risposta: studi di ermeneutica letteraria*
Erich Köhler, *L'avventura cavalleresca. Ideale e realtà nei poemi della Tavola Rotonda*
Giulio C. Lepschy, *Sulla linguistica moderna*
Jurij M. Lotman, *Da Rousseau a Tolstoj. Saggi sulla cultura russa*
André Martinet, *La considerazione funzionale del linguaggio*
Friedrich Ohly, *Geometria e memoria. Lettera e allegoria nel Medioevo*, a cura di Lea Ritter Santini
Ezio Raimondi, *Codro e l'Umanesimo a Bologna*
Michael Riffaterre, *Semiotica della poesia*
Jean Rousset, *La letteratura dell'età barocca in Francia. Circe e il pavone*
Siegfried J. Schmidt, *Teoria del testo. Per una linguistica della comunicazione verbale*

Charles S. Singleton, *La poesia della Divina Commedia*
Stephen Ullmann, *Semantica*
Paolo Valesio, *Ascoltare il silenzio. La retorica come teoria*
Harald Weinrich, *Tempus. La funzione dei tempi nel testo*
Harald Weinrich, *Vie della cultura linguistica*
Paul Zumthor, *Lingua e tecniche poetiche nell'età romantica*

Musica e spettacolo

Hans Heinrich Eggebrecht, *Il senso della musica. Saggi di estetica e analisi musicale*
Robert Weimann, *Shakespeare e la tradizione del teatro popolare*

Psicologia

Urie Bronfenbrenner, *Ecologia dello sviluppo umano*
Raymond B. Cattell - Paul Kline, *Personalità e motivazione. Un'analisi scientifica*
J. Richard Eiser, *Psicologia sociale cognitivista*
Jerry A. Fodor, *La mente modulare. Saggio di psicologia delle facoltà*
Jerry A. Fodor, *Psicosemantica. Il problema del significato nella filosofia della mente*
Nico H. Frijda, *Emozioni*
Donald O. Hebb, *Mente e pensiero*
Fritz Heider, *Psicologia delle relazioni interpersonali*
Robert A. Hinde, *Le relazioni interpersonali*
Philip N. Johnson-Laird, *Modelli mentali. Verso una scienza cognitiva del linguaggio, dell'inferenza e della coscienza*
Gaetano Kanizsa, *Grammatica del vedere. Saggi su percezione e gestalt*
Kurt Lewin, *Teoria e sperimentazione in psicologia sociale*
George Mandler - William Kessen, *Il linguaggio della psicologia*
Richard Nisbett - Lee Ross, *L'inferenza umana. Strategie e lacune del giudizio sociale*

Keith Oatley, *Percezione e rappresentazione*
Jurgen Ruesch - Gregory Bateson, *La matrice sociale della psichiatria*
Muzafer Sherif, *L'interazione sociale*
Henri Tajfel, *Gruppi umani e categorie sociali*
John W. Thibaut - Harold H. Kelley, *Psicologia sociale dei gruppi*

Sociologia

Francesco Alberoni, *Movimento e istituzione. Teoria generale*
Pierre Bourdieu, *La distinzione. Critica sociale del gusto*
Luciano Cavalli, *Il mutamento sociale. Sette ricerche sulla civiltà occidentale*
Norbert Elias, *Il processo di civilizzazione*
Erving Goffman, *Modelli di interazione*
Jürgen Habermas, *Teoria dell'agire comunicativo*
  I. *Razionalità nell'azione e razionalizzazione sociale*
  II. *Critica della ragione funzionalistica*
Niklas Luhmann, *Sistemi sociali. Fondamenti di una teoria generale*
Karl Mannheim, *Ideologia e utopia*
Robert K. Merton, *Teoria e struttura sociale*
  I. *Teoria sociologica e ricerca empirica*
  II. *Analisi della struttura sociale*
  III. *Sociologia della conoscenza*
Talcott Parsons, *La struttura dell'azione sociale*
David Riesman, *La folla solitaria*
Herbert A. Simon, *Il comportamento amministrativo*
Theda Skocpol, *Stati e rivoluzioni sociali*
Alain Touraine, *La produzione della società*

Antropologia

Mary Douglas, *Antropologia e simbolismo. Religione, cibo e denaro nella vita sociale*
Clifford Geertz, *Interpretazione di culture*

Marvin Harris, *L'evoluzione del pensiero antropologico*
Clyde Kluckhohn - Alfred L. Kroeber, *Il concetto di cultura*
Eric R. Wolf, *L'Europa e i popoli senza storia*

Scienza politica

Bruce A. Ackerman, *La giustizia sociale nello stato liberale*
Gabriel A. Almond - G. Bingham Powell Jr., *Politica comparata. Sistemi, processi e politiche*
Anthony Downs, *Teoria economica della democrazia*
Robert Gilpin, *Politica ed economia delle relazioni internazionali*
Hans Kelsen, *La democrazia*
Franz Neumann, *Lo stato democratico e lo stato autoritario*
Mancur Olson, *Ascesa e declino delle nazioni. Crescita economica, stagflazione e rigidità sociale*
Stein Rokkan, *Cittadini, elezioni, partiti*
Giovanni Sartori, *Elementi di teoria politica*
Carl Schmitt, *Le categorie del «politico»*
Roberto Mangabeira Unger, *Conoscenza e politica*
Sidney Verba - Norman H. Nie - Jae-on Kim, *Partecipazione e eguaglianza politica. Un confronto fra sette nazioni*

Economia

Kenneth Arrow, *Equilibrio, incertezza, scelta sociale*
James M. Buchanan, *Storia, mercato e libertà*
Victoria Chick, *La macroeconomia dopo Keynes*
Frank H. Hahn, *Stabilità, disoccupazione, moneta*
Friedrich A. von Hayek, *Conoscenza, mercato, pianificazione*
John Hicks, *Moneta, capitale e benessere. Saggi di teoria economica*
Albert O. Hirschman, *Come complicare l'economia*
Tjalling C. Koopmans, *Econometria, analisi delle attività, crescita ottimale*
Simon Kuznets, *Popolazione, tecnologia, sviluppo*

Edmond Malinvaud, *Equilibrio intertemporale, ottimalità, occupazione*
Luigi Pasinetti, *Sviluppo economico e distribuzione del reddito*
Amartya Sen, *Scelta, benessere, equità*
Herbert A. Simon, *Causalità, razionalità, organizzazione. Saggi di analisi economica*
Piero Sraffa, *Saggi*
James Tobin, *Moneta, crescita e scelte di portafoglio*

Diritto

John R. Commons, *I fondamenti giuridici del capitalismo*
Mirjan R. Damaška, *I volti della giustizia e del potere. Analisi comparatistica del processo*
Ronald Dworkin, *I diritti presi sul serio*
Lawrence M. Friedman, *Il sistema giuridico nella prospettiva delle scienze sociali*
Niklas Luhmann, *La differenziazione del diritto. Contributi alla sociologia e alla teoria del diritto*
Franz L. Neumann, *Il diritto del lavoro fra democrazia e dittatura*
Riccardo Orestano, *Introduzione allo studio del diritto romano*
Joseph Raz, *Il concetto di sistema giuridico*
Karl Renner, *Gli istituti del diritto privato e la loro funzione sociale*
Stefano Rodotà, *Il terribile diritto. Studi sulla proprietà privata*
Alf Ross, *Critica del diritto e analisi del linguaggio*
George Rusche - Otto Kirchheimer, *Pena e struttura sociale*
Gerardo Santini, *Commercio e servizi. Due saggi di economia del diritto*
Giovanni Tarello, *Storia della cultura giuridica moderna. Assolutismo e codificazione del diritto*
Giovanni Tarello, *Cultura giuridica e politica del diritto*